U0514560

中国新型多机制门限
金融状况指数编制及应用研究

周德才◎著

Research on the Compilation and Application
of a New Multi-Regime Threshold Financial
Conditions Index in China

中国财经出版传媒集团
经济科学出版社
Economic Science Press

图书在版编目（CIP）数据

中国新型多机制门限金融状况指数编制及应用研究/
周德才著. －－北京：经济科学出版社，2023.5
　ISBN 978 - 7 - 5218 - 4801 - 4

Ⅰ.①中…　Ⅱ.①周…　Ⅲ.①金融－指数－研究－中
国　Ⅳ.①F832.5

中国国家版本馆 CIP 数据核字（2023）第 096466 号

责任编辑：于　源　姜思伊
责任校对：徐　昕
责任印制：范　艳

中国新型多机制门限金融状况指数编制及应用研究
周德才　著
经济科学出版社出版、发行　新华书店经销
社址：北京市海淀区阜成路甲 28 号　邮编：100142
总编部电话：010 - 88191217　发行部电话：010 - 88191522
网址：www. esp. com. cn
电子邮箱：esp@ esp. com. cn
天猫网店：经济科学出版社旗舰店
网址：http: //jjkxcbs. tmall. com
北京密兴印刷有限公司印装
710 × 1000　16 开　13.5 印张　201000 字
2023 年 9 月第 1 版　2023 年 9 月第 1 次印刷
ISBN 978 - 7 - 5218 - 4801 - 4　定价：56.00 元
（图书出现印装问题，本社负责调换。电话：010 - 88191545）
（版权所有　侵权必究　打击盗版　举报热线：010 - 88191661
QQ: 2242791300　营销中心电话：010 - 88191537
电子邮箱：dbts@ esp. com. cn）

本书是 2019 年度教育部哲学社会科学研究后期资助项目："中国新型多机制门限金融状况指数编制及应用研究"（项目编号：19JHQ089）的最终成果

前　言

　　当前全球主要经济体因世界金融危机复苏和新冠疫情进展不同步而呈现分化态势，不确定因素增多，进而导致货币政策不一致。随着中国金融和经济逐步全方位国际化、全球化，使得这些国外金融和经济的最新形势，特别是国外货币政策的最新态势，对中国经济的非线性影响更深。同时，中国特色社会主义进入了新时代，经济已由高速增长阶段转向高质量发展阶段，这将使中国金融和经济产生非线性变化。此外，金融市场化改革使得金融市场不确定性增加，导致中国依赖某单一变量或指数来分析和判断金融经济状况已不再精确。因此，基于传统的单方程2机制非线性模型的FCI研究已经无法适应目前中国货币政策所面临的错综复杂的局面，急需新构建能够刻画目前中国金融状况多种结构变化的多机制结构因子增广门限系列模型，并且在这个模型的基础上构建中国新型多机制门限金融状况指数，以此更全面综合而精确地反映中国的金融和经济形势。

　　第1章，绪论。本章对研究的背景和意义、相关概念、文献综述、研究思路和方法、主要内容、创新之处和不足进行了简要介绍。

　　第2章，构建计量模型、加权模型和混频损失函数。首先，构建了多机制门限向量自回归（MR‐TVAR）模型和多机制结构因子增广门限向量自回归（MR‐TVAR）模型；其次，构建了FCI的多机制门限测度模型和多机制结构因子增广门限加权模型。这些计量模型和加权模型将作为下文编及应用中国新型多机制门限金融状况指数的模型基础。最后，构建了货币政策双重最终目标混频损失函数（MLF），改善了单重目标损失函数的不足。

第3章，中国多机制门限金融状况指数实证分析。通过总结和拓展构建并运用多机制门限向量自回归模型（MR-TVAR），从经济增长目标、通货膨胀目标和混频损失函数出发，选取6个金融变量，测算多机制下每个机制的广义脉冲响应函数值，进而分别编制基于经济增长目标、通货膨胀目标和混频损失函数的中国多机制门限金融状况指数（MR-TFCI），并分别分析它们与经济增长（GDP）、通货膨胀（INF）以及宏观经济（MLF）的关系。实证表明：与2R-TFCI和1R-FCI相比，中国MR-TFCI是经济增长、通货膨胀和宏观经济更优的先行、相关性、因果性和预测指标；中国货币政策调控宏观经济的效应和传导渠道具有门限特征；中国货币政策调控经济增长的方式类型是价格和数量结合型的。

第4章，中国新型多机制门限金融状况指数实证分析。通过总结和拓展，本章构建并运用多机制结构因子增广门限向量自回归模型（MR-SFATVAR），从经济增长目标、通货膨胀目标和混频损失函数出发，从20个左右金融指标中抽取6个金融结构公因子，测算多机制下每个机制的广义脉冲响应函数值，进而分别编制基于经济增长目标、通货膨胀目标和混频损失函数的中国新型多机制门限金融状况指数（NMR-TFCI），并分别分析它们与经济增长（GDP）、通货膨胀（INF）和宏观经济（MLF）的关系。实证表明：与N2R-TFCI和N1R-FCI相比，中国NMR-TFCI是经济增长、通货膨胀和宏观经济更优的先行、相关性、因果性和预测指标；中国货币政策调控宏观经济的效应和传导渠道具有门限特征；中国货币政策调控经济增长的方式类型是价格和数量结合型的。

第5章，新旧中国多机制门限金融状况指数的比较分析。本章使用图形相关性、跨期相关性、非线性格兰杰因果关系检验、预测能力检验四种方法，对中国新旧多机制门限金融状况指数进行比较分析，发现中国NMR-TFCI在实证分析经济增长目标时，与中国MR-TFCI难分伯仲，在实证分析通货膨胀目标时，基本上优于中国MR-TFCI，在实证分析宏观经济时，基本上优于中国MR-TFCI。

第6章，结论、建议与展望。主要对前文实证分析的结论进行总结，提出了一些政策建议，并对本书的不足和展望进行阐述。

本书理论和实证分析得到以下主要结论：

第一，本书构建的中国新型多机制门限金融状况指数是合理有效的。相对于中国 N2R – TFCI 和 N1R – FCI 而言，本书编制的中国新型多机制门限金融状况指数是经济增长、通货膨胀和宏观经济的一个更优的领先指标、相关性指标、因果性指标和预测指标。通过实证检验发现，本书构建的 NMR – TFCI 无论在对（或与）GDP、INF 和 MLF 的领先性、相关性、因果性还是预测能力上，基本上都优于 N2R – TFCI 和 N1R – FCI。

第二，本书构建的中国新型多机制门限金融状况指数是经济增长、通货膨胀和宏观经济的良好先行和预测指标。它分别领先经济增长、通货膨胀和宏观经济 0~1 个季度、0~4 个月和 0~4 个月，能够较好地预测中短期的经济增长、通货膨胀和宏观经济。

第三，中国货币政策调控经济增长和通货膨胀的传导渠道及效应具有门限特征。本书通过实证分析发现无论中国 NMR – TFCI 还是 MR – TFCI 的 6 个构成金融变量在同一机制下的权重各不相同；在不同机制下，同一金融变量在中国 NMR – TFCI 和中国 MR – TFCI 中权重都存在很大的差异，这说明中国货币政策调控宏观经济的传导渠道具有门限特征。

第四，中国货币政策调控经济增长的方式类型是价格和数量结合型的，且资产价格发挥着重要作用。首先，在第 1~4 机制下，有的时候价格型货币政策效果更好，有的时候数量型货币政策效果更好，因而是价格和数量结合型的；其次，在中国 NMR – TFCI 中，资产价格（包括股价和房价）在第 1~4 机制下所占权重比值很高，也表明了在中国金融状况指数中加入股价和房价等资产价格的必要性。

第五，新旧中国多机制门限金融状况指数通过比较分析发现各有优劣。首先，基于经济增长目标的中国 NMR – TFCI 与中国 MR – TFCI 难分伯仲；其次，基于通货膨胀目标的中国 NMR – TFCI 基本上优于中国

MR – TFCI，主要体现在领先性、一致性、最大相关性、因果关系和最大预测能力等方面；最后，基于混频损失函数的中国 NMR – TFCI 基本上优于中国 MR – TFCI，主要体现在领先性、一致性、最大相关性和预测能力等方面。

周德才

于南昌大学智华经管楼 B322 室

2022 年 1 月 11 日

目　　录

第1章　绪论 ………………………………………………… 1

1.1　研究背景及意义 …………………………………… 1

1.2　金融状况指数的相关概念 ………………………… 4

1.3　国内外研究综述 …………………………………… 8

1.4　研究思路及方法 …………………………………… 14

1.5　本书主要内容 ……………………………………… 16

1.6　本书创新与不足之处 ……………………………… 18

第2章　构建计量模型、加权模型和混频损失函数 ……… 20

2.1　构建计量模型 ……………………………………… 20

2.2　构建加权模型 ……………………………………… 36

2.3　构建混频损失函数模型 …………………………… 40

2.4　本章小结 …………………………………………… 42

第3章　中国多机制门限金融状况指数实证分析 ………… 43

3.1　基于经济增长目标的中国多机制门限金融状况指数
　　　编制及应用 ……………………………………… 44

3.2　基于通货膨胀目标的中国多机制门限金融状况指数
　　　编制及应用 ……………………………………… 63

3.3　基于混频损失函数的中国多机制门限金融状况指数
　　　编制及应用 ……………………………………… 81

3.4 本章小结 ·· 103

第 4 章 中国新型多机制门限金融状况指数实证分析 ··········· 105

4.1 基于经济增长目标的中国新型多机制门限金融状况
指数实证编制及应用 ································· 106

4.2 基于通货膨胀目标的中国新型金融状况指数实证
编制及应用 ··· 128

4.3 基于混频损失函数的中国新型多机制门限金融状况
指数实证编制及应用 ································· 148

4.4 本章小结 ··· 170

第 5 章 新旧中国多机制门限金融状况指数的比较分析 ········· 172

5.1 基于经济增长目标的新旧中国多机制门限金融状况
指数的比较分析 ····································· 173

5.2 基于通货膨胀目标的新旧中国多机制门限金融状况
指数的比较分析 ····································· 179

5.3 基于混频损失函数的新旧中国多机制门限金融状况
指数的比较分析 ····································· 184

5.4 本章小结 ··· 189

第 6 章 结论、建议与展望 ································· 192

6.1 主要结论 ··· 192

6.2 政策建议 ··· 193

6.3 不足和展望 ··· 195

参考文献 ··· 196
后记 ··· 204

第 1 章

绪　　论

1.1　研究背景及意义

1.1.1　研究背景

当前全球主要经济体因世界金融危机复苏和新冠疫情进展不同步而呈现分化态势，不确定因素增多，进而导致货币政策不一致。在新冠疫情之前美国由于经济持续复苏已经步入加息周期，2015 年 12 月 16 日，美联储宣布将联邦基金利率上调 25 个基点，达到 0.25% ~ 0.5% 的水平，2016 年 12 月 14 日再次上调 25 个基点、2017 年通过 3 次加息，已将联邦基金利率调升至 1.25% ~ 1.5%，但后来为了应对新冠疫情对经济的严重影响，美国又实施了超级宽松的货币政策，把联邦基金利率下降到 0% ~ 0.25%，并推出了 3 万美元的资产购买计划；在新冠疫情之前欧日由于经济正在不断筑底或改善继续维持或者逐步退出量化宽松货币政策，但后来为了应该新冠疫情继续维持负利率不变，并推出超大规模的资产购买计划。与此同时，新兴经济体正成为"世界经济稳定的来源"，新兴 11 国 2016 年对世界经济增长的贡献率为 60%，经济总量占全球的份额也在持续增加，是推动全球经济增长的重要力量，对全球经济格局有较深影响。随着中国金融和经济逐步全方位国际化、全球化，使得这些国外金融和经济的最新形势，特别是国外货币政策的最新态势，对中国经济的非线性影响更深。

改革开放以来，中国经济高速发展，并取得举世瞩目的成绩，经济总量跃居全球第二，外汇储备世界第一，中国已是全球仅次于美国的第二大经济体。但 2008 年爆发的金融危机及其后 2011 年爆发的欧债危机对中国经济发展影响深远，从那以后，中国经济由高速发展逐渐回落，经过一段时间的震荡盘整进入中高速发展，2014 年 4 月 25 日，国家主席习近平提出，中国进入经济发展新常态。为了应对国内外金融经济形势的变化，2008 年中国及时将财政政策由稳健转为积极、货币政策由稳健转变为适度宽松，如"四万亿"财政刺激，至 2011 年，国内出现了通货膨胀，中国政府才又将货币政策由适度宽松调回为稳健，此政策一直持续到新冠疫情之前，之后为了应该对新冠疫情对经济冲击，中国没有像欧美等发达经济那样实行超级宽松的货币政策，只是推出了适度宽松的货币政策，为中国的金融和经济的发展创造了良好的环境。尽管如此，但由于中国已进入经济发展新常态和"双循环"新发展格局，经济局面错综复杂，结构性矛盾较为突出，各经济板块运行差异和分化逐渐显现并加强，鉴于此，中国人民银行虽一直在实施稳健的货币政策，也对其进行了适度调整，即保持一定的灵活性，适当地进行预调和微调，加强针对性的同时提高有效性，将数量和价格等多种货币政策工具综合运用，优化它们之间的组合，更加审慎地进行宏观经济管理，为调整经济结构，促进经济升级转型，从数量和价格方面来创造更为优越的货币金融环境。此外，面对国际经济环境的重大变化，中国亦调整了对外经济政策，加强与新兴经济体的经贸合作。为适应国际和国内金融经济形势的变化，中国政府部门全面推进金融市场化、自由化和国际化改革，中国人民银行分别在 2013 年 7 月 20 日和 2015 年 10 月 24 日取消贷款和存款利率管制，基本实现了利率市场化，在 2016 年 10 月 1 日推动人民币正式纳入 SDR 货币篮子，部分实现了汇率自由化和人民币国际化，同时中国证监会分别在 2014 年 11 月 7 日和 2016 年 12 月 5 日正式开通了沪股通和深港通，标志着资本市场国际化开始起步，这些金融改革从长远来看有利于中国经济和金融发展，但在短期内可能会增加金融市场不确定性。因此金融和经济发展不再主要局限于先前的规模扩张，开始重视结构的改善和效率的提升。这些国内金融和经济最新的非线性变化形势，使得中国货币政策对经济的传导机制具有非线性特征。

综上可知，中国新时代和新发展格局下，金融市场化短期金融市场不确定性增加以及近年来中国人民银行货币政策日益灵活，使得依赖某单一变量或指数来分析和判断中国金融经济状况已不再精确和严谨，这对中国经济政策特别是货币政策的制定、实施和效果检测造成一定困难；同时，国内外金融和经济环境的剧烈变化与相互影响，使得中国的金融和经济结构错综复杂，急需一种非线性指数来分析和判断金融经济状况。因此，为了更全面综合精确地反映中国金融经济形势，本书将构建一种新的非线性指数——新型多机制金融状况指数（New Multiple Regimes Threshold Financial Conditions Index，NMR－TFCI），此指数综合各种重要的金融经济指标信息，以准确反映中国的金融经济形势，尤其是中国金融经济的结构性特征，将对中国经济政策的制定和实施有重大参考价值。

1.1.2　研究意义

近些年来，随着中国金融体系日趋完善，金融市场日益壮大，通过构建各种类型的金融状况指数，来科学有效分析中国金融状况，并用金融状况指数预测中国未来宏观经济的趋势，成为学者热衷研究的一个科学问题，且其具有重要的理论意义和实际意义。

（1）理论意义。

第一，有利于丰富计量经济学理论。本书将门限变量随机的多机制门限自回归模型（MR－TAR）和门限 VAR（TVAR）模型相结合并进行拓展，构建了新的计量经济模型：门限变量随机的多机制结构因子增广门限 VAR（MR－SFATVAR）模型，以更好地适用新的金融经济形势。第二，有利于丰富金融状况指数编制理论，改善金融状况指数原来较简单的编制方法。第三，有利于丰富货币政策机制理论，更加客观精准地了解货币政策传导渠道。

（2）实际意义。

第一，基于编制的新型多机制门限金融状况指数，可以分机制监测中国货币政策运行情况，为中国金融政策运行状态提供一个较好的指示器；第二，基于编制的新型多机制门限金融状况指数，能够对中国的经济形势做出更加精准的预测，有利于货币政策的提前规划与制定；第三，基于编制的新型多机制门限金融状况指数，可构建中国货币政策的一些操作规则，从而有利于中国货币政策操作和实施。

1.2　金融状况指数的相关概念

古德哈特和霍夫曼（Goodhart and Hofman，2001）[1]首先提出了金融状况指数（Financial Conditions Index，FCI）概念，其在货币状况指数（Monetary Conditions Index，MCI）中引入股价与房价拓展得到FCI。此后，国内外学者对其进行了大量理论研究和实证分析，对金融状况指数的内涵和外延进行了系统拓展和全面的丰富，周德才（2017）[2]系统收集了各学者对FCI的定义，本书将在此基础上对金融状况指数的概念进行梳理。

1.2.1　金融状况指数概念

目前，国内外研究金融状况指数的文献虽多，但对FCI概念正式定义的文献极少，许涤龙和欧阳胜银（2014）[3]与周德才（2017）[2]做了相关研究。同时，国内学者对金融状况指数概念的中文翻译看法不一，存在较大差异。此外，少数学者依据个人对金融状况指数的深入研究和拓展，提出了一些新的金融状况指数概念。

（1）金融状况指数的中文翻译差异。

目前，国内学者对FCI的中文翻译不一，存在较大差异，主要译为金融形势指数、金融条件指数、金融稳定指数和金融状况指数。

将 FCI 翻译为金融形势指数的主要有：王玉宝（2005）[4]首次将 FCI 翻译为金融形势指数；封北麟和王贵民（2006）[5]与刁节文和章虎（2012）[6]也将 FCI 译作金融形势指数，并使用 VAR 模型编制了中国金融形势指数；何平和吴义东（2007）[7]、卞志村等（2012）[8]、王丽娜（2009）[9]、王彬（2009）[10]、贾德奎（2010）[11]、巴曙松和韩明睿（2011）[12]、杨俊仙和朱婷婷（2016）[13]也将 FCI 翻译为金融形势指数。

将 FCI 翻译为金融条件指数的主要有：王慧敏（2005）[14]在国内率先将 FCI 翻译为金融条件指数，并分别使用 OLS、VAR 和因子分析三种方法构建了中国金融条件指数；鲁旭（2009）[15]也将 FCI 译为金融形势指数，使用 VAR 模型构建了中国金融条件指数，并实证分析了将中国 FCI 纳入货币政策规则可行性，提出了以 FCI 为参考指标的货币政策操作新框架；关大宇（2010）[16]也将 FCI 译作金融条件指数，并系统地构建及应用了中国金融条件指数；王维国、王霄凌和关大宇（2011）[17]也将 FCI 翻译为金融条件指数，对中国金融条件指数的理论设计及应用进行系统研究，并提出了将非人力财富比例作为重要指标纳入 FCI。当然，还有其他一些学者也将 FCI 翻译成金融条件指数，本书不一一列举。

将 FCI 翻译为金融稳定指数的主要有：王雪峰（2010）[18]将 FCI 翻译为金融稳定状况指数；郭红兵和杜金岷（2014）[19]也将 FCI 翻译为金融稳定状况指数，发现其能较好刻画中国金融形势；王晓博、徐晨豪和辛飞飞（2016）[20]也将 FCI 译为金融稳定状况指数，使用 TVP – SV – VAR 模型实证编制的中国金融稳定状况指数可以很好地反映中国金融制度和结构的变化。当然，也有其他学者将 FCI 翻译成金融稳定状况指数，本书不一一列举。

将 FCI 翻译为金融状况指数是国内学者中的主流译法，因此相关文献较多，为了防止与本章第3节的文献综述重复，此处不列举具体文献，同时，通过查阅发现，国家社会科学基金和国家自然基金多个已立项目也都将 FCI 译为金融状况指数，因此，本书借鉴主流译法，也将 FCI 翻译为金融状况指数。

（2）金融状况指数内涵。

国内外少有学者对金融状况指数进行定义，其主要原因为各学者对金融状况指数功能看法不一，尽管王维国、王霄凌和关大宇（2011）[17]认为金融状况指数是综合反映货币政策执行情况或实施效果的统计指数，其主要从货币政策角度进行定义，但一些学者认为金融状况指数功能不限于此。

系统查阅国内外文献，发现金融状况指数主要包含如下六种功能：第一，作为货币政策的指示器，反映货币政策的松紧状况；第二，评价货币政策效果；第三，实证分析货币政策的宏观经济效应；第四，为货币政策框架体系提供了有效信息；第五，作为金融市场周期的指示器，反映金融市场的周期波动状况；第六，由于金融状况指数包含宏观经济未来信息，用其来预测一个国家和地区的宏观经济走势。

由上可知，金融状况指数虽然功能较多，但其核心功能只有两种：反映货币政策的松紧状况和评价货币政策效果，其余功能皆由此两种功能衍生，因此，本书借鉴王维国、王霄凌和关大宇（2011）[17]定义金融状况指数为综合表征货币政策松紧状况和评价货币政策效果的一种加权平均指数，且一般以货币政策对宏观经济的效果为权重。

金融状况指数评价货币政策效果的功能与其构建时的权重息息相关，目前，绝大多数学者和金融机构都是使用货币政策对宏观经济的效果为权重进行加权平均得到金融状况指数。因此，金融状况指数可作为领先指标来评价货币政策的执行效果和预测货币政策最终目标未来变动趋势，这对于缩短货币政策时滞进而提升其执行效率是非常有意义的。

此外，对于金融状况指数反映货币政策松紧状况的功能部分需要说明的是，由于绝大部分 FCI 各构成变量，比如利率、汇率、股价与房价等，一般都需要通过标准化消除量纲的影响，并通过 HP 滤波去除趋势值，得到相对缺口值，因此，金融状况指数只能提供关于货币政策松紧的周期波动状况，而无法得到其波动值的具体大小，即：大于 0 时，表明货币政策处于宽松状态；小于 0 时，意味着紧缩性的货币政策在生效。

1.2.2　新型多机制门限金融状况指数概念

（1）国内外学者已提出的金融状况指数的新概念。

目前，部分国内外学者在研究金融状况指数时，依据其创新性或研究特色，在传统金融状况指数基础上提出了一些新概念，如新金融状况指数、多机制门限金融状况指数等。

第一，新金融状况指数。从现有文献来看，所谓的新金融状况指数主要是指使用较多的金融变量构建的金融状况指数，相较于传统金融状况指数，其包含的金融信息更广。哈特乌斯（Hatzius et al.，2010）[21]在世界上首次选择高达45个金融指标，使用非平衡面板技术的主成分分析方法，构建首个多信息的金融状况指数，作者称其为新金融状况指数；此后，部分学者也做了相似研究，如：布拉韦尔和巴特斯（Brave and Butters，2011）[22]选择了100个指标，许涤龙、刘妍琼和郭尧琦（2014）[23]选择69个指标，分别构建了美国和中国新金融状况指数。

第二，多机制门限金融状况指数。从已有研究成果来看，所谓多机制门限金融状况指数是指依据金融状态的非线性特征分多种机制编制而后加总的金融状况指数。周德才等（2018）[24]使用多机制门限向量自回归模型（Multiple Regimes Threshold Vector Autoregressive，MR - TVAR）构建了首个多机制门限金融状况指数（MR - TFCI），到目前为止，只有这一篇文献研究了多机制门限金融状况指数。

（2）新型多机制门限金融状况指数的概念。

鉴于目前金融状况指数的研究仍无同时具备信息涵盖广和多机制非线性的特征，本书首次将多机制门限因子增广 VAR（Multiple Regimes Threshold Structure Factor Augmented Vector Autoregressive，MR - SFATVAR）模型引入传统金融状况指数，命名为新型多机制门限金融状况指数（Multiple Regimes Threshold Financial conditions index，MR - TFCI）概念，相较于周德才等（2018）[24]的 MR - TFCI，其主要区别在于，构建指数的模型在 MR - TVAR 模型的基础上结合了 SFAVAR 模型，即使用了 MR - SFATVAR 模型来构建，因此具有部分新金融状况指数的特征，涵盖了更广的金融经济信息。

1.3 国内外研究综述

金融状况指数（FCI）是从货币状况指数（Monetary Conditions Index，MCI）发展而来的，古德哈特和霍夫曼（Goodhart and Hofman，2001）[1]在 MCI 中引入房价、股价等资产价格，将 MCI 扩展成 FCI，构建了 G7 国家的 FCI。此后，国内外众多学者对 FCI 做了大量的拓展研究，本书的文献综述将从 FCI 的一般构建方法、因子模型、非线性模型这三个方面重点论述 FCI 的相关研究，其中一般构建方法是相对因子模型和非线性模型的构建方法来讲的。

1.3.1 一般方法构建金融状况指数

早期，FCI 主要使用一些简单的模型进行编制和应用研究，如总需求方程缩减式、VAR 或 VEC 模型、大型宏观经济模型。

（1）基于总需求方程缩减式构建金融状况指数。

主要使用 IS 曲线和菲利普斯曲线来确定各变量的系数及其在 FCI 中的权重。梅斯和维伦（Mayes and Viren，2001）[25]选择利率、汇率、股价与房价 4 个变量，基于总需求方程缩减式编制了 17 个国家的金融状况指数；吉查德和特纳（Guichard and Turner，2008）[26]分别使用 VAR 模型与产出缩减式方程来构建 FCI；辛格（Singh，2010）[27]用总需求方程缩减式构建了印度的 FCI，并实证分析其受货币政策的影响和对 GDP 的预测作用；文青（2013）[28]选取利率、汇率、货币供应量、房价、股价 5 个变量基于总需求方程缩减式编制了中国的金融状况指数并检验其效用；肖强和司颖华（2015）[29]选取多个变量，提取公因子后，而后使用总需求方程缩减式构建了中国 FCI；陆军和梁静瑜（2007）[30]使用两种缩减式来估计中国的金融状况指数，且对 FCI 的波动原因进行分析；王雪峰（2009）[31]用简化的总需求方程构建了中国 FCI。

（2）基于 VAR 或 VEC 模型编制金融状况指数。

用 VAR 或 VEC 的脉冲响应函数算出 FCI 中各变量权重，然后对其进行编制。古德哈特和霍夫曼（2001）[1]用汇率、利率、股价与房价 4 个变量，基于 VAR 模型构建 G7 国家的 FCI；斯文顿（Swiston，2008）[32]、乔（Chow，2013）[33]都基于 VAR 脉冲响应分析构建了美国的 FCI，且分别检验其可对 GDP、CPI 做预测；封北麟等（2006）[5]、刘任重和刘冬冬（2016）[34]都基于 VAR 模型编制中国金融状况指数，且分别对中国通胀、通胀和股市投资热度进行预测检验；许涤龙和欧阳胜银（2014）[3]从 48 个金融指标中筛选若干最具代表性指标，以 VAR 模型得到 FCI 中各变量权重来编制 FCI；郭晔和杨娇（2012）[35]选用两种 VAR 模型编制中国 FCI；封思贤等（2012）[36]选用货币供应量、房价、股价、汇率和利率基于广义脉冲响应函数构建中国 FCI，并分状态比较 FCI 的预测能力。随着中国经济发展、经济形势的变化，亦有学者用 VAR 的推广模型对中国金融状况指数做研究，以适应变化的金融状况。巴曙松和韩明睿（2011）[12]以利率、房格、汇率、股价以及货币因素等变量基于 SVAR 模型编制中国的 FCI；陆军等（2011）[37]用递归的 VAR 模型编制中国动态 FCI。关于用 VEC 模型构建中国 FCI，如戴国强和张建华（2009）[38]基于 VECM 模型编制了中国的 FCI，并检验其预测能力。

（3）基于大型宏观经济模型构建金融状况指数。

主要通过各变量之间的关系来确定权重，以得到更准确的 FCI，银行等机构常用此方法编制 FCI。莱克（Lack，2003）[39]选取利率、汇率、房价三个指标，然后用宏观经济模型构建了瑞士的 FCI；高蒂尔等（Gauthier et al.，2003）[40]用 IMF 和 OECD 总体模型编制了 G7 国家的 FCI；比顿等（Beaton et al.，2009）[41]基于宏观经济模型构建了美国的 FCI，同时用 VECM 模型构建了另一套美国的 FCI；王维国等（2011）[17]在 AD – AS 框架下用联立方程模型编制 FCI，实证得出 FCI 和金融状况波动有强关联性。

金融状况指数早期使用一般方法进行构建与应用研究，简明有效，且较货币状况指数更能凸显资产价格对金融状况的作用，但随着金融经济的发展，其亦显现出一些弊端，如无法全面系统包含更丰富更及时的金融经济信息。

1.3.2　因子模型构建金融状况指数

随着金融经济的发展，其涉及和覆盖的信息越来越多，而一般方法构建的金融状况指数无法全面系统的使用这些金融经济信息，因此部分学者使用能涵盖更多信息的因子模型来构建 FCI，如主成分分析法、动态因子模型、因子增广模型等。

（1）基于主成分分析法构建金融状况指数。

主成分分析法从多个金融（或经济）变量中提取公因子，作为金融状况指数。李承勇等（Lee Seung – yong et al.，2014）[42]选择 50 个韩国的金融变量，建立非平衡面板月度时间序列数据，然后运用主成分分析法构建韩国 FCI；安哲罗普洛斯等（Angelopoulou et al.，2014）[43]基于主成分分析模型使用欧洲 2003～2011 年数据构建了金融状况指数；斯托莱等（Sithole et al.，2017）[44]用主成分分析法和 VAR 模型构建了南非及其主要贸易国家的 FCI；刁节文等（2013）[45]也用主成分分析和VAR 模型两种方法构建了两种 FCI；邓创和徐曼（2014）[46]选取 13 个金融指标以主成分分析法编制中国 FCI 来考察中国金融周期波动特征。

（2）基于动态因子模型构建金融状况指数。

易晓溦等（2014）[47]从多个角度共选取 16 个经济指标基于高维贝叶斯动态因子模型构建了中国的 FCI；哈特乌斯等（Hatzius et al.，2010）[21]选取 28 个经济指标基于动态因子法来构建美国 FCI，并对未来经济活动的金融状况进行预测；马西森（Matheson，2012）[48]使用动态因子模型方法，根据 1994 年以来的年数据，选择了多个指标，构建了美国和欧元区的实时动态 FCI。尚玉皇和郑挺国（2018）[49]根据 2000 年至 2016 年的季月混频样本数据，选择国内生产总值、物价水平、货币供应量和社会融资规模的宏观经济指标以及国债利差、上证综合指数收益率、深圳成分指数收益率和房地产价格的金融市场指标，使用混频动态因子模型（MF – DFM），构建了中国混频金融状况指数，进而分析其风险预警功能。研究结果表明：首先，引入 GDP 指标的混频 FCI 模型的测度结果优于同频模型，房地产价格、GDP 等是影响金融形势指数的重要指标。其次，混频金融形势指数具有明显的顺周期特征，其与经济景气先行指数的相关性更强，但宏观经济下行时，该指数与一致指数的相关性明显增强。最后，金融形势指数是一致指数的领先因子，对宏观基本面波动趋势具有预警作用。

（3）基于因子增广模型构建金融状况指数。

许涤龙等（2014）[23]选用69个经济指标基于 FAVAR 模型构建中国FCI，并检验 FCI 的预测能力；屈军和朱国华（2016）[50]用 TVP-FA-VAR 模型构建中国 FCI，其权重是动态的，信息含量多、且能反应经济制度结构变化；周德才等（2017）[51]用 20 个多种类别的金融指标，基于构建的贝叶斯动态因子增广 VAR（BDFA-VAR）模型构建了中国FCI。

因子模型应用于金融状况指数的研究，使得各国构建的金融状况指数涵盖的金融信息更全面而系统，更能有效地反映金融经济形势，但在2008 年的全球金融危机的影响下，各国的金融经济出现了结构性变化，使得原本线性的金融经济状态转变为具有非线性的特征，而线性的因子模型无法有效地刻画此特征。

1.3.3 非线性计量模型构建金融状况指数

当前全球主要经济体因复苏进程不同步而出现分化情形，其货币政策不统一，在中国金融和经济逐步全方位国际化之际，国外货币政策最新状况势必对中国金融和经济非线性影响更深。与此同时，中国特色社会主义进入了新时代；中国经济发展也进入了新时代，基本特征就是中国经济已由高速增长阶段转向高质量发展阶段，由先前的规模扩张，开始重视结构的改善和效率的提升；同时，中国社会主要矛盾已经转化为人民日益增长的美好生活需要和不平衡不充分的发展之间的矛盾，这都将使中国金融和经济产生非线性变换。因此，为了能够更加有效地反映中国的金融和经济的非线性特征，需用非线性计量模型来构建金融状况指数，即用平滑转换类模型、马尔科夫转换类模型、时变系数和（或）随机波动率状态空间类模型来构建中国的金融状况指数。

（1）基于平滑转换类模型构建金融状况指数。

平滑转换类模型在检验和预估程序上具有较高的可操作性，对金融和经济的解释和预测效果较好，因此部分学者用此类模型来研究金融状况指数。加文和奥扬（Galvão and Owyang，2013）[52]提出并使用因子增广平滑转换 VAR 模型（FAST‐VAR）编制了美国的 FCI，其是通胀和产出的良好预测指标；肖强和司颖华（2015）[29]使用 2 机制的 FALST-VAR 模型将 FCI 应用于产出和物价的分析。周德才等（2018）[53]基于构建的多机制逻辑平滑转换自回归（MR‐LSTAR）模型和公式，实证测度了中国 3 机制非线性同频动态金融状况指数（3R‐NFCI），同时与 2 机制非线性 FCI（2R‐NFCI）和 1 机制线性 FCI（1R‐FCI）进行了比较分析。结果表明：3R‐NFCI 是经济增长更好的先行、相关和预测指标，同时我国货币政策的经济效应具有非对称特征，传导机制具有多机制非线性特征。

（2）基于马尔科夫转换类模型构建金融状况指数。

汉密尔顿（Hamilton，1989）[54]认为用马尔科夫转换类模型来分析金融和经济不同机制下的波动状况效果更佳。廖信林和封思闲等（2012）[55]基于马尔科夫机制模型（Markov Switching，MS）研究了中国 FCI 与通胀之间的非对称性关系；周德才等（Zhou et al.，2014）[56]基于 MS‐VAR 模型构建了中国 FCI；周德才等（2014）[57]使用 2 机制的 MS‐SW 模型构建了中国股市 FCI；易晓溦等（2014）[47]使用分层狄利克雷混合过程的无限状态隐含马尔科夫区制（MS‐IHMM‐HDPM）模型研究了中国 FCI 的区制效应；李正辉和郑玉航（2015）[58]运用三区制的 MS‐AR 模型，并检测中国 FCI 的动态变化特征。阿尔图格等（Altug et al.，2019）[59]使用新构建的混频马尔科夫机制转换动态因子模型（MF‐MS‐DFM），从经济和金融状况的周期性行为之间的时空联系出发，构建了土耳其混频动态金融状况指数。研究结果表明：该 FCI 能较好地预测经济周期的拐点，并领先经济周期 3.5 个月。

（3）基于时变系数和（或）随机波动率状态空间类模型构建金融

状况指数。

该指数克服了固定权重编制金融状况指数未考虑结构变化和非线性变化的缺陷，更适用于新时代下中国经济。库普和科罗比尔斯（Koop and Korobilis，2014）[60] 应用 FA – TVPVAR、TVP – FAVAR 等模型编制了首个包含多信息多时变结构的英国 FCI；栾惠德和侯晓霞（2015）[61] 用 MF – DFM 模型编制中国首个实时 FCI；金春雨和吴安兵（2017）[62] 使用时变状态空间模型测编制 G20 国家的动态 FCI，并分析在不同的时期，发达国家与新兴经济体金融市场波动幅度的差异，同时使用泰勒规则方程，采用面板平滑转换回归模型来实证分析不同金融状况下货币政策对产出与通胀的非对称效应；陈磊等（2017）[63] 用 TVP – FAVAR 模型编制中国新型 FCI，此新型 FCI 与中国宏观经济拟合度更好；余辉和余剑（2013）[64] 使用时变参数状态空间模型的非线性方法，选择利率、汇率、货币供应量、股价和房价 4 个金融市场的金融价格变量和 1 个金融市场金融规模变量，分别赋予动态权重，构建了中国国内动态实际 FCI；周德才等（2015）[65] 选取 5 个金融变量，用 MI – TVP – SV – VAR 模型编制中国灵活动态 FCI，并分析它对通胀率的预测能力；邓创等（2016）[66] 用 TVP – VAR 模型构建了中国的动态 FCI，并进一步考察了中国金融状况的波动特征和其宏观经济效应。

（4）基于 MR – TVAR 模型构建门限金融状况指数。

周德才等（2018）[24] 已用 MR – TVAR 模型对中国金融状况指数做了先行探讨，发现中国金融状况存在多机制的非线性变换。这篇论文是前期阶段性成果，本书将在这个基础上，通过纳入更多、更丰富的信息，全面系统对中国多机制门限金融状况指数进行构建研究。

1.3.4　文献评述

纵观国内外文献综述可知，由于金融环境变化，学者们已使用因子模型对金融状况指数（FCI）做了大量研究及贡献，同时也对 FCI 的非线性计量模型编制与应用研究做了初步探索，但一般都是使用 2 机制的马尔科夫模型和平滑转换模型编制或者应用 FCI，而使用门限模型来非线性编制 FCI 并不常见，使用能够适应多种结构变化的门限变量随机的多机制门限向量自回归（MR – TVAR）模型来编制 FCI 更是罕见，进一步，结合因子模型和 MR – TVAR 模型来编制 FCI 的研究目前仍是空白，而中国金融经济状态又急需一种能结合因子模型和 MR – TVAR 模型的新模型来构建金融状况指数，以更好地刻画新时代中国金融经济状态。

有鉴于此，本书将首先通过总结与拓展构建 MR – TVAR 模型，接着结合因子模型，构建新的多机制结构因子增广门限向量自回归模型（MR – SFATVAR）模型，作为编制具有金融信息涵盖量大和多机制非线性特征的金融状况指数的计量模型，选取货币供应量、利率类、汇率类、股票类、房价类共 20 个金融经济变量和经济增长率，然后基于 MR – SFATVAR 模型编制中国的多机制门限金融状况指数（MR – TFCI），并应用于对以经济增长（GDP）和通货膨胀（INF）为代表的宏观经济形势的预测。本书研究具有以下边际贡献：（1）本书构建了门限变量随机的多机制结构因子增广门限 VAR（MR – SFATVAR）模型，作为编制适应当前金融经济形势——中国特色社会主义新时代的金融状况指数的新的计量模型，其是基于 MR – TVAR 和 SFAVAR 模型进行拓展研究而得，集合了其二者的优点；（2）本书构建的新型多机制门限金融状况指数（NMR – TFCI）具有金融信息量大和多机制非线性的特征，能够更好地刻画当前的金融经济形势——中国特色社会主义新时代。

1.4 研究思路及方法

1.4.1 研究思路

本书遵循着"构建多机制结构因子增广门限 VAR（MR – SFAT-VAR）模型→建立理论分析模型→实证编制多机制门限金融状况指数（NMR – TFCI）→实证应用 NMR – TFCI"的研究思路进行研究，如图 1 – 1 所示。

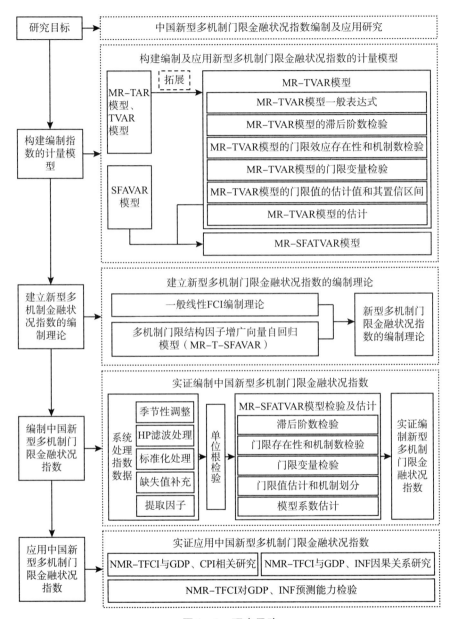

图 1-1 研究思路

1.4.2　研究方法

（1）使用文献分析法：收集金融状况指数的专著、期刊文献、报纸文献、会议报告、学位论文，对其研究思路和方法进行整理分析，为本书研究打下良好的基础。

（2）使用数量经济分析法：推导多机制结构因子增广门限 VAR（MR – SFATVAR）模型。通过数量分析方法的逻辑与推理等分析方法，先把多机制门限自回归（MR – TAR）模型与门限 VAR（TVAR）模型结合，拓展为多机制门限 VAR（MR – TVAR）模型，然后进一步将 MR – TVAR 模型结合 SFAVAR 模型，构建多机制结构因子增广门限 VAR（MR – SFATVAR）模型。

（3）依据公式推导法：使用门限变量随机的多机制结构因子增广门限 VAR（MR – SFATVAR）模型推导多机制门限金融状况指数（NMR – TFCI）编制公式和构建方法。

（4）使用比较分析法：相较于二机制门限金融状况指数与线性金融状况指数，探讨新旧多机制门限金融状况指数对宏观经济的刻画与预测效果的优劣。

（5）使用计量经济学研究方法：本书使用新构建的门限变量随机的 MR – SFATVAR 模型，构建了多个中国新型多机制门限金融状况指数。

1.5　本书主要内容

第 1 章绪论。在国内国外学者对 FCI 采用一般构建方法（总需求方程缩减式、VAR 或 VEC 模型、大型宏观经济模型）、因子模型构建法、非线性构建法（平滑转换类模型、马尔科夫转换类模型、时变系数和（或）随机波动率状态空间类模型）编制的基础上，构思本书的基本研究内容、方法与创新点。

第 2 章构建计量模型、加权模型和混频损失函数。本章主要构建了编制及应用新旧多机制门限金融状况指数的计量模型、加权模型和混频损失函数。首先，构建了门限变量随机的多机制门限向量自回归（MR - TVAR）模型和多机制结构因子增广门限向量自回归（MR - TVAR）模型；其次，构建了 FCI 的门限变量随机的多机制门限测度模型和多机制结构因子增广门限的指数加权模型。这些计量模型和加权模型将作为下文编制及应用中国新型多机制门限金融状况指数的模型基础；最后，通过拓展传统的货币政策单重最终目标函数，本书新构建了货币政策双重最终目标混频损失函数。

第 3 章中国多机制门限金融状况指数实证分析。通过总结和拓展，构建并运用门限变量随机的多机制门限向量自回归模型（MR - TVAR），从经济增长、通货膨胀和混频损失函数等货币政策最终目标损失函数出发，选取 6 个金融变量，测算多机制下每个机制的广义脉冲响应函数值，进而分别编制基于经济增长、通货膨胀和混频损失函数等货币政策最终目标损失函数的中国多机制门限金融状况指数（MR - TFCI），并分别分析它们与经济增长（GDP）、通货膨胀（INF）和宏观经济（MLF）的关系。实证表明：与 2R - TFCI 和 1R - FCI 相比，中国 MR - TFCI 是经济增长、通货膨胀和宏观经济更优的先行、相关性、因果性和预测指标；中国货币政策调控宏观经济的效应和传导渠道具有门限特征；中国货币政策调控经济增长的方式类型是价格和数量结合型的。

第 4 章中国新型多机制门限金融状况指数实证分析。本章通过总结和拓展，构建并运用多机制结构因子增广门限向量自回归模型（MR - SFATVAR），从经济增长、通货膨胀和混频损失函数等货币政策最终目标损失函数出发，从 20 多个金融指标中抽取 6 个金融结构公因子，测算多机制下每个机制的广义脉冲响应函数值，进而分别编制基于经济增长、通货膨胀和混频损失函数等货币政策最终目标损失函数的中国新型多机制门限金融状况指数（NMR - TFCI），并分别分析它们与经济增长（GDP）、通货膨胀（INF）和宏观经济（MLF）的关系。实证表明：与 N2R - TFCI 和 N1R - FCI 相比，中国 NMR - TFCI 是经济增长、通货膨胀和宏观经济更优的先行、相关性、因果性和预测指标；中国货币政策调控宏观经济的效应和传导渠道具有门限特征；中国货币政策调控经济增长的方式类型是价格和数量结合型的。

第5章新旧中国多机制门限金融状况指数比较分析。本章分三节进行阐述，使用图形相关性、跨期相关性、非线性格兰杰因果关系检验、预测能力检验等四种方法，对中国新旧多机制门限金融状况指数进行比较分析，发现中国 NMR – TFCI 在实证分析经济增长目标时与中国 MR – TFCI 难分伯仲，在实证分析通货膨胀目标时，基本上优于中国 MR – TFCI，在实在分析宏观经济时，基本上优于中国 MR – TFCI。

第6章对前文实证分析的结论进行总结，提出一些政策建议，并对本书的不足和展望进行阐述。

1.6 本书创新与不足之处

1.6.1 本书创新之处

与现有研究成果相比较，本书研究可能存在以下几个方面的创新：

（1）构建了新的计量模型——多机制结构因子增广门限 VAR（MR – SFATVAR）模型。MR – SFATVAR 模型是基于 MR – TVAR 模型与 SFAVAR 模型进行拓展研究而得，其结合了 MR – TVAR 模型和 SFAVAR 模型的优点。

（2）编制了中国新型 MR – TFCI。本书构建的新型多机制门限金融状况指数具有金融信息量大和多机制非线性的特征，能够更好地刻画当前的金融经济形势——经济发展新常态和新时代。

1.6.2 本书不足之处

本书研究可能存在以下两方面的不足，可作为后期的研究和改善方向：

（1）本书从货币供应量类、利率类、汇率类、房价类、股票类、信贷类金融变量中各选取 3 ~5 个金融指标，共 20 多个金融指标，而国内外已有部分学者用 100 多个指标来构建金融状况指数，所以，本书选取 20 个金融指标仍不足以全面系统地反映中国的金融经济状况；本书中选用 1998 年 1 月 ~2020 年 9 月的月度数据，其样本点相对较少，仅有 273 个，而使用 MR – SFATVAR 模型包含的样本点最好在 300 以上（参考 Hansen，1999[69]），因此，还需收集 1998 年 1 月以前的数据。

（2）增加使用混频数据模型，并收集不同频率的数据。本书使用的数据全是月度数据，限制了本书收集金融经济数据的能力，当前，官方统计的金融经济变量有多种频率，包含日度、月度、季度和年度数据，只有混频数据模型才能将其综合使用，全面系统地反映中国金融经济状况，因此，急需将混频动态因子模型（MF – DFM）或混频向量自回归模型（MF – VAR）引入本书的研究。

第 2 章

构建计量模型、加权模型
和混频损失函数

本章主要为本书编制及应用中国新型多机制门限金融状况指数构建计量模型、加权模型和混频损失函数，其主要内容分为以下三个部分：首先，构建编制和应用中国 NMR – TFCI 的门限变量随机的多机制因子门限系列模型。本书通过对传统门限模型的拓展和完善，构建了现代的门限变量随机的多机制门限模型、前沿的门限变量随机的多机制结构因子增广门限模型，这些新模型统称为门限变量随机的多机制因子门限系列模型，作为编制和应用中国 NMR – TFCI 的计量模型。其次，构建编制和应用中国 NMR – TFCI 的加权模型。基于前文构建的门限变量随机的多机制因子门限系列模型，结合 NMR – TFCI 编制和应用的特殊要求，本书构建了编制和应用 NMR – TFCI 的多机制因子门限系列加权公式和加权过程。最后，通过对传统单变量的货币政策最终目标损失函数的拓展，本书新构建了货币政策双重最终目标的混频损失函数。

2.1 构建计量模型

2.1.1 介绍传统门限模型

虽然传统门限模型主要包括门限自回归（TAR）模型和门限向量自

回归（TVAR）模型，本书专注于 TVAR 模型。自从童（Tong，1978）[67] 提出门限自回归模型（TAR）以来，门限模型在时间序列数据分析中得到广泛运用，同时自身也获得较大发展，蔡（Tsay，1998）[68] 和汉森（Hansen，1999）[69] 等通过拓展提出了多机制自回归（MR – TAR）模型，巴尔克（Balke，2000）[70]、汉森和濑尾（Hansen and Seo，2002）[71] 等又进一步提出了门限向量自回归模型（TVAR），具体介绍如下：

设模型中所有变量都是内生变量，y_t 是一个由 K × 1 维内生变量组成的向量矩阵，记为 $y_t = (y_{1t}, y_{2t}, \cdots, y_{Kt})'$，K 是内生变量的个数；$A_{i,0}$ 是 K × 1 维常数项向量；$A_{i,j}$ 是 K × K 维的第 i 个机制第 j 阶滞后的系数矩阵，其中，i = 1，2，j = 1，2，$\cdots$，p（p 是滞后阶数）；z_{t-d} 是门限变量，来源于 y_t 的滞后项；γ 是门限变量的门限值，于是就有：

$$y_t = A_{i,0} + \sum_{j=1}^{p} A_{ij} y_{t-j} \times I(z_{t-d}) + e_{t,i} \qquad (2.1)$$

其中，$e_{t,i}$ 是一个 K × 1 维的扰动项，其均值为 0，方差协方差为 $\sum$，且 $E(e_t e_l) = 0$（$t \neq l$）。

一般假设滞后阶段 p 对所有的变量和机制都是一样的，从而门限变量对所有的方程也都是一样的。那么一个传统的 TVAR 模型可以写成以下形式：

$$y_t = (A_{1,0} + A_{1,1} y_{t-1} + A_{1,2} y_{t-2} + \cdots + A_{1,p} y_{t-p}) \times I(z_{t-d} \leq \gamma_1) +$$
$$(A_{2,0} + A_{2,1} y_{t-1} + A_{2,2} y_{t-2} + \cdots + A_{2,p} y_{t-p}) \times I(z_{t-d} > \gamma_1) + e_t$$
$$\qquad (2.2)$$

其中，$I(\cdot)$ 是示性函数；γ_1 是门限值。

2.1.2 完善现代的门限变量随机的多机制门限模型

基于传统门限模型，本书把机制数从两机制完善为多机制（Multiple Regimes，MR），构建了现代的门限变量随机的多机制门限模型。这些模型主要是门限变量随机的多机制门限自回归（MR – TAR）模型、门限变量随机的多机制门限向量回归（MR – TVAR）模型，本书专注于门限变量随机的 MR – TVAR 模型。鉴于目前大量文献对 TVAR 模型的假设检验和实证分析本质上就是基于门限变量事先固定的 TAR 模型进行假设检验和回归，较少基于门限变量随机（非事先固定）的 TVAR 模型进行假设检验和估计，故本书基于汉森（1999）[69]，汉森和濑尾（2002）[71] 的 MR – TAR 和 TVAR 模型，通过总结和拓展构建了门限变量随机的 MR – TVAR 模型。

门限变量随机的 MR – TVAR 模型整个检验和估计过程包括以下六个步骤：第一步，列出门限变量随机的 MR – TVAR 模型的一般表达式；第二步，推导门限变量随机的 MR – TVAR 模型的滞后阶数的检验方法；第三步，推导门限变量随机的 MR – TVAR 模型的门限效应存在性和机制数检验方法；第四步，制定门限变量检验方法；第五步，给出门限变量随机的 MR – TVAR 模型门限值的估计方法，并推导其置信区间的计算方法；第六步，推导门限变量随机的 MR – TVAR 模型的估计法。常见的估计方法包括最小二乘法和最大似然法，本书使用的是最小二乘法。

2.1.2.1 门限变量随机的 MR – TVAR 模型的一般表达式

TVAR 模型的早期形式是 2 机制的，本书通过总结拓展 TAR 和 TVAR 模型，构建了门限变量随机的 MR – TVAR 模型。门限变量随机的 MR – TVAR 模型描绘时间序列数据的非对称性和周期性时有其独到优势，融合了多种结构变化、非线性模型和 VAR 模型三者优点。在一般的文献中，大都把 TVAR 模型设置成两种机制的形式。参考汉森（1999）[69] 和蔡（1998）[68]，TVAR 模型依照机制的个数都可以分成 2 机制（1 门限）、3 机制（2 门限）和 4 机制（3 门限）等类型。为了简洁起见，参考崔和德弗鲁（Choi and Devereux，2006）[72]，本书仅介绍 4 机制（3 门限）的门限变量随机的 MR – TVAR 模型，其他类型门限模型可作类似推导，不再赘述。同时，本书分别把 2 机制、3 机制和 4 机制 TVAR 模型分别缩写为 2R – TVAR、3R – TVAR 和 4R – TVAR 模型。

设模型中所有变量都是内生变量，y_t 是一个由 $K \times 1$ 维内生变量组成的向量矩阵，记为 $y_t = (y_{1t}, y_{2t}, \cdots, y_{Kt})'$，$K$ 是内生变量的个数；

$A_{i,0}$ 是 $K \times 1$ 维常数项向量；$A_{i,j}$ 是 $K \times K$ 维的第 i 个机制第 j 阶滞后的系数矩阵，其中，$i = 1$，2，$\cdots$，S（S 是机制数），$j = 1$，2，$\cdots$，p（p 是滞后阶数）；z_{t-d} 是门限变量，来源于 y_t 的滞后项；γ 是门限变量的门限值，于是就有：

$$y_t = \left(A_{i,0} + \sum_{j=1}^{p} A_{ij} y_{t-j} + e_{t,i} \right) \times I(z_{t-d}), \text{如果 } \gamma_{i-1} < z_{t-d} \leq \gamma_i$$

(2.3)

其中，$e_{t,i}$ 是一个 $K \times 1$ 维的扰动项，其均值为 0，方差协方差为 $\sum$，且 $E(e_t e_l) = 0$（$t \neq l$）。

一般假设滞后阶段 p_1 对所有的变量和机制都是一样的，从而门限变量对所有的方程也都是一样的。那么一个 4R-TVAR 模型可以写成以下形式：

$$y_t = (A_{1,0} + A_{1,1} y_{t-1} + A_{1,2} y_{t-2} + \cdots + A_{1,p} y_{t-p}) \times I(z_{t-d} \leq \gamma_1)$$
$$+ (A_{2,0} + A_{2,1} y_{t-1} + A_{2,2} y_{t-2} + \cdots + A_{2,p} y_{t-p}) \times I(\gamma_1 < z_{t-d} \leq \gamma_2)$$
$$+ (A_{3,0} + A_{3,1} y_{t-1} + A_{3,2} y_{t-2} + \cdots + A_{3,p} y_{t-p}) \times I(\gamma_2 < z_{t-d} \leq \gamma_3)$$
$$+ (A_{4,0} + A_{4,1} y_{t-1} + A_{4,2} y_{t-2} + \cdots + A_{4,p} y_{t-p}) \times I(z_{t-d} > \gamma_3) + e_t$$

(2.4)

其中，$I(\cdot)$ 是示性函数；$\gamma = (\gamma_1, \gamma_2, \gamma_3)$ 是按照从小到大的顺序排列的门限值。

从方程（2.3）或者方程（2.4）可以看出，当 $\gamma_1 = \gamma_2 = \gamma_3$ 时，4R-TVAR 模型就退化为 2R-TVAR 模型；当 $\gamma_1 = \gamma_2 < \gamma_3$ 或 $\gamma_1 < \gamma_2 = \gamma_3$ 时，4R-TVAR 模型就转化为 3R-TVAR 模型。

2.1.2.2 门限变量随机的 MR-TVAR 模型的滞后阶数检验

门限变量随机的 MR-TVAR 模型滞后阶数检验就是确定模型中滞后阶数变量 p 的值。在选择滞后阶数时，不宜过小和过大，过小可能无法完整反映门限变量随机的 MR-TVAR 模型的整体动态特征，过大就导致需要估计的参数过多、模型的自由度减少。门限变量随机的 MR-TVAR 模型的滞后阶数检验常见的方法主要有 AIC 和 SC 信息准则：

$$AIC = \frac{-2L}{T} + \frac{2N}{T}, \text{ 其中：} L = -\frac{TK}{2}(1 + \ln 2\pi) - \frac{T}{2}\ln|\hat{\Sigma}| \quad (2.5)$$

$$SC = \frac{-2L}{T} + \frac{N\ln T}{T} \quad (2.6)$$

其中，$N = K \times (a + p_1 \times K) \times S$ 是被估计的参数的总数，K 是内生变量个数，a 是外生变量个数，p 是滞后阶数，S 是机制个数，T 是样本长度；$\hat{\Sigma}$ 是全部回归方程残差的方差协方差估计值。

2.1.2.3 门限变量随机的 MR – TVAR 模型门限效应存在性和机制数检验

门限变量随机的 MR – TVAR 模型门限效应检验包括门限效应存在性和机制数两个相互关联的内容。也就是说，使用门限变量随机的 MR – TVAR 模型实证研究的关键在于检验门限效应在统计上是否显著存在，如果在 2 机制上显著存在，需要进一步检验在 3 机制、4 机制上检验是否显著存在。

（1）门限变量随机的 MR – TVAR 模型门限效应存在性检验。

适当推广汉森（1999）[69]提出的 MR – TAR 模型门限效应存在性和机制数检验方法，本书得到了检验门限变量随机的 MR – TVAR 模型门限效应存在性和机制数方法。根据蔡（1998）[68]和塞拉和古德温（Serra and Goodwin，2002）[73]的研究分析，TVAR 模型有两种对门限效应存在性和机制数进行检验的方法，分别是 TVAR 模型所有回归方程残差的方差协方差矩阵的行列式值和迹方法，他们进一步分析发现行列式方法要优于迹方法，因此，本书使用行列式方法。

从最简单的 2R – TVAR 模型开始，然后再拓展到多机制 TVAR 模型。对 2R – TVAR 模型来说，检验其门限效应的原假设就是：模型为线性模型，不存在门限效应。

原假设：$H_0 : A_{1,j} = A_{2,j}$，其中：j = 1，2，…，p，备择假设：$H_1 : H_0$ 不成立
$$(2.7)$$

检验原假设的似然比（LR）统计量为：

$$LR_{12}(\hat{\gamma}_1) = (T - m_2)(\log|\Sigma_1| - \log|\Sigma_2(\hat{\gamma}_1)|) \quad (2.8)$$

其中，$\Sigma_1 = \dfrac{e_1' e_1}{(T - m_1)}$ 与 $\Sigma_2(\hat{\gamma}_1) = \dfrac{e_2' e_2}{(T - m_2)}$ 分别为线性 VAR 模型与 2R – TVAR 模型所有回归方程残差的方差协方差矩阵，$e_1 = (e_{11}，e_{12}，\cdots，e_{1k})'$ 与 $e_2 = (e_{21}，e_{22}，\cdots，e_{2K})'$ 分别为线性 VAR 模型与 2R – TVAR 模型的残差矩阵，都为 $K \times T$ 维矩阵，m_1 和 m_2 分别表示线性 VAR 模型和 2R – TVAR 模型中每一个回归方程需要估计的参数的个数。

在完成式（2.9）的似然比统计量 $LR_{12}(\hat{\gamma}_1)$ 构造后，下一步就需要计算其 P 值，以确定 2R – TVAR 模型门限效应在统计上的显著性。但由于似然比统计量 $LR_{12}(\hat{\gamma}_1)$ 的渐近分布不是标准分布，不能用 χ^2 分布来表示，同时其又依赖样本的各阶矩，从而也不能通过查表得到判断标准。针对这种情况，本书使用汉森（1996）[74]的自举法来检验门限效应存在与否，此方法是基于异方差一致来获得门限变量的渐进分布，并通过渐进分布进而确定 P 值。汉森（1996）[74]证明了通过自举法获得样本服从一阶渐进分布，说明通过此方法构造的 P 值是渐进有效的。

（2）门限变量随机的 MR – TVAR 模型机制数检验。

基于式（2.8）的似然比检验，如果线性的 VAR 模型在统计上被拒绝，这就意味着 TVAR 模型存在门限效应，需要使用非线性的门限模型进行估计，但机制的个数还没有确定，理论上意味着 2R – TVAR、3R – TVAR、4R – TVAR 模型都有可能，因此需要构造一系列的似然比统计量来检验这些不同机制的模型。

①VAR 模型与 3R – TVAR 模型的似然比检验。假设检验与前文类似：

原假设：$H_0 : A_{1,j} = A_{2,j} = A_{3,j}$，备择假设：$H_1 : H_0$ 不成立　　（2.9）
检验原假设的似然比（LR）统计量为：

$$LR_{13}(\hat{\gamma}_2) = (T - m_3)(\log|\Sigma_1| - \log|\Sigma_3(\hat{\gamma}_2)|) \qquad (2.10)$$

其中，$\Sigma_3(\hat{\gamma}_2) = \dfrac{e_3' e_3}{(T - m_3)}$ 是 3R – TVAR 模型所有回归方程残差的方差协方差矩阵，$e_3 = (e_{31}，e_{32}，\cdots，e_{3K})'$ 是 3R – TVAR 模型的残差矩阵，$K \times T$ 维矩阵，m_3 表示 3R – TVAR 模型中每一个回归方程需要估计的参数的个数。其 P 值计算同式（2.9）。

②VAR 模型与 4R – TVAR 模型的似然比检验。其原假设与备择假设、似然比（LR）统计量分别为：

原假设：$H_0: A_{1,j} = A_{2,j} = A_{3,j} = A_{4,j}$，备择假设：$H_1: H_0$ 不成立

$$(2.11)$$

$$LR_{14}(\hat{\gamma}_3) = (T - m_4)(\log|\Sigma_1| - \log|\Sigma_4(\hat{\gamma}_3)|) \qquad (2.12)$$

其中，$\Sigma_4(\hat{\gamma}_3) = \dfrac{e_4' e_4}{(T - m_4)}$ 是 4R – TVAR 模型所有回归方程残差的方差协方差矩阵，$e_4 = (e_{41}, e_{42}, \cdots, e_{4K})'$ 是 4R – TVAR 模型的残差矩阵，$K \times T$ 维矩阵，m_4 分别表示 4R – TVAR 模型中每一个回归方程需要估计的参数的个数。其 P 值计算同式（2.9）。

③进一步似然比检验。如果式（2.8）、式（2.10）、式（2.12）的似然比检验有两个或者两个以上拒绝了原假设，就意味着有两种类型或两种类型以上的机制 TVAR 模型适合样本，从而需要进一步使用似然比检验，从中选择最优的机制模型。假设某个具体的门限变量随机的 MR – TVAR 模型最多可能具有 S 个机制（一般 S 最大值取 4），使用上述门限变量随机的 MR – TVAR 模型使用的门限效应显著性检验方法，对 $i = 1, \cdots, S$ 中的每个机制对应的 TVAR 模型两两进行假设检验，取其中 P 值最小的机制模型，作为门限变量随机的 MR – TVAR 模型的机制数。构建似然比统计量方法与前文类似，详细如下：

$$LR_{23}(\hat{\gamma}_2) = (T - m_3)(\log|\Sigma_2(\hat{\gamma}_1)| - \log|\Sigma_3(\hat{\gamma}_2)|) \qquad (2.13)$$

$$LR_{24}(\hat{\gamma}_3) = (T - m_4)(\log|\Sigma_2(\hat{\gamma}_1)| - \log|\Sigma_4(\hat{\gamma}_3)|) \qquad (2.14)$$

$$LR_{34}(\hat{\gamma}_3) = (T - m_4)(\log|\Sigma_3(\hat{\gamma}_2)| - \log|\Sigma_4(\hat{\gamma}_3)|) \qquad (2.15)$$

其中，$LR_{23}(\hat{\gamma}_2)$、$LR_{24}(\hat{\gamma}_3)$ 和 $LR_{34}(\hat{\gamma}_3)$ 分别是 2R – TVAR VS 3R – TVAR、2R – TVAR VS 4R – TVAR 和 3R – TVAR VS 4R – TVAR 进行检验的似然比统计量。

2.1.2.4 门限变量随机的 MR – TVAR 模型门限变量检验

在前人应用 TVAR 模型的相关研究中，通常事先指定某个自变量为门限变量，显然这样做不具有客观性。由于门限变量随机的 MR – TVAR 模型中存在多个自变量，理论上每个自变量都可能是门限变量，

故而前后文介绍的全部假设检验中，都有一个前提条件，就是门限变量是已知的。事实上，我们并不知道哪个自变量是最优的门限变量。参考汉森（1999）[69]，本书对门限变量随机的 MR – TVAR 模型进行门限变量检验，使用的方法与后面的门限变量门限值估计方法一样，如果 TVAR 模型有 K 个自变量，基于格点搜索法重复做 K 次 TVAR 模型估计，得到 K 个 TVAR 模型残差的方差协方差矩阵行列式，其中最小的行列式值对应的门限变量则为最优的门限变量。对于门限变量随机的 MR – TVAR 模型，与 MR – TAR 模型一样，共有 K 个自变量，每个自变量都可能是门限变量，本书选择第 $n(n=1, 2, \cdots, K)$ 个自变量作为可能的门限变量开始检验，并从 2R – TVAR 模型，然后扩展到 3R – TVAR 模型和 4R – TVAR 模型。

（1）2R – TVAR 模型门限变量检验。

参考塞拉和古德温（2002）[73] 和加文（2003）[75]，2R – TVAR 模型的门限变量检验具体过程分析如下：首先，估计 2R – TVAR 模型回归方程的残差。使用 2R – TVAR 模型进行回归，得到模型以第 n 个自变量为门限变量的所有回归方程的残差矩阵，即 $e_2^n = (e_{21}^n, e_{22}^n, \cdots, e_{2K}^n)'$，为 $K \times T$ 维矩阵，每个行向量都是 $T \times 1$ 维矩阵。

其次，计算 2R – TVAR 模型整体方差协方差矩阵及其行列式。2R – TVAR 模型整体方差协方差矩阵及其行列式计算公式如下：

$$\text{DET}_2^n(z_{t-d}) = \left| \sum_2^n (z_{t-d}) \right|, \text{ 其中：} \sum_2^n (z_{t-d}) = \frac{(e_2^n(z_{t-d}))' \times (e_2^n(z_{t-d}))}{(T - m_2)} \tag{2.16}$$

最后，检验 2R – TVAR 模型。如果存在门限效应，通过式（2.18）得到其残差的方差协方差矩阵的行列式向量 $\text{DET}(z_{t-d}) = [\text{DET}_2^1(z_{t-d}), \text{DET}_2^2(z_{t-d}), \cdots, \text{DET}_2^K(z_{t-d})]$，然后再从中选择该向量中最小值对应的门限变量，作为最优的门限变量。具体如下：

$$\hat{z}_{t-d} = \arg\min \text{DET}_2(z_{t-d}) \tag{2.17}$$

（2）门限变量随机的 MR – TVAR 模型门限变量检验。

将上文的 2 机制 TVAR 门限变量检验进行适当拓展，得到本书的多机制 TVAR 门限变量检验方法。3R – TVAR 模型和 4R – TVAR 模型门限变量检验与 2R – TVAR 模型门限变量检验相比，除了 TVAR 模型回归方程残差的方差协方差矩阵的行列式计算略有不同外，其检验过程基本一致。本书将 3R – TAR 模型和 4R – TAR 模型的行列式的计算公式分别列示如下：

$$DET_3^n(z_{t-d}) = \left| \sum_3^n (z_{t-d}) \right| \tag{2.18}$$

$$DET_4^n(z_{t-d}) = \left| \sum_4^n (z_{t-d}) \right| \tag{2.19}$$

其中：
$$\sum_3^n (z_{t-d}) = \frac{(e_3^n(z_{t-d}))' \times (e_3^n(z_{t-d}))}{(T - m_4)}$$

其中：
$$\sum_4^n (z_{t-d}) = \frac{(e_4^n(z_{t-d}))' \times (e_4^n(z_{t-d}))}{(T - m_4)}$$

其中，$\sum_3^n (z_{t-d})$ 和 $\sum_4^n (z_{t-d})$ 是分别基于 3R – TAR 模型和 4R – TAR 模型的以第 n 个自变量为门限变量的方差协方差矩阵。

2.1.2.5 门限变量随机的 MR – TVAR 模型门限值的估计值及其置信区间

对于一个具体的门限变量随机的 MR – TVAR 模型，假设门限变量 z_{t-d} 已知，若门限值 γ 也是已知的，则该模型就能够在不同的机制内进行最小二乘回归，从而估计出未知参数的估计值。但在一般情形下，门限值 γ 是无法直接得到的，因此，需要通过模型的已知参数估计门限值 γ 及其置信区间。

（1）门限变量随机的 MR – TVAR 模型门限变量门限值估计。

一般用陈（1993）[76] 和汉森（2000）[77] 提出的格点搜索法（Grid Search）估计门限值，即在门限变量的水平值中进行搜索，从而得到门限值。考虑到现有研究普遍采用的陈（1993）[76] 和汉森（2000）[77] 的三步法主要是针对单方程门限模型即 TAR 模型提出来的，本书通过一定推广提出了适合门限变量随机的 MR – TVAR 模型整体的"新三步法"。①把门限变量的水平值按递增顺序依次排列。因为要排除极端的情况，一般将排序后的门限变量的首尾各一定比例（如 10%）去掉，将保留下来的门限变量水平值作为门限变量的可能门限值。②基于假定的门限值对门限变量随机的 MR – TVAR 模型中的每个回归方程进行最小二乘估计，得到每个回归方程的残差平方和，最优的门限值就是使得总残差平方和最小的门限值。在门限值估计上，大多数前人对 TVAR 模型的实证应用分析本质上是基于单个方程模型即 TAR 模型进行的，但本书考虑到单个方程的最优门限值不一定就是考虑 TVAR 模型全部方程的整体最优门限值，另外如果就单方程而言，每个方程都有自己最优的门限值，方程之间可能相互不同，从而使得从整体上无法选择。因此，本书通过适当推广，使用由 TVAR 模型全部方程的残差为向量构建的残差矩阵，计算出方差协方差矩阵，再求该矩阵的行列式值，作为 TVAR 模型全部方程的整体残差平方和的一个代理变量。

具体来说，把通过第一步得到的门限变量的每一个可能门限值作为已知的门限值（γ），代入到门限变量随机的 MR – TVAR 模型中的第 i 个回归方程进行 OLS 估计，得到第 i 个回归方程的残差向量：$e_i(\gamma)$，其为 $T \times 1$ 维矩阵；然后构建 $T \times K$ 维的残差矩阵：$e(\gamma) = (e_1(\gamma), e_2(\gamma), \cdots, e_K(\gamma))'$；计算残差之间的方差协方差矩阵：$\Sigma(\gamma) = e(\gamma)' * e(\gamma)$；计算方差协方差矩阵的行列式值：$\det(\gamma) = |\Sigma(\gamma)|$；那么，最优的门限值就是使得行列式的值最小的门限值，即 γ 的一致估计量 $\hat{\gamma}$，其由下式给出：

$$\hat{\gamma} = \text{argmindet}(\gamma) \tag{2.20}$$

③在只有一个门限值的情况下，会选择方差协方差矩阵的行列式值最小的点。而在存在多个门限值时，先假设只有一个门限值，通过上述步骤得到其估计值，然后在这个基础上，用同样的方法对第二个门限值进行估计。

（2）门限变量随机的 MR – TVAR 模型门限变量门限值的估计值的置信区间。

如果上述对 2R – TVAR 检验表明存在门限效应（$A_{1,j} \neq A_{2,j}$），那么陈（1993）[76] 和汉森（2000）[77] 研究表明 $\hat{\gamma}_1$ 是 γ_0（γ_1 的真值）的一致估计量，且其渐进分布是非标准的。汉森（2000）[77] 发现构建门限值 γ_1 渐近置信区间的最好方法就是通过使用 γ_1 的似然比检验统计量来构造"非拒绝置信区间"（no-rejection region）。即检验原假设 H_0：$\hat{\gamma}_1 = \gamma_0$，其似然比统计量 $LR_{22}(\gamma_1)$ 为：

$$LR_{22}(\gamma_1) = (T - m_2)(\log|\Sigma_2(\gamma_1)| - \log|\Sigma_2(\hat{\gamma}_2)|) \quad (2.21)$$

其中，$\Sigma_2(\gamma_1)$ 是在 2R – TVAR 模型上所有可能的门限值作为门限值的估计值对方程进行回归得到的残差的方差协方差矩阵系列（有多个矩阵）。需要注意的是，式（2.8）和式（2.9）是两个不同的假设检验，其原假设分别为 H_0：$A_{1,j} = A_{2,j}$ 和 H_0：$\hat{\gamma}_1 = \gamma_0$。

参照汉森（1999）[69] $LR_{22}(\gamma_1)$ 的判断标准：$c(\alpha) = -2\ln(1 - \sqrt{1-\alpha})$，其中，$\alpha$ 为预先给定的渐进水平，如 $\alpha = 10\%$、5%、1%，则 $c = 6.53$、7.35、10.59。因此，如果似然比统计量 $LR_{22}(\gamma_1)$ 的估计值大于 $c(\alpha)$ 就拒绝原假设，否则就不能拒绝。从而 γ 渐近置信区间就是使得似然比统计量 $LR_{22}(\gamma_1)$ 小于等于判断标准 $c(\alpha)$ 的 γ_1 值。即设 γ 的渐近置信区间为：$\gamma_1 \in [r_{1L}, r_{1U}]$，其下限计算公式为：$r_{1L} = \text{argmin}[LR_{22}(\gamma_1) \leq c(\alpha)]$，其上限计算公式为：$r_{1U} = \text{argmax}[LR_{22}(\gamma_1) \leq c(\alpha)]$。

如果存在多个机制，需要求第二个门限值的渐近置信区间，则首先假设第一门限值已知，使用计算第一个门限值的渐近置信区间一样的方法计算出第二个门限值的渐近置信区间。以此类推，如果需要计算第三个门限值的渐近置信区间，则首先假设第一、第二门限值已知，使用相同方法求出其置信区间。与上文类似，第二、第三个门限值的渐近置信区间的似然比统计量见下文的式（2.22）和式（2.23），而其判断标准与第一门限值完全一样，即 $c(\alpha)$：

$$LR_{33}(\gamma_2) = (T - m_3)(\log|\Sigma_3(\gamma_2)| - \log|\Sigma_3(\hat{\gamma}_2)|) \quad (2.22)$$

$$LR_{44}(\gamma_3) = (T - m_4)(\log|\Sigma_4(\gamma_3)| - \log|\Sigma_4(\hat{\gamma}_3)|) \quad (2.23)$$

2.1.2.6 门限变量随机的 MR – TVAR 模型的估计

设 $Y_k = (y_{k1}, y_{k2}, \cdots, y_{kT})$ 是门限变量随机的 MR – TVAR 模型中第 K 个长度为 T 的内生变量；$e_K = (e_{k1}, e_{k2}, \cdots, e_{kT})$ 是第 K 个内生变量方程误差向量；$X_{i,t-1} = (1, y_{t-1}, y_{t-2}, \cdots, y_{t-p})$ 是在 t 时刻第 i

个机制下解释变量矩阵，且每个机制的自回归系数不同，$i = 1, 2, \cdots,$ S，$X_{t-1} = (X_{1,t-1}, X_{2,t-1}, \cdots, X_{s,t-1})$ 是一个 $(1 + (Skp + S))$ 维矩阵，因此解释变量全体样本矩阵为 $X = (X_0, X_1, \cdots, X_{T-1})$；第 K 个方程的系数向量为：$\theta_K = (\beta_{K,L}, \beta_{K,NL})'$，其中 $\beta_{k,L}$ 是 $((SKp + S) \times 1)$ 维常数项和自回归系数项组成的向量，$\beta_{k,NL}$ 是非线性函数系数向量。例如，在一个 4 机制的 VAR 模型中，$\beta_{K,NL} = [d, \gamma_1, \gamma_2, \gamma_3]$。需要注意的是，对于 VAR 这种模型形式，转换函数的系数向量 $\beta_{K,NL}$ 对模型中的每个方程都是一样的，即 $\beta_{1,NL} = \beta_{m,NL}$，$l, m = 1, 2, \cdots, K$。因此，非线性 VAR 模型可以写成以下形式：

$$\begin{bmatrix} Y_1 \\ Y_2 \\ \vdots \\ Y_K \end{bmatrix} = \begin{bmatrix} m_1(X, \theta_1) \\ m_2(X, \theta_2) \\ \vdots \\ m_K(X, \theta_K) \end{bmatrix} + \begin{bmatrix} e_1 \\ e_2 \\ \vdots \\ e_K \end{bmatrix} \tag{2.24}$$

其中，$m_i(\cdot)$ 是 X 和 θ_K 的非线性函数，为 $T \times 1$ 维向量。式 (2.24) 写成一个紧凑的向量化形式为：

$$Y = M(X, \theta) + E \tag{2.25}$$

其中，Y，$M(X, \theta)$ 和 E 都是 $TK \times 1$ 维向量，X 是一个 $(TK \times (Skp + S))$ 维矩阵，$\theta = (\theta_1, \theta_2, \cdots, \theta_K)'$。

这样，对于给定的残差的方差协方差矩阵 $\sum$，残差平方和函数为：

$$S(\theta) = (Y - M(X, \theta))'(\hat{\Sigma}^{-1} \otimes I_T)(Y - M(X, \theta)) \tag{2.26}$$

基于式 (2.26)，θ 最小二乘估计值为：

$$\hat{\theta} = \arg\min\det(\theta \in \Theta \hat{\Sigma}(\theta)) \tag{2.27}$$

其中，$\hat{\Sigma}(\theta)$ 通过 $\dfrac{1}{T}\sum\limits_{i=1}^{T} e_t' e_t$。这个估计值等价于假定残差服从正态分布的最大似然估计值。

在转换函数系数 $\theta_{NL} = (\beta_{1,NL}, \beta_{2,NL}, \cdots, \beta_{K,NL})$ 已知的条件下，门限变量随机的 MR - TVAR 模型估计问题就是线性的。这样，残差平方和函数能够简练为关于 θ_{NL} 的函数：

$$S(\theta_L \mid \theta_{NL}) = (Y - \theta_L'(\theta_{NL})X)'(\hat{\Sigma}^{-1} \otimes I_T)(Y - \theta_L'(\theta_{NL})X) \tag{2.28}$$

基于式（40），θ 最小二乘估计值为：

$$\hat{\theta} = \text{argmindet}(_{\theta \in \Theta} \hat{\Sigma}(\theta_L \mid \theta_{NL})) \tag{2.29}$$

对于门限变量随机的 MR – TVAR 模型，根据式（2.29）得到 θ 的估计值 $\hat{\theta}$ 比式（2.27）的过程更简单，就是因为只有把所有可能的门限值为条件代入式子中，剩下就变成了一个线性最小二乘法问题。

2.1.3 构建前沿的多机制因子门限模型

在现代的门限变量随机的多机制门限模型中引入结构因子增广项（Structural Factors – Augment，SFA），本书就通过拓展得到了多机制结构因子增广门限模型。这些模型主要是多机制结构因子增广门限自回归（MR – SFATAR）模型和多机制结构因子增广门限向量自回归（MR – SFATVAR）模型。本书将这些模型简称为多机制因子门限系列模型。考虑到篇幅的限制，本书局限于 MR – SFATVAR 模型。MR – SFATVAR 模型是由贝尔维素和米拉尼（Belviso and Milani，2005）[78]提出的结构因子增广向量自回归（SFAVAR）模型和前文完善的门限变量随机的多机制门限 VAR（MR – TVAR）模型进行优势结合而成。与门限变量随机的 MR – TVAR 模型类似，本书把 2 机制、3 机制和 4 机制的 SFAT-VAR 模型分别缩写为 2R – SFATVAR、3R – SFATVAR 和 4R – SFATVAR 模型。本小节主要分为两个部分进行介绍：首先，介绍 SFAVAR 模型；其次，构建前沿的 MR – SFATVAR 模型。

2.1.3.1 介绍结构因子增广向量自回归模型

（1）介绍因子增广向量自回归（FAVAR）模型。

结构因子增广向量自回归（SFAVAR）模型的前身因子增广（FA-VAR）模型由伯南克和埃利亚兹（Bernanke and Eliasz，2005）[79]提出，其认为宏观经济变量应分为可观测的经济政策目标变量 Z_t（M × 1）和不可观测的宏观经济状态变量 F_t（K × 1），F_t 虽无法观测，但可从可观测的宏观经济状态变量 X_t 中抽取。为了考虑不可观测的公因子对经济行为的影响，伯南克和埃利亚兹（2005）[79]提出了 FAVAR 模型。设 Z_t 为可观测的（$M \times 1$）维经济向量，（$K \times 1$）维向量 F_t，表示经济活动中没有被 Z_t 所包括的那部分不可观测的因子，并假定（F_t'，Z_t'，）$'$ 是如下的一个 VAR 过程：

$$\begin{bmatrix} Z_t \\ F_t \end{bmatrix} = \Phi(L) \begin{bmatrix} Z_{t-1} \\ F_{t-1} \end{bmatrix} + \upsilon_t \tag{2.30}$$

其中，$\Phi(L)$ 是一个有限阶的滞后多项式矩阵；υ_t 是均值为 0 协方差为 Q 的误差向量。

由于 F_t 不可观测，所以在对式（2.30）求解之前，需先决定 F_t。设 N 维随机向量 X_t 由不可观测因子 F_t 与可观测变量 Y_t 构成，即：

$$X_t = \Lambda^f F_t + \Lambda^y Z_t + e_t \tag{2.31}$$

则称由式（2.30）和式（2.31）构成的模型为因子增广的向量自回归（FAVAR）模型，其中，Λ^f 是因子载荷矩阵，e_t 是正态向量白噪声过程。

此模型，若直接从 X_t 中提取主成分 F_t，则 F_t 将含有 Z_t 的成分，直接让其进入 VAR 模型，会降低模型有效性。伯南克和埃利亚兹（2005）[79] 用经济变量的慢动和速动性质，把可观测向量 Y_t 从静态因子模型的公因子中分离出来。但经济变量的慢动与速动性质的划分具有主观性、模糊性，容易使模型（2.30）中 F_t 与 Z_t 产生共线性。博伊文等（Boivin et al.，2009）[80] 提出了一种迭代算法，最终得到的因子 F_t 不再含有 Z_t 的成分，并估计由 F_t 和 Z_t 构建的 VAR 模型（2.30）即实现了 FAVAR 模型的估计。

（2）介绍结构因子增广向量自回归（SFAVAR）模型。

① 结构公因子抽取方程。设原始样本数据为 X_t（$N \times T$）（N 是变量的个数，T 是样本的期数），则 SFAVAR 模型的结构公因子抽取方程为：

$$\begin{bmatrix} X_t^1 \\ X_t^2 \\ \vdots \\ X_t^n \end{bmatrix} = \begin{bmatrix} \lambda_1^f & 0 & \cdots & 0 \\ 0 & \lambda_2^f & \cdots & 0 \\ \vdots & \vdots & \ddots & \vdots \\ 0 & 0 & 0 & \lambda_n^f \end{bmatrix} \begin{bmatrix} SF_t^1 \\ SF_t^2 \\ \vdots \\ SF_t^n \end{bmatrix} + \begin{bmatrix} e_t^1 \\ e_t^2 \\ \vdots \\ e_t^n \end{bmatrix} \tag{2.32}$$

根据经济意义的不同将 X_t 分为 n 个类别的子样本 X_t^1，X_t^2，…，

X_t^n，它们分别是 $N_1 \times T$，$N_2 \times T$，$\cdots$，$N_n \times T$ 维的矩阵，且 $\sum N_i = N(i = 1, 2, \cdots, n)$；$SF_t^i(i = 1, 2, \cdots, n)$ 表示从子样本 $X_t^i(i = 1, 2, \cdots, n)$ 中抽取的唯一的结构公因子；$\lambda_i^f(i = 1, 2, \cdots, n)$ 是结构公因子 $SF_t^i(i = 1, 2, \cdots, n)$ 的因子载荷矩阵；$e_i^i(i = 1, 2, \cdots, n)$ 是结构公因子方程的误差项。

②向量自回归方程。每类结构公因子 $SF_t^i(i = 1, 2, \cdots, n)$ 分别代表着相应的经济意义，Z_t 代表需要分析的目标变量，如通胀、经济增长等，由此构建的 SFAVAR 模型的 P 阶向量自回归方程，具体方程见式（2.33）：

$$
\begin{bmatrix}
Z_t \\
SF_t^1 \\
SF_t^2 \\
\vdots \\
SF_t^n
\end{bmatrix}
= \Phi_0 + \Phi(L)
\begin{bmatrix}
Z_{t-1} \\
SF_{t-1}^1 \\
SF_{t-1}^2 \\
\vdots \\
SF_{t-1}^n
\end{bmatrix}
+ \upsilon_t
\tag{2.33}
$$

其中，$\Phi(L)$ 为滞后算子的多项式矩阵，其滞后阶数为 p，矩阵 Φ_0 是截距项，υ_t 是随机误差项。Z_t 为可观测的 $M \times T$ 维经济目标向量。

则称由式（2.32）和式（2.33）构成的模型为结构公因子增广向量自回归（SFAVAR）模型。一旦成功抽取结构公因子，这 SFAVAR 模型参数估计与普通 VAR 模型无差异，故本书不赘述。

2.1.3.2 构建多机制结构因子增广门限向量自回归（MR – SFATVAR）模型

多机制结构因子增广门限向量自回归模型（MR – SFATVAR）是在门限变量随机的多机制门限向量自回归模型（MR – TVAR）和结构因子增广向量自回归模型（SFAVAR）的基础上，将两者结合拓展而得。这些模型构建步骤如下：首先，其将可观测的经济变量用 SFAVAR 模型分类提取不可观测的公因子；其次，将第一步抽取的各公因子视为新的可观测的变量，引入门限变量随机的 MR – TVAR 模型中进行检验和估计；最后，门限变量随机的 MR – TVAR 模型中的估计结果即是 MR –

SFATVAR 模型的估计结果。与门限变量随机的 MR – TVAR 模型相比，MR – SFATVAR 模型不同之处主要是通过因子增广方式能够纳入更丰富的信息，其他有关门限检验和模型估计基本一样，所以本书在这里就不赘述其构建和估计过程。本书只列出 MR – SFATVAR 模型的表达式。

考虑到 MR – SFATVAR 模型的结构公因子的抽取与式（2.32）中 SFAVAR 模型的完全相同，本书没有列出 MR – SFATVAR 模型的结构公因子抽取方程，并设从 X_t^1、X_t^2、$\cdots$、X_t^n 分别抽取的结构公因子为 SF_t^1、SF_t^2、$\cdots$、SF_t^n，同样设经济政策目标变量仍然是一个 $k \times 1$ 维的 Z_t，从而在这些结构公因子的基础上可列出 MR – SFATVAR 模型的向量自回归方程。设 MR – SFATVAR 模型中所有变量都是内生变量，$Y_t = [\, Z_t',\ SF_1,\ \cdots,\ SF_n\,]'$ 是一个由 $(k+n) \times 1$ 维内生变量组成的向量矩阵；$A_{i,0}$ 是 $(k+n) \times 1$ 维常数项向量；$A_{i,j}$ 是 $(k+n) \times (k+n)$ 维的第 i 个机制第 j 阶滞后的系数矩阵，其中，$i = 1, 2, \cdots, S$（S 是机制数），$j = 1, 2, \cdots, p$（p 是滞后阶数）；z_{t-d} 是门限变量，来源于 y_t 的滞后项；γ 是门限变量的门限值，于是就有：

$$Y_t = \left(A_{i,0} + \sum_{j=1}^{p} A_{ij} Y_{t-j} + e_{t,i} \right) \times I(z_{t-d}),\ \text{如果}\ \gamma_{i-1} < z_{t-d} \leq \gamma_i$$

$$(2.34)$$

其中，$e_{t,i}$ 是一个 $(k+n) \times 1$ 维的扰动项，其均值为 0，方差协方差为 $\sum$，且 $E(e_t e_l) = 0 (t \neq l)$。

一般假设滞后阶数 p 对所有的变量和机制都是一样的，从而门限变量对所有的方程也都是一样的。那么一个 4R – SFATVAR 模型可以写成以下形式：

$$\begin{aligned}
Y_t = {} & (A_{1,0} + A_{1,1} Y_{t-1} + A_{1,2} y_{t-2} + \cdots + A_{1,p} Y_{t-p}) \times I(z_{t-d} \leq \gamma_1) \\
& + (A_{2,0} + A_{2,1} Y_{t-1} + A_{2,2} Y_{t-2} + \cdots + A_{2,p} Y_{t-p}) \times I(\gamma_1 < z_{t-d} \leq \gamma_2) \\
& + (A_{3,0} + A_{3,1} Y_{t-1} + A_{3,2} Y_{t-2} + \cdots + A_{3,p} Y_{t-p}) \times I(\gamma_2 < z_{t-d} \leq \gamma_3) \\
& + (A_{4,0} + A_{4,1} Y_{t-1} + A_{4,2} Y_{t-2} + \cdots + A_{4,p} Y_{t-p}) \times I(z_{t-d} > \gamma_3) + e_t
\end{aligned}$$

$$(2.35)$$

其中，$I(\cdot)$ 是示性函数；$\gamma = (\gamma_1, \gamma_2, \gamma_3)$ 是按照从小到大的顺

序排列的门限值。

从方程（3）或者方程（4）可以看出，当 $\gamma_1 = \gamma_2 = \gamma_3$ 时，4R – SFAT-VAR 模型就退化为 2R – SFATVAR 模型；当 $\gamma_1 = \gamma_2 < \gamma_3$ 或 $\gamma_1 < \gamma_2 = \gamma_3$ 时，4R – TVAR 模型就转化为 3R – SFATVAR 模型。

2.2 构建加权模型

本节重点是构建编制和应用中国 NMR – TFCI 的加权模型，分三个部分进行阐述：第一部分，介绍传统标准 FCI 的加权模型；第二部分，构建编制及应用中国 MR – TFCI 的多机制门限的加权模型；第三部分，构建编制及应用中国 NMR – TFCI 的多机制门限因子增广加权模型。

2.2.1 构建传统标准金融状况指数（FCI）线性加权模型

古德哈特和霍夫曼（2001）[1]首先提出了构建传统标准 FCI 的线性加权模型，包括测度公式和测度过程两部分。

（1）传统标准 FCI 线性测度公式。

$$FCI_t = \sum_{i=1}^{n} w_i (X_{it} - \bar{X}_{it}) \qquad (2.36)$$

其中，X_{it} 是第 i 个金融指标在 t 时期的值；n 为金融指标的个数；$\bar{X}_{it}$ 为第 i 个金融指标在 t 时期的长期趋势或均衡价格；w_i 为第 i 个金融指标的权重系数，$w_i = \dfrac{\sum\limits_{j=1}^{M} \phi_{ij}}{\sum \left| \sum\limits_{j=1}^{M} \phi_{ij} \right|}$，且 $\sum\limits_{i=1}^{n} |w_i| = 1$；$\phi_{ij}$ 是货币政策目标变量在第 j 期对来自第 i 个金融指标的一个标准差信息冲击的脉冲响应函数值；M 为脉冲响应期数。

（2）传统标准 FCI 测度过程。

本书对大量传统 FCI 的测度过程总结为以下几步：第一步，选择并处理样本数据，主要使用 VAR 模型等线性方法进行估计，得到它们之间的线性脉冲响应函数值；第二步，利用构成线性 FCI 各个成分的金融变量的线性脉冲函数累计值在全部累计值中的比值，计算出各个成分变量的线性权重；第三步，把线性权重代入式（2.36）则求得线性 FCI。

2.2.2　构建多机制门限金融状况指数（MR – TFCI）的加权模型

（1）构建编制及应用 MR – TFCI 加权模型的可行性分析。

目前，虽然除了笔者外还没有使用多机制门限模型编制及其应用 FCI 的先例，但前人将非线性机制模型，特别是多机制非线性机制模型成功应用于金融和经济的研究，为本书将门限变量随机的 MR – TVAR 模型成功应用于 FCI 实证分析提供了适用性保证：第一，已有一些学者使用其他多机制模型来刻画 FCI 的非线性特征，邓创等（2016）[66]使用 3 机制的马尔科夫区制转移模型较好地刻画了中国 FCI 的非对称特征；第二，也有一部分学者使用 2 机制门限模型研究宏观经济周期的非线性特征，陆军和陈郑（2014）[81]用 TVAR 模型分别发现经济周期、宏观经济波动具有非线性特征；第三，同时还有一些学者用其他多机制模型实证检验了一些国家金融和经济增长周期的多机制非线性特征，戴克和弗朗西塞（Dijk and Franses，1999）[82]使用 MR – STAR 模型分析发现美国和中国经济增长周期存在多机制非线性特征；第四，中国现正处于全面深化改革和对外开放的新阶段，金融经济状况正处于"新常态"，传统 FCI 的线性编制公式可能已经不适合。基于上述研究结论和中国金融经济现状可知，中国金融和经济存在多机制非线性特征，使用门限变量随机的 MR – TVAR 模型，构建 MR – TFCI 的多机制门限编制公式，进而编制 MR – TFCI 具有较强的合理性和适用性。

（2）构建编制及应用 MR – TFCI 的多机制门限测度公式。

以一个 4 机制的门限变量随机的 MR – TVAR 模型为例，详细公式如下：

$$MR - TFCI_t = MR - TFCI_t^1 + MR - TFCI_t^2 + MR - TFCI_t^3 + MR - TFCI_t^4$$

$$= \sum_{i=1}^{n} w_i^1 X gap_{it}^1 + \sum_{i=1}^{n} w_i^2 X gap_{it}^2 + \sum_{i=1}^{n} w_i^3 X gap_{it}^3 + \sum_{i=1}^{n} w_i^4 X gap_{it}^4$$

$$(2.37)$$

且 $w_i^1 = \dfrac{\sum\limits_{j=1}^{M_1} \Phi_{ij}^1(\gamma_1)}{\sum \left| \sum\limits_{j=1}^{M_1} \Phi_{ij}^1(\gamma_1) \right|}$, $w_i^2 = \dfrac{\sum\limits_{j=1}^{M_2} \Phi_{ij}^2(\gamma_2)}{\sum \left| \sum\limits_{j=1}^{M_2} \Phi_{ij}^2(\gamma_2) \right|}$, $w_i^3 = \dfrac{\sum\limits_{j=1}^{M_3} \Phi_{ij}^3(\gamma_3)}{\sum \left| \sum\limits_{j=1}^{M_3} \Phi_{ij}^3(\gamma_3) \right|}$,

$w_i^4 = \dfrac{\sum\limits_{j=1}^{M_4} \Phi_{ij}^4(\gamma_4)}{\sum \left| \sum\limits_{j=1}^{M_3} \Phi_{ij}^4(\gamma_4) \right|}$, 其中，$MR - TFCI_t^1$、$MR - TFCI_t^2$、$MR - TFCI_t^3$

和 $MR - TFCI_t^4$ 分别是在第1、第2、第3和第4种机制下在 t 时刻的门限金融状况指数；w_i^1、w_i^2、w_i^3 和 w_i^4 分别是在第1、第2、第3和第4种机制下第 i 个金融变量的权重系数，且 $\sum\limits_{i=1}^{n} |w_i^1| = \cdots = \sum\limits_{i=1}^{n} |w_i^4| = 1$；$X gap_{it}^1$、$X gap_{it}^2$、$X gap_{it}^3$、$X gap_{it}^4$ 分别是在第1、第2、第3和第4种机制下第 i 个金融变量在 t 时刻的缺口值，通过整体缺口值乘以示性函数 $I(z_{t-d})$ 得到；$\Phi_{ij}^1(\gamma_1)$、$\Phi_{ij}^2(\gamma_2)$、$\Phi_{ij}^3(\gamma_3)$ 和 $\Phi_{ij}^4(\gamma_4)$ 分别是在第1、第2、第3和第4种机制下经济增长率 GDP 对来自第 i 个金融变量的一个标准差信息冲击在第 j 期的广义脉冲响应函数值，M_1、M_2、M_3 和 M_4 是对应的广义脉冲响应函数期数。需要说明的是，这里的 FCI 的权重系数从原来的一个变成4个，加权模型也从原来的线性函数变成了分机制函数，是用 4R – TVAR 模型估计出来的。

（3）构建编制及应用 MR – TFCI 的测度过程。

基于前文构建的 MR – TVAR 和测度公式，本书 MR – TFCI 的测度过程构建如下：第一步，选取金融指标，使用门限变量随机的 MR – TVAR 模型检验样本数据是否存在门限效应，如存在，进一步确定模型机制数、门限变量和门限值；第二步，使用门限变量随机的 MR – TVAR 模型进行估计，得到每个变量在各机制下的脉冲响应函数值；第三步，利用构成 MR – TFCI 各个金融变量的脉冲函数累计值在全部累计值中的比值，计算出每个金融变量在各机制下的权重，从而得出各机制下的金融状况指数；第四步，将各机制下的金融状况指数相加，即将各机制下的金融状况指数代入公式（2.37）进行运算，就得到本书编制的多机制门限金融状况指数。

2.2.3　构建编制及应用新型多机制门限金融状况指数（NMR – TFCI）的加权模型

（1）构建编制及应用 NMR – TFCI 的测度公式。

以一个 4 机制的门限变量随机的 MR – SFAVAR 模型为例，详细公式如下：

$$NMR - TFCI_t = NMR - TFCI_t^1 + NMR - TFCI_t^2 + NMR - TFCI_t^3 + NMR - TFCI_t^4$$

$$= \sum_{i=1}^{n} w_i^1 \times SF_{it}^1 + \sum_{i=1}^{n} w_i^2 \times SF_{it}^2 + \sum_{i=1}^{n} w_i^3 \times SF_{it}^3 + \sum_{i=1}^{n} w_i^4 \times SF_{it}^4$$

$$且 \, w_i^1 = \frac{\sum\limits_{j=1}^{M_1} \Phi_{ij}^1(\gamma_1)}{\sum \left| \sum\limits_{j=1}^{M_1} \Phi_{ij}^1(\gamma_1) \right|}, \, w_i^2 = \frac{\sum\limits_{j=1}^{M_2} \Phi_{ij}^2(\gamma_2)}{\sum \left| \sum\limits_{j=1}^{M_2} \Phi_{ij}^2(\gamma_2) \right|},$$

$$w_i^3 = \frac{\sum\limits_{j=1}^{M_3} \Phi_{ij}^3(\gamma_3)}{\sum \left| \sum\limits_{j=1}^{M_3} \Phi_{ij}^3(\gamma_3) \right|}, \, w_i^4 = \frac{\sum\limits_{j=1}^{M_4} \Phi_{ij}^4(\gamma_4)}{\sum \left| \sum\limits_{j=1}^{M_3} \Phi_{ij}^4(\gamma_4) \right|} \quad (2.38)$$

其中，$NMR - TFCI_t^1$、$NMR - TFCI_t^2$、$NMR - TFCI_t^3$ 和 $NMR - TFCI_t^4$ 分别是在第 1、2、3 和 4 种机制下在 t 时刻的门限金融状况指数；w_i^1、w_i^2、w_i^3 和 w_i^4 分别是在第 1、2、3 和 4 种机制下第 i 个因子的权重系数，且 $\sum_{i=1}^{n} |w_i^1| = \cdots = \sum_{i=1}^{n} |w_i^4| = 1$；$SF_{it}^1$、$SF_{it}^2$、$SF_{it}^3$ 和 SF_{it}^4 分别是在第 1、2、3 和 4 种机制下第 i 个因子在 t 时刻的值，通过整体值乘以示性函数 $I(z_{t-d})$ 得到；$\Phi_{ij}^1(\gamma_1)$、$\Phi_{ij}^2(\gamma_2)$、$\Phi_{ij}^3(\gamma_3)$ 和 $\Phi_{ij}^4(\gamma_4)$ 分别是在第 1、2、3 和 4 种机制下经济增长率 GDP 对来自第 i 个因子的一个标准差信息冲击在第 j 期的广义脉冲响应函数值，M_1、M_2、M_3 和 M_4 是对应的广义脉冲响应函数期数。需要说明的是，这里的 FCI 的权重系数从原来的

一个变成 4 个，加权模型也从原来的线性函数变成了分机制函数，是用 4R - SFATVAR 模型估计出来的。

（2）构建编制及应用 NMR - TFCI 的测度过程。

基于前文构建的 MR - SFATVAR 和加权模型，本书 NMR - TFCI 的测度过程构建如下：第一步，选取金融指标，并分类提取结构因子；第二步，使用 MR - SFATVAR 模型检验提取的结构因子数据是否存在门限效应，如存在，进一步确定模型机制数、门限变量和门限值；第三步，使用 MR - SFATVAR 模型进行估计，得到每个因子在各机制下的脉冲响应函数值。第四步，利用构成 NMR - TFCI 各个金融因子的脉冲函数累计值在全部累计值中的比值，计算出每个金融因子在各机制下的权重，从而得出各机制下的金融状况指数；第五步，将各机制下的金融状况指数相加，即将各机制下的金融状况指数代入到公式（2.37）进行运算，就得到本书编制的 NMR - TFCI。

2.3 构建混频损失函数模型

从对国内外学者以往的研究总结来看，在构建金融状况指数（FCI）时，通常情况下都是单目标函数，即仅选择产出缺口值或通货膨胀（CPI）缺口值中的一个作为货币政策最终目标的损失函数。由于中国货币政策最终目标需要兼顾促进经济增长和稳定物价两个方面，采用传统的单目标函数，就难以兼顾到位。为了缓解上述难题，本书在混频动态因子模型（MF - DFM）的基础上，构建了适用于中国货币政策最终目标的混频损失函数。通过对产出（y）和通货膨胀（π）的缺口值抽取结构公因子将其作为本书的目标函数，并实证测度了该混频损失函数值。参照周德才、童飞杰和胡琛宇（2018）[83]，本书使用调整过后的适合季、月混频数据且符合中国国情的 MF - DFM 模型，构建了符合中国实际的混频损失函数模型。

2.3.1　构建混频损失函数的一般模型形式

$$\begin{bmatrix} y_t^q \\ \pi_t^m \end{bmatrix} = \alpha + \begin{bmatrix} \dfrac{1}{3}\beta_1(f_t + f_{t-1} + f_{t-2}) \\ \beta_2 f_t \end{bmatrix} + \begin{bmatrix} \dfrac{1}{3}(u_{1t} + u_{1t-1} + u_{1t-2}) \\ u_{2t} \end{bmatrix}$$

$$(2.39)$$

$$\Phi_f(L)f_t = v_{1t}, \ \Phi_u(L)u_t = v_{2t}, \ 其中 : \begin{bmatrix} v_{1t} \\ v_{2t} \end{bmatrix} \sim NID \begin{bmatrix} \sigma_1^2 & 0 \\ 0 & \sigma_2^2 \end{bmatrix} \quad (2.40)$$

其中，β_1 和 β_2、Φ_f 和 Φ_u 分别是两个方程的系数；f_t 是抽取的公因子，即本书的混频损失函数；u_{1t} 和 u_{2t}、v_{1t} 和 v_{2t} 分别是两个方程的误差项；σ_1^2 和 σ_2^2 是式（4.2）的方差。

2.3.2　构建混频损失函数的状态空间模型形式

基于 MF – DFM 模型算法方式，将上述模型改写成以下 P 阶滞后的状态空间模型形式：

（1）量测方程：

$$Y_t = \alpha + HS_t \quad (2.41)$$

（2）状态方程：

$$S_t = u + F_1 S_{t-1} + F_2 S_{t-2} + \cdots + F_p S_{t-p} + Gv_t$$

其中：

$$v_t \sim NID(0, \textstyle\sum_v) \quad (2.42)$$

其中，Y_t 是可观测的变量向量，本书指 GDP 和 CPI；α 和 H 是量测方程的截距项和系数项；S_t 是不可观测的状态变量，由 f_t 和 u_{1t}、u_{2t} 及其滞后阶数构成；F_i 和 v_t 分别是状态方程的系数项和误差项，v_t 服从均值为 0、方差为 $\sum_v$ 正态分布；G 是 v_t 的控制矩阵，G = 1（状态为本期）或 0（状态为滞后期）。

2.4 本章小结

本章分三节进行阐述，构建了编制及应用中国新型多机制门限金融状况指数（NMR－TFCI）的计量模型、加权模型和混频损失函数，为后文实证编制及应用中国 NMR－TFCI 提供了计量模型、加权模型和货币政策最终目标损失函数基础。

第一节构建了门限变量随机的多机制门限向量自回归（MR－TVAR）模型和多机制结构因子增广门限向量自回归（MR－SFATVAR）模型等两个模型，分别作为后文实证编制及应用中国多机制门限金融状况指数和中国新型多机制门限金融状况指数的计量模型。

第二节构建了编制及应用 MR－TFCI 的多机制门限加权模型，以及编制及应用 NMR－TFCI 的多机制因子增广门限加权模型，分别作为后文实证测度中国多机制门限金融状况指数和中国新型多机制门限金融状况指数的加权模型。

第三节构建了货币政策双重最终目标混频损失函数模型。本书使用调整过后的适合季、月混频数据且符合中国国情的 MF－DFM 模型，构建了符合中国实际的混频损失函数模型。

第 3 章

中国多机制门限金融状况指数实证分析

本章是对笔者以第一作者发表的论文《中国多机制门限金融状况指数编制及应用》（数量经济技术经济研究，2018 年第 1 期）进行更新和完善的结果。该论文只从货币政策的经济增长目标出发，对中国多机制门限金融状况指数进行编制及应用，考虑到中国货币政策最终目标的多样性和分目标实施货币政策的需要，本章主要从两个方面进行更新和完善：首先，使用更新的样本数据，重新编制及应用基于经济增长目标的中国多机制门限金融状况指数；其次，新编制及应用基于通货膨胀目标和基于混频损失函数的中国多机制门限金融状况指数。对前期成果进行更新和完善的目的，既是为了分最终目标制定和实施中国货币政策提供参考和指南，也是为了便于与本书后面第 4 章的"中国新型多机制门限金融状况指数编制及应用"进行比较。

3.1　基于经济增长目标的中国多机制门限金融状况指数编制及应用

3.1.1　基于经济增长目标的中国多机制门限金融状况指数编制

3.1.1.1　样本数据的选取、处理和检验

（1）样本数据的选取和处理。

本书选用 1998 年 1 月 ~ 2020 年 9 月的月度数据，一共 273 个样本点。从 61 个候选指标中，根据与 GDP 和 CPI 的相关性的大小，选择了以下 6 个金融变量：①货币供应量（MS）。货币供应量是中国人民银行实施货币政策一个主要工具，选取广义货币供应量（M2）来表征，实际货币供应量为：名义值/定基比 CPI。②利率（IR）。利率是中国人民银行采取的重要货币政策手段，选取中国银行间 1 天同业拆借利率（Chibor）来表征，实际利率为：名义利率—通货膨胀率，并且本书对利率加了 100，取本利和的形式。③汇率（ER）。选取英镑兑人民币中间价平均价来表征，指数上升代表人民币贬值。④房价（HP）。选取国房景气指数来表征，没有作实际化调整，因为本身就是定基比指标。⑤股价（SP）。选取上证 180 指数月末收盘价来表征，没有作实际化调整，因为本身就是定基比指标。⑥信贷类（CD）。选取金融机构人民币信贷同比新增来表征，用名义值除以定基比 CPI 得到实际值。

产出缺口（GDP）。本书选择月度 GDP 缺口作为表征变量，通过以下过程计算得到：首先，对季度名义 GDP 除以 GDP 折算指数，得到季度实际 GDP，接着对其季节性调整；然后通过 Eviews 频率分解器将其分解成月度实际 GDP；最后用 HP 滤波计算其缺口值。

以上指标均需经过季节调整，按照以上步骤得到实际值之后，进行

对数化处理，然后使用 HP 滤波方法计算各个金融变量和 GDP 的长期趋势值，本书采用各个金融和经济变量的原始数据减去其 HP 滤波估计出来的趋势值得到缺口值，并将缺口值进一步标准化，最终得标准值。为了简便起见，使用上述方法处理过的变量，本书仍使用 GDP、MS、IR、ER、HP、SP 和 CD 表示。

（2）样本数据的单位根检验。

在对模型估计之前，首先需要检验各个序列的平稳性。本书首先采用 ADF 方法进行检验，检验结果具体如表 3 - 1 所示。根据检验结果可知，产出缺口（GDP）、货币供应量（MS）、利率（IR）、汇率（ER）、股价（SP）、房价（HP）和信贷（CD）等 7 个变量都在 1% 的显著水平拒绝原假设，这说明它们都是平稳时间序列；接着使用 PP 方法进行检验，根据检验结果可知，产出缺口（GDP）、货币供应量（MS）、利率（IR）、汇率（ER）、股价（SP）、房价（HP）和信贷（CD）等 7 个变量都在 1% 的显著水平拒绝原假设，这也说明它们都是平稳时间序列。因此它们都是平稳时间序列，可以用来建立 MR - TVAR 模型。

表 3 - 1　　　　　　　　　　单位根检验

变量	ADF 检验				PP 检验			
	(c, t, n)	T 统计量	P 值	结论	(c, t)	T 统计量	P 值	结论
GDP	(0, 0, 1)	- 4.7573	0.0000	平稳	(0, 0)	- 5.0048	0.0000	平稳
MS	(0, 0, 1)	- 5.3594	0.0000	平稳	(0, 0)	- 4.1753	0.0000	平稳
IR	(0, 0, 1)	- 4.1940	0.0000	平稳	(0, 0)	- 4.2504	0.0000	平稳
ER	(0, 0, 1)	- 4.4169	0.0000	平稳	(0, 0)	- 4.6295	0.0000	平稳
HP	(0, 0, 1)	- 6.1056	0.0001	平稳	(0, 0)	- 4.5537	0.0000	平稳
SP	(0, 0, 1)	- 5.4862	0.0000	平稳	(0, 0)	- 4.2193	0.0000	平稳
CD	(0, 0, 1)	- 5.2519	0.0000	平稳	(0, 0)	- 3.1752	0.0016	平稳

3.1.1.2　MR - TVAR 模型的检验、估计和分析

（1）MR - TVAR 模型最优滞后阶数的确定。

标准 FCI 一般基于 VAR 模型中的 Lag Order Selection Criteria 来检验

滞后阶数，但本书基于经济增长目标的中国 MR – TFCI 可能存在多机制，需要使用 MR – TVAR 模型检验最优滞后阶数。检验结果如表 3 – 2 所示，按照 AIC 标准，MR – TVAR 模型最优滞后阶数是 7 阶，按照 SC 标准，MR – TVAR 模型最优滞后阶数是 1 阶。本书以 AIC 信息准则为准，将 MR – TVAR 模型滞后阶数确定为 7。

表 3 – 2　　　　　　　　基于 MR – TVAR 模型的滞后阶数检验

	滞后阶数							
	1	2	3	4	5	6	7	8
AIC	6.80	6.60	6.12	5.70	5.58	5.81	5.34*	5.53
SC	7.54*	7.99	8.18	8.41	8.95	9.86	10.06	10.92

（2）门限存在性和机制数检验。

①门限存在性检验。为了确认本书研究的样本数据是否存在门限效应，需要进行门限效应检测，前人研究大多基于 2 机制门限模型进行门限效应检验，但实际上机制数是不确定的。在这种情形下，本书则依据前文式（2.8）、式（2.10）、式（2.12）对模型的 2、3、4 机制分别进行检验。如表 3 – 3 所示是检测结果，从中可以看出，当模型是 2 机制时，Bootstrap 法的 P 值为 0.000，说明在 2 机制下，在 1% 的显著性水平下，门限效应非常显著；同样，在 3 机制与 4 机制下，Bootstrap 法的 P 值分别为 0.000、0.000，也在 1% 的显著性水平下，门限效应也同样显著。由于 2 机制、3 机制、4 机制的门限效应都很显著，这就意味着存在门限效应，需要使用非线性的门限向量自回归模型（TVAR）进行估计。

表 3 – 3　　　　　　　基于自举（Bootstrap）法的门限效应检验

	自举抽样的 P 值	1%	5%	10%
2 机制（1 门限）	0.0000	– 369.2978	– 381.0299	– 384.9394
3 机制（2 门限）	0.0000	– 18.9824	– 47.4617	– 60.6738
4 机制（3 门限）	0.0000	– 125.4414	– 138.8016	– 145.4639

注：1%、5% 和 10% 分别表示自举抽样结果的 99%、95% 和 90% 分位数值。

②机制数检验。以上检验虽然确定了用门限向量自回归模型（TVAR）进行估计，但机制个数还没有确定，从表 3 – 3 的结果来看，2R – TVAR、3R – TVAR、4R – TVAR 模型都有可能，因此需要基于 Bootstrap 法构造一系列的似然比统计量来检验这些不同机制的模型，以检验哪个机制数最优。依据前文式（2.13）、（2.14）、（2.15）对模型的不同机制数进行检验，结果如表 3 – 4 所示，其中似然比统计量 LR 和 P 值，是将数据通过 Bootstrap 法 1000 次抽样，模拟出来的结果。2 机制 VS 3 机制，P 值为 0.000，在 1% 的水平下是显著的，表明 3 机制模型优于 2 机制模型；2 机制 VS 4 机制，P 值为 0.000，在 1% 的水平下是显著的，说明 4 机制模型优于 2 机制模型；因此，模型机制数是 3 机制和 4 机制中的一个，再对 3 机制和 4 机制进行似然比检验，3 机制 VS 4 机制，P 值为 0.000，在 1% 的水平下是显著的，表明 4 机制模型优于 3 机制模型，故本书最终选定 4 机制的门限模型，即 4R – TVAR 模型。

表 3 – 4　　　　　　　基于 Bootstrap 法的机制数检验

2 机制 VS 3 机制		2 机制 VS 4 机制		3 机制 VS 4 机制	
LR_{23}	P 值	LR_{24}	P 值	LR_{34}	P 值
129.16	0.0000	150.07	0.0000	74.09	0.0000

（3）4R – TVAR 模型的门限变量的检验。

现有文献在选择门限变量时，多以 VAR 模型实证分析中主要研究变量的单方程检验结果，作为对整个方程组检验的结果，然而单方程检验可能与全部方程检验结果有出入，因此把单方程检验结果作为 TVAR 模型全部方程检验结果有时候会产生错误。本书根据前文式（2.19）进行门限变量检验，结果如表 3 – 5 所示（表中只列出全部方程的检验结果，单个方程略，如需请邮索）。从表 3 – 5 可知，当以滞后 3 阶的产出缺口（GDP（ –3））作为门限变量时，整个 TVAR 模型估计残差的方差协方差的矩阵值最小，并在 1% 的显著性水平下拒绝线性原假设，同时，在各单方程中 1% 显著性水平下，其效果也都较好。因此，本书选滞后 3 阶的产出缺口（GDP（-3））作为 4R - TVAR 模型的门限变量。

表 3 - 5　　　　　　基于 4R - TVAR 模型的门限变量检验结果

门限变量	滞后阶数	行列式值	滞后阶数	行列式值	滞后阶数	行列式值	滞后阶数	行列式值
GDP	（-1）	2.98E-07	（-2）	2.19E-07	（-3）	3.55E-08	（-4）	1.75E-07
MS	（-1）	2.83E-07	（-2）	8.27E-08	（-3）	7.25E-08	（-4）	8.38E-08
IR	（-1）	2.14E-07	（-2）	8.04E-08	（-3）	1.86E-07	（-4）	1.44E-07
ER	（-1）	2.94E-07	（-2）	1.42E-07	（-3）	2.21E-07	（-4）	1.55E-07
SP	（-1）	1.26E-07	（-2）	1.64E-07	（-3）	2.22E-07	（-4）	1.7E-07
HP	（-1）	1.37E-07	（-2）	2.55E-07	（-3）	1.86E-07	（-4）	2.79E-07
CD	（-1）	1.96E-07	（-2）	3.42E-07	（-3）	1.14E-07	（-4）	2.87E-07
GDP	（-5）	1.86E-07	（-6）	3.87E-07	（-7）	3.72E-07		
MS	（-5）	2.16E-07	（-6）	2.75E-07	（-7）	2.83E-07		
IR	（-5）	2.88E-07	（-6）	2.15E-07	（-7）	2.79E-07		
ER	（-5）	2.25E-07	（-6）	2.59E-07	（-7）	3.56E-07		
SP	（-5）	2.75E-07	（-6）	3.58E-07	（-7）	3.04E-07		
HP	（-5）	4.29E-07	（-6）	3.64E-07	（-7）	2.99E-07		
CD	（-5）	3.54E-07	（-6）	3.53E-07	（-7）	3.04E-07		

（4）4R - TVAR 模型门限值估计和机制划分。

①基于 4R - TVAR 模型的门限值及其置信区间估计。本书参照前文式（2.20）、式（2.21）、式（2.22）、式（2.25）对基于 4R - TVAR 模型的门限值及其95% 置信区间进行估计，结果如表 3 - 6 和表 3 - 7 以及图 3 - 1 所示。3 个门限估计值分别为 - 0.7344、- 0.2184 和 0.3439，通过还原得到其对应相对缺口值分别为 - 0.0020%、- 0.0004% 和 0.0031%（这里指经过实际化和季节性调整后的缺口值）。图 3 - 1 的第（a）、（b）、（c）子图是门限值的置信区间估计的详细构造，图中虚线是95% 的置信区间线，其判断标准值为7.36。如图 3 - 1 所示，似然比

统计量 LR 与 95% 的置信区间线相交于一个或几个点，对位于线以下的点对应的门限变量样本值进行排序，找到其中最大值和最小值，并以此构造门限估计值的置信区间。

表 3－6　　　　　　基于 MR－TVAR 模型的门限值估计

门限	估计值	95% 置信区间	缺口值
γ_1	－ 0.7344	[－ 0.7926，－ 0.6533]	－ 0.0020%
γ_2	－ 0.2184	[－ 0.2241，－ 0.2184]	－ 0.0004%
γ_3	0.3439	[0.3105，0.3523]	0.0031%

表 3－7　　　　　　基于 4R－TVAR 模型的各机制划分和意义表征

	样本数	样本占比	样本范围	相对缺口值范围	货币政策表征
第 1 机制	52	19.55%	[－ 3.5057，－ 0.7344]	[－ 0.0097%，－ 0.0020%]	扩张机制期
第 2 机制	50	18.80%	(－ 0.7344，－ 0.2184]	(－ 0.0020%，－ 0.0004%]	适度扩张机制期
第 3 机制	72	27.07%	(－ 0.2184，0.3439]	(－ 0.0004%，0.0031%]	适度紧缩机制期
第 4 机制	92	34.59%	(0.3439，3.0012]	(0.0031%，0.0082%]	收缩机制期

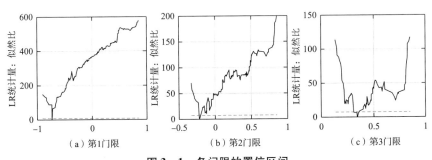

（a）第1门限　　　　（b）第2门限　　　　（c）第3门限

图 3－1　　各门限的置信区间

②基于4R-TVAR模型的机制划分。以前文估计所得的3个门限估计值为界限,可将样本数据分为4种机制,其对应的范围和意义见表3-7。从表3-7可知,第1、2、3和4机制的样本范围分别为 $[-3.5057, -0.7344]$、$(-0.7344, -0.2184]$、$(-0.2184, 0.3439]$ 和 $(0.3439, 3.0012]$,通过还原得到的对应相对缺口值范围分别为 $[-0.0097\%, -0.0020\%]$、$(-0.0020\%, -0.0004\%]$、$(-0.0004\%, 0.0031\%]$ 和 $(0.0031\%, 0.0082\%]$;样本范围和相对缺口值范围表明第1、2、3和4机制分别表征了中国货币政策的扩张机制期、适度扩张机制期、适度紧缩机制期和紧缩机制期;第1、2、3和4机制的样本数分别为52、50、72和92,相应占比分别为19.55%、18.80%、27.07%和34.59%,其中第2、3机制占比超过45.87%,说明中国货币政策以稳健为主。

(5)4R-TVAR模型系数估计。

选择经过前文处理的1998年1月~2020年9月的样本数据,基于式(2.29)的4R-TVAR模型的参数进行了估计(受篇幅限制,估计结果未列出,如需请邮索)。从估计结果可知,在第1、2、3和4种机制下,4R-TVAR模型系数估计值大多数在1%、5%和10%的显著水平上显著,说明模型拟合较合理;同时,在GDP方程中,在每种机制下,各个金融变量都对GDP具有显著影响,这说明应用4R-TVAR模型编制基于经济增长目标的中国MR-TFCI的合理性。

3.1.1.3　应用4R-TVAR模型编制基于经济增长目标的中国多机制门限金融状况指数

(1)第1~4机制的广义脉冲响应函数分析。

本书选择第1~4机制的样本数据,计算40期GDP对各金融变量的单位信息冲击的广义脉冲响应函数值,结果如图3-2所示。根据图3-2,本书得出以下结论:第一,中国货币政策对经济增长的传导机制具有门限特征。在同一机制下,各个金融变量的广义脉冲响应函数值各不相同,同时,在不同机制下,同一个金融变量的广义脉冲响应函数值依然各不相同。第二,中国货币政策对经济增长影响期限主要发生在中短期。由图 3 – 2 可知，在 2 ~ 4 种机制中，金融变量的广义脉冲响应函数值都在第 25 期左右开始趋近 0，因此，中国货币政策对经济增长的影响时限在中短期。

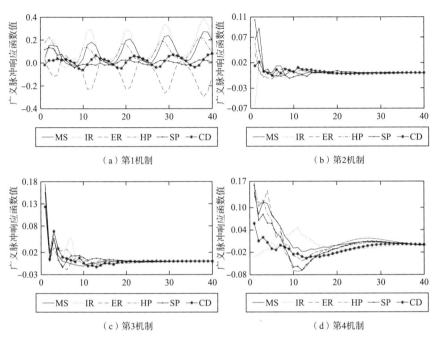

图 3 – 2　第 1 ~ 4 机制下 GDP 对各金融变量的广义脉冲响应函数值

（2）基于经济增长目标的中国 MR – TFCI 第 1 ~ 4 机制的权重测算。

本书用在第 1 ~ 4 机制下包括不同期数的广义脉冲响应函数值（从 1 ~ 1 期到 1 ~ 40 期），构建基于经济增长目标的中国多机制门限金融状况指数（MR – TFCI），并进行排列组合试验，发现第 1 机制选择 1 ~ 10 期、第 2 机制选择 1 ~ 2 期、第 3 机制选择 1 ~ 35 期、第 4 机制选择 1 ~ 23 期的广义脉冲响应函数值构建的基于经济增长目标的中国 MR – TFCI 与实际经济增长率的相关性最好。将经过上述试验得到的最优的广义脉冲响应函数值代入式（3.37），计算得到基于经济增长目标的中国 MR – TFCI 第 1 ~ 4 机制的权重系数，具体结果如图 3 – 3 所示。

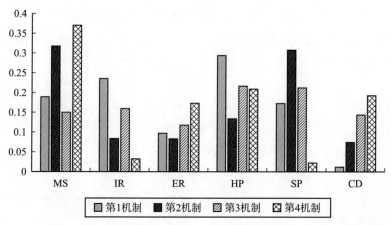

图 3 – 3　中国多机制门限金融状况指数 6 个构建变量的第 1 ~ 4 机制的权重系数

　　本书分机制对基于经济增长目标的中国 MR – TCI 权重系数的绝对值依照降序排列，结果如下：①第 1 机制基于经济增长目标的中国 MR – TFCI 的权重系数排序。其结果为：HP（0.2936）＞IR（0.2354）＞MS（0.1892）＞SP（0.1728）＞ER（0.0971）＞CD（0.0119），这说明在扩张机制期中国货币政策对经济增长更有效的传导渠道是房价、利率、货币供应量和股价，汇率和信贷则作用相对有限。②类似地，第 2 机制为 MS（0.3172）＞SP（0.3079）＞HP（0.1342）＞IR（0.0834）＞ER（0.0830）＞CD（0.0744），这说明在适度扩张机制期中国货币政策对经济增长更有效的传导渠道是货币供应量和股价，房价、利率、汇率和信贷则作用相对有限。③第 3 机制为 HP（0.2166）＞SP（0.2122）＞IR（0.1596）＞MS（0.1501）＞CD（0.1440）＞ER（0.1174），这说明在适度紧缩机制期中国货币政策对经济增长更有效的传导渠道是房价和股价，利率、货币供应量、信贷和汇率则作用相对有限。④第 4 机制为 MS（0.3700）＞HP（0.2091）＞CD（0.1929）＞ER（0.1733）＞IR（0.0323）＞SP（0.0223），这说明在紧缩机制期中国货币政策对经济增长更有效的传导渠道是货币供应量、房价、信贷和汇率，利率和股价则作用相对有限。

　　同时，本书分金融变量对基于经济增长目标的中国 MR – TFCI 权重系数绝对值在第 1 ~ 4 机制下进行排位比较，结果如下：①基于经济增长目标的中国 MR – TFCI 构成变量之一的货币供应量（MS）在各机制下的权重系数排序结果为：在第 2、4 机制下排名第一，第 1 机制下排名第三，第 4 机制排名四；②构成变量之二的利率（IR）在第 1、3 机制下分别排名第 2、3 位，在其他机制下排名靠后；③构成变量之三的汇率（ER）在 4 机制下排名第四，其他机制下排名均靠后；④构成变量之四的房价（HP）在第 1、3 机制下排位第一，在第 2 机制下排名第 3，在第 4 机制下排第 4；⑤构成变量之五的估计（SP）在第 2、3 机制下排位第二，其他机制下排位靠后；⑥构成变量之六的信贷（CD）在第 4 机制下排位第三，其他机制下排名靠后。

根据图 3 – 3，分析基于经济增长目标的中国 MR – TFCI 的 6 个构成变量第 1 ~ 4 机制的权重系数，本书得出以下结论：第一，基于经济增长目标的中国 MR – TFCI 的各金融变量权重系数具有门限特征。这表现在同一机制下，各金融变量在指数中的权重各不相同；在不同机制下，同一金融变量在指数中权重存在很大的差异。第二，中国货币政策调控经济增长的有效传导渠道具有门限特征。在经济收缩期（对应货币政策扩张机制期），中国货币政策调控经济增长的主要有效传导渠道是房价、利率、货币供应量和股价；在经济衰退期（对应货币政策适度扩张机制期），主要有效的传导渠道是货币供应量和股价；在经济复苏运行期（对应货币政策适度紧缩机制期），主要有效的传导渠道是房价和股价；在经济繁荣期（对应货币政策收缩机制期），主要有效的传导渠道是货币供应量、房价、信贷和汇率。第三，中国货币政策调控经济增长方式是价格和数量结合型的。数量型货币政策在第 1 ~ 4 机制下的占比分别为 20.11%、39.16%、29.41% 和 56.30%，充分说明中国货币政策调控经济增长的方式类型是价格和数量结合型的。第四，资产价格传导渠道在中国货币政策调控经济增长中发挥着重要作用。在基于经济增长目标的中国 MR – TFCI 中，资产价格（包括房价和股价）在第 1 ~ 4 机制下所占权重分别为 46.64%、44.21%、42.88% 和 23.14%，权重占比很高，也表明了在金融状况指数中加入房价和股价等资产价格的必要性。

（3）基于经济增长目标的中国 MR – TFCI 实证测度。首先，将上面得到的基于经济增长目标的中国 MR – TFCI 第 1～4 机制的权重系数，代入式（37）可以分别得到第 1、2、3 和 4 机制下的基于经济增长目标的中国门限金融状况指数 MF – FCI1、MR – FCI2、MR – FCI3 和 MR – FCI4，具体如图 3 – 4 所示（其中横轴是 1998 年 6 月～2020 年 9 月）；其次，把上述第 1～4 机制的基于经济增长目标的中国门限金融状况指数加总，可得基于经济增长目标的中国多机制门限金融状况总指数（MR – TFCI），本书用图形来表示基于经济增长目标的中国 MR – TFCI，为了避免重复，将其放到了下一部分的图 3 – 5 中。

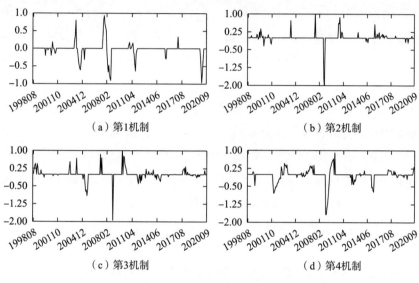

（a）第1机制　　　　　　　　　（b）第2机制

（c）第3机制　　　　　　　　　（d）第4机制

图 3 – 4　第 1～4 机制的中国门限金融状况指数

3.1.2　基于经济增长目标的中国多机制门限金融状况指数应用

3.1.2.1　基于经济增长目标的中国 MR – TFCI 与 GDP 相关性实证分析

（1）基于经济增长目标的中国 MR – TFCI、2R – TFCI、1R – FCI 与

GDP 图形相关性分析。如图 3－5 所示，MR－TFCI、2R－TFCI、1R－FCI 与 GDP 的整体运行轨迹大致相同，MRTFCI、2R－TFCI 和 1R－FCI 领先 GDP，对 GDP 的走势具有先导作用。从图中几个峰顶和峰谷来看 MR－TFCI、2R－TFCI、1R－FCI 都主要领先 GDP 约 0～3 个季度，但部分日期基于经济增长目标的中国 MR－TFCI 比 2R－TFCI 和 1R－FCI 多领先约 0～1 个季度。如 MR－TFCI、2R－TFCI 和 1R－FCI 分别在 2008 年第 4 季度和 2009 年第 1 季度下降到局部最低点，而 GDP 在 2009 年第 1 季度才下降到局部最低点，分别比 GDP 领先 1 个月、1 个月、0 个月，MR－TFCI 分别比 2R－TFCI 和 1R－FCI 多领先 0 和 1 个月；又如 MR－TFCI、2R－TFCI 和 1R－FCI 在 2011 年第 3 季度下降到局部最低点，GDP 则在 2012 年第 2 季度下降到局部最低点，都比 GDP 领先 3 个季度。总之，MR－TFCI 对 GDP 具有一定的领先关系，领先 GDP 约 0～3 个季度，并在领先性上优于 1R－FCI，不劣于 2R－TFCI。

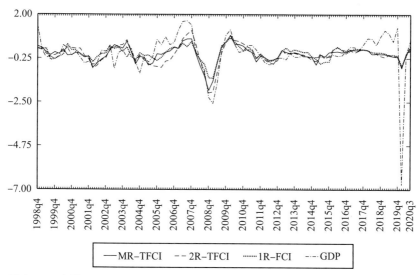

图 3－5　中国 MR－TFCI、2R－TFCI、1R－FCI 的实证测度结果和 GDP 比较

（2）基于经济增长目标的中国 MR－TFCI、2R－TFCI、1R－FCI 与 GDP 的跨期相关性检验。从上文的图形相关性分析可知，基于经济增长目标的中国 MR－TFCI 领先 GDP 约 0～3 个季度。为此，本书进一步使用跨期相关性法，在提前 0～3 期上，对 MR－TFCI、2R－TFCI 和 1R－FCI 与 GDP 相关性进行检验，以判断基于经济增长目标的中国 MR－TFCI 对 GDP 是否有领先作用，并比较 MR－TFCI、2R－TFCI 和 1R－FCI 之间的优劣，具体结果见表 3－8。从表 3－8 可以得出以下结论：首先，从最大跨期相关系数来看，基于经济增长目标的中国 MR－TF-CI、2R－TFCI 和 1R－FCI 都在提前 0 期达到最大值 0. 6218、0. 5704 和 0. 6088，MR－TFCI 分别比 2R－TFCI 和 1R－FCI 高出 0. 0514 和 0. 013，在跨期相关系数最大值上基于经济增长目标的中国 MR－TFCI 优于 2R－TFCI 和 1R－FCI，并较好地适应于对中短期实际经济增长进行相关预测；其次，从 0～3 期的跨期相关系数的平均数来看，基于经济增长目标的中国 MR－TFCI、2R－TFCI 和 1R－FCI 分别为 0. 3619、0. 2379 和 0. 3270，MR－TFCI 分别比 2R－TFCI 和 1R－FCI 高出 0. 1241 和 0. 0349，这说明在跨期相关系数平均数上基于经济增长目标的中国 MR－TFCI 优于 2R－TFCI 和 1R－FCI。

总之，在与产出缺口的相关性上，本书构建的基于经济增长目标的中国多机制门限金融状况指数明显优于中国两机制门限金融状况指数，也优于中国传统 FCI，并适应于对经济增长的中短期预测。

表 3－8　　基于经济增长目标的中国 MR－TFCI 等与 GDP 跨期相关系数

提前期数	0	1	2	3	平均
MR－TFCI	0. 6218	0. 4755	0. 2787	0. 0717	0. 3619
2R－TFCI	0. 5704	0. 3556	0. 1359	－ 0. 1104	0. 2379
1R－FCI	0. 6088	0. 4178	0. 2262	0. 0553	0. 3270

3. 1. 2. 2　基于经济增长目标的中国 MR－TFCI 与 GDP 格兰杰因果关系分析

从上述相关性研究可知，基于经济增长目标的中国 MR－TFCI 与

GDP 相比，大致领先其 0 ~ 3 个季度，但基于经济增长目标的中国
MR – TFCI 与 GDP 之间是否具有因果关系，尚不知晓，因此需要进行格
兰杰因果关系检验，同时检验 2R – TFCI、1R – FCI 与 GDP 之间的格兰
杰因果关系，以判断基于经济增长目标的中国 MR – TFCI 是否比它们在
与 GDP 的因果性上更优。

本书使用格兰杰因果关系检验法对基于经济增长目标的中国
MR – TFCI 与 GDP 的格兰杰因果关系进行检验，并同时分别检验 2R –
TFCI、1R – FCI 与 GDP 的格兰杰因果关系，检验结果如表 3 – 9 所示。
考虑到滞后 1 ~ 7 阶的基于经济增长目标的中国 MR – TFCI 都是 GDP 的
格兰杰原因，本书把滞后阶数从相关性分析中得到的 3 阶扩大到了
7 阶。

从表 3 – 9 可知，对原假设为基于经济增长目标的中国 MR – TFCI
不是 GDP 原因的格兰杰因果关系检验中，基于经济增长目标的中国
MR – TFCI 滞后 1 ~ 3 阶在 1% 的显著水平上拒绝原假设，滞后 4 ~ 6 阶
在 5% 的显著水平上拒绝原假设，滞后 7 阶在 10% 的显著水平上拒绝原
假设，说明基于经济增长目标的中国 MR – TFCI 滞后 1 ~ 7 阶是 GDP 的
格兰杰原因；对原假设为基于经济增长目标的中国 2R – TFCI 不是 GDP
原因的格兰杰因果关系检验中，基于经济增长目标的中国 2R – TFCI 滞
后 2 ~ 3 阶在 1% 的显著水平上拒绝原假设，滞后 1 阶在 5% 的显著水平
上拒绝原假设，滞后 4 阶在 10% 的显著水平上拒绝原假设，滞后 5 ~ 7
阶则不能拒绝原假设，说明基于经济增长目标的中国 2R – TFCI 滞后
1 ~ 4 阶是 GDP 的格兰杰原因；对原假设为基于经济增长目标的中国
1R – FCI 不是 GDP 原因的格兰杰因果关系检验中，基于经济增长目标
的中国 1R – FCI 滞后 1 ~ 2 阶在 1% 的显著水平上拒绝原假设，滞后 3
阶在 5% 的显著水平上拒绝原假设，滞后 4 ~ 7 阶则不能拒绝原假设，
说明基于经济增长目标的中国 1R – FCI 滞后 1 ~ 3 阶是 GDP 的格兰杰
原因。

表3-9 基于经济增长目标的中国 MR-TFCI 等与 GDP 格兰杰因果关系检验

原假设	提前期数	1		2		3		4	
	指数	F	P	F	P	F	P	F	P
FCI 不是 GDP 原因	MR-TFCI	18.5130	0.0001	9.5268	0.0002	6.1923	0.0008	3.2563	0.0162
	2R-TFCI	6.5103	0.0125	5.9653	0.0038	4.8655	0.0037	2.4281	0.0551
	1R-FCI	11.6905	0.0010	5.9836	0.0038	3.8132	0.0132	1.7189	0.1547
GDP 不是 FCI 原因	MR-TFCI	5.1061	0.0264	2.3992	0.0972	1.7821	0.1575	1.0960	0.3648
	2R-TFCI	0.8339	0.3638	2.3146	0.1053	1.4197	0.2433	1.5242	0.2038
	1R-FCI	0.9539	0.3315	0.8014	0.4522	1.0000	0.3974	0.3672	0.8313

原假设	提前期数	5		6		7			
	指数	F	P	F	P	F	P		
FCI 不是 GDP 原因	MR-TFCI	2.8353	0.0215	2.49008	0.0307	1.90758	0.0822		
	2R-TFCI	1.89386	0.106	1.59121	0.1629	1.23207	0.2981		
	1R-FCI	1.4602	0.2136	1.38324	0.2337	0.9896	0.4466		
GDP 不是 FCI 原因	MR-TFCI	0.75015	0.5887	0.68898	0.6592	0.62517	0.7333		
	2R-TFCI	1.12577	0.3546	0.87557	0.5175	0.65745	0.7069		
	1R-FCI	0.72185	0.6092	0.47431	0.8252	0.33602	0.9346		

注：F 是 F 统计量、P 是对应的概率值。

同时，由表3-9可知，在对原假设为 GDP 不是基于经济增长目标的中国 MR-TFCI 原因的格兰杰因果关系检验中，GDP 滞后1阶在5%的显著水平上拒绝原假设，滞后2阶在10%的显著水平上拒绝原假设，滞后3~7阶不能拒绝原假设，说明中国 GDP 滞后1~2阶是基于经济增长目标的中国 MR-TFCI 的格兰杰原因，其余滞后阶数则不是；在对原假设为 GDP 不是基于经济增长目标的中国 2R-TFCI 原因的格兰杰因果关系检验中，中国 GDP 滞后1~7阶都不能拒绝原假设，说明中国 GDP 全部滞后阶数都不是基于经济增长目标的中国 2R-TFCI 的格兰杰原因；在对原假设为中国 GDP 不是基于经济增长目标的中国 1R-FCI 原因的格兰杰因果关系检验中，中国 GDP 滞后1~7阶都不能拒绝原假设，说明中国 GDP 全部滞后阶数都不是基于经济增长目标的中国 1R-

FCI 的格兰杰原因。

总之，基于经济增长目标的中国多机制门限金融状况指数与 GDP 缺口值之间存在显著的双向的格兰杰因果关系，并在因果性明显优于 2 机制门限金融状况指数（2R - TFCI）和 1 机制线性金融状况指数（1R - FCI）。

3.1.2.3 基于经济增长目标的中国 MR - TFCI 对 GDP 的预测能力检验

从上文的格兰杰因果关系检验可知，滞后 1 ~ 7 阶的基于经济增长目标的中国 MR - TFCI 都是 GDP 的格兰杰原因，相关关系检验可知，提前 0 ~ 3 阶的基于经济增长目标的中国 MR - TFCI 与 GDP 有着较高的相关关系，因此可以使用提前 0 ~ 7 期的基于经济增长目标的中国 MR - TFCI 来预测 GDP，本书采用循环式方程对 GDP 进行预测，其公式如式（3.1）所示。

$$GDP_t = \alpha + \beta MR - TFCI_{t-k} \qquad (3.1)$$

其中，$MR - TFCI_{t-k}$ 是提前 k 期的 MR - TFCI，k 取 0，1，…，7，如表 3 - 10 所示。该表测算了系数、P 值、R^2、AIC、SC、RMSE、MAE 等 7 个指标。

表 3 - 10 基于经济增长目标的中国 MR - TFCI 等对 GDP 的预测能力检验

指数	期数	0	1	2	3	4	5	6	7	平均值
MR - TFCI	系数	1.4537	1.1194	0.6571	0.1772	- 0.2697	- 0.5104	- 0.5607	- 0.4335	0.2041
	P 值	0.0000	0.0000	0.0080	0.4936	0.2999	0.0492	0.0314	0.0998	0.1227
	R^2	0.3829	0.2312	0.0796	0.0055	0.0129	0.0463	0.0559	0.0334	0.1060
	AIC	2.3956	2.6040	2.7953	2.8847	2.8890	2.8658	2.8678	2.9019	2.7755
	SC	2.4237	2.6323	2.8238	2.9135	2.9180	2.8949	2.8971	2.9314	2.8044
	RMSE	0.7925	0.8795	0.9676	1.0117	1.0138	1.0019	1.0028	1.0198	0.9612
	MAE	0.4486	0.4863	0.5554	0.5751	0.5750	0.5672	0.5836	0.5892	0.5475

续表

指数	期数	0	1	2	3	4	5	6	7	平均值
2R – TFCI	系数	1.1145	0.6984	0.2686	– 0.2191	– 0.5038	– 0.6321	– 0.5988	– 0.3877	– 0.0325
	P 值	0.0000	0.0006	0.2024	0.3079	0.0181	0.0029	0.0052	0.0762	0.0767
	R^2	0.3208	0.1287	0.0189	0.0123	0.0654	0.1030	0.0925	0.0387	0.0975
	AIC	2.4914	2.7292	2.8591	2.8779	2.8344	2.8045	2.8283	2.8964	2.7901
	SC	2.5195	2.7576	2.8877	2.9066	2.8633	2.8336	2.8576	2.9259	2.8190
	RMSE	0.8314	0.9363	0.9990	1.0083	0.9864	0.9717	0.9832	1.0171	0.9667
	MAE	0.4572	0.5290	0.5700	0.5729	0.5399	0.5446	0.5833	0.5882	0.5482
1R – TFCI	系数	1.7614	1.2239	0.6630	0.1692	– 0.3002	– 0.5741	– 0.6244	– 0.5263	0.2240
	P 值	0.0000	0.0000	0.0319	0.5986	0.3524	0.0749	0.0538	0.1072	0.1524
	R^2	0.3706	0.1807	0.0529	0.0032	0.0104	0.0381	0.0451	0.0321	0.0916
	AIC	2.4152	2.6676	2.8239	2.8870	2.8916	2.8743	2.8792	2.9033	2.7928
	SC	2.4434	2.6960	2.8524	2.9157	2.9205	2.9035	2.9085	2.9329	2.8216
	RMSE	0.8004	0.9079	0.9815	1.0129	1.0151	1.0062	1.0085	1.0206	0.9691
	MAE	0.4672	0.5286	0.5697	0.5745	0.5772	0.5813	0.5824	0.5853	0.5583

　　首先，从最大拟合优度（R^2）来看，基于经济增长目标的中国 MR – TFCI、2R – TFCI 和 1R – FCI 都在提前第 0 个季度达到最大值 0.3829、0.3208 和 0.3706，也就是说 GDP 的 38.29%、32.08% 和 37.06% 的波动可以由基于经济增长目标的中国 MR – TFCI、2R – TFCI 和 1R – FCI 解释，基于经济增长目标的中国 MR – TFCI 分别比 2R – TFCI 和 1R – FCI 高出 6.20% 和 1.22%，这说明在最大拟合优度上基于经济增长目标的中国 MR – TFCI 优于 2R – TFCI 和 1R – FCI。其次，从提前0~7 个季度平均拟合优度（R^2）来看，基于经济增长目标的中国 MR – TFCI、2R – TFCI 和 1R – FCI 分别为 0.1060、0.0975 和 0.0916，这说明在短期的预测能力上基于经济增长目标的中国 MR – TFCI 明显优于 2R – TFCI 和 1R – FCI。最后，从 P 值指标来看，基于经济增长目标的中国 MR – TFCI 对 GDP 的预测显著性，明显优于 2R – TFCI 和 1R – FCI。这些都说明基于

经济增长目标的中国 MR – TFCI 对 GDP 的短期预测能力优于 2R – TFCI 和 1R – FCI。虽然它们总体上解释力度都较低，但其原因为没有加入除 FCI 的其他重要影响变量，但由于本书的目的不在此，因此并不做相关研究。总之，在对中国实际经济增长率的短期预测能力上，本书构建的基于经济增长目标的中国 MR – TFCI 明显优于 2R – TFCI 和 1R – FCI。

3.1.3　简要结论及政策建议

3.1.3.1　简要结论

本书选取货币供应量、利率、汇率、房价、股价、信贷等 6 个金融变量 1998 年 1 月~2020 年 9 月的月度数据，通过拓展构建了多机制门限向量自回归（MR – TVAR）模型和基于经济增长目标的中国 MR – TFCI 的多机制门限编制公式，基于构建的模型和公式，实际编制基于经济增长目标的中国 MR – TFCI，并实证检验了其对（或与）中国 GDP 的领先性、相关性、因果性和预测能力，并同时与 2 机制门限 FCI（2R – TFCI）和 1 机制线性 FCI（1R – FCI）进行了比较，得出以下结论。

第一，相对于 2R – TFCI 和 1R – FCI 而言，本书编制的基于经济增长目标的中国多机制门限金融状况指数是经济增长的一个更优的领先指标、相关性指标、因果性指标和短期预测指标。通过实证检验发现，本书构建的基于经济增长目标的中国 MR – TFCI 无论在对（或与）GDP 的领先性、相关性、因果性还是短期预测能力上，都明显优于 2R – TFCI 和 1R – FCI。

第二，中国货币政策调控经济增长的传导渠道及效应具有门限特征。本书选择货币供应量、利率、汇率、房价、股价和信贷作为基于经济增长目标的中国 MR – TFCI 的构成变量，并表征货币政策调控经济增长的传导渠道，通过实证分析发现在同一机制下 6 个金融变量在基于经济增长目标的中国 MR – TFCI 中的权重各不相同；在不同机制下，同一金融变量在基于经济增长目标的中国 MR – TFCI 中权重也存在很大的差异，这说明中国货币政策调控经济增长的传导渠道具有门限特征。具体来说，在经济收缩期，中国货币政策调控经济增长的主要有效传导渠道是房价、利率、货币供应量和股价；在经济衰退期，主要有效的传导渠道是货币供应量和股价；在经济复苏期，主要有效的传导渠道是房价和股价；在经济繁荣期，主要有效的传导渠道是货币供应量、房价、信贷和汇率。总之，各个期间的中国货币政策效应变化很大，存在门限特征。

第三，中国货币政策调控经济增长的方式类型是价格和数量结合型的，且资产价格发挥着重要作用。首先，数量型货币政策在第 1 ~ 4 机制下的占比分别为 20.11%、39.16%、29.41% 和 56.30%，充分说明中国货币政策调控经济增长的方式类型是价格和数量结合型的；其次，在基于经济增长目标的中国 MR - TFCI 中，资产价格（包括房价和股价）在第 1 ~ 4 机制下所占权重分别为 46.64%、44.21%、42.88% 和 23.14%，所占权重比值很高，也表明了在金融状况指数中加入房价和股价等资产价格的必要性。

3.1.3.2 政策建议

为了更好地发挥本书编制的基于经济增长目标的中国多机制门限金融状况指数对经济增长的监测和预测作用，本书提出以下三点建议：

第一，定期编制并公布基于经济增长目标的中国多机制门限金融状况指数。相对于线性 FCI 而言，非线性 FCI 可根据金融变量所处的机制不同，赋予其不同的权重，从而对经济增长具有更高的解释力度，且多机制门限 FCI 又比 2 机制门限 FCI 可以进一步优化提高。中国政府相关部门和一些金融机构应对基于经济增长目标的中国多机制门限金融状况指数进行跟踪测算，并且对外进行定期公布，真实透明地反映了中国货币政策的松紧程度，成为中国宏观经济监测重要参考指标，同时还对中国未来的经济增长趋势进行非线性预测。

第二，建议中国金融监管部门分机制将资产价格纳入货币政策目标中。研究结果表明，资产价格（包括房价和股价）在基于经济增长目标的中国 MR - TFCI 的构建中占有较大权重，同时随着房地产和股票市场的发展，以股价和房价为代表的中国货币政策的资产价格传导机制通过托宾 Q 效应、财富效应和资产负债表效应等传导渠道对实体经济产生的影响逐渐增强，因此有必要将多种金融状况机制下的资产价格纳入货币政策调控目标。为了保证充分发挥资产价格传导机制作用，促进金融市场全面改革、开放的同时，还应对不合理的资产价格进行有效调控，建立预警指标。对于目前存在债务风险问题的房地产市场，制定合理的房地产政策、增加经济适用房和廉价房的供给；对于不成熟的股票市场，建立健全相关规章制度，增强对投资者的知识与风险教育。

第三，根据金融经济所处机制的不同，选择不同的货币政策工具组合调控经济增长。根据前文的实证分析可知，在不同的机制下，中国货币政策调控经济增长的各类传导渠道的效应存在显著差异，因此，在宏观调控时中国人民银行应选择并实施对该机制更有效的货币政策。就目前来看，中国经济正处于新冠疫情后期的经济复苏期，应主要选择货币供应量和股价来调控经济增长。

3.2　基于通货膨胀目标的中国多机制门限金融状况指数编制及应用

3.2.1　基于通货膨胀目标的中国多机制门限金融状况指数编制

3.2.1.1　样本数据的选取、处理和检验

（1）样本数据的选取和处理。

本书选用 1998 年 1 月~2020 年 9 月的月度数据，一共 273 个样本点，选择货币供应量（MS）、利率（IR）、汇率（ER）、房价（HP）、股价（SP）、信贷（CD）等 6 个金融变量。这些金融变量的选取和处理与 3.1 节完全相同，这里不再赘述。

通货膨胀缺口（INF）是用实际通货膨胀率与通货膨胀目标值之差得到。实际通货膨胀率按惯例一般使用消费者物价指数（CPI）同比增

长率表示；通货膨胀目标值测度方法主要有趋势估计法和依据政府或者相关研究机构公布的通货膨胀目标值。本书采用潘敏和缪海斌（2012）[84]的做法，使用根据政府公布的通货膨胀目标值进行测算。通过从潘敏和缪海斌（2012）[84]论文转引以及自己收集，本书将历年通货膨胀目标值如表 3-11 所示。

表 3-11 　　　　　　　　　　中国历年通货膨胀目标值

1996年	1997年	1998年	1999年	2000年	2001年	2002年	2003年	2004年	2005年	2006年	2007年	2008年
4%	4%	5%	2%	1%	2%	1%	1%	3%	4%	3%	3%	4.80%
2009年	2010年	2011年	2012年	2013年	2014年	2015年	2016年	2017年	2018年	2019年	2020年	
4%	3%	4%	4%	3.50%	3.50%	3%	3%	3%	3%	3%	3.50%	

（2）样本数据的单位根检验。

在对模型估计之前，要检验各个序列的平稳性。本书首先采用 ADF 方法进行检验，检验结果具体如表 3-12 所示。根据检验结果可知，通货膨胀缺口（INF）、货币供应量（MS）、利率（IR）、汇率（ER）、房价（HP）、股价（SP）和信贷（CD）等 7 个变量都在 1% 的显著水平拒绝原假设，这说明它们都是平稳时间序列。其次使用 PP 方法进行检验，根据检验结果可知，通货膨胀缺口（INF）、货币供应量（MS）、利率（IR）、汇率（ER）、房价（HP）、股价（SP）和信贷（CD）等 7 个变量都在 1% 的显著水平拒绝原假设，这也说明它们都是平稳时间序列。因此它们都是平稳时间序列，可以用来建立 MR-TVAR 模型。

表 3-12 　　　　　　　　　　　单位根检验

变量	ADF 检验				PP 检验			
	(c, t, n)	T 统计量	P 值	结论	(c, t)	T 统计量	P 值	结论
INF	(0, 0, 1)	-2.8580	0.0043	平稳	(0, 0)	-3.3051	0.0000	平稳
MS	(0, 0, 1)	-5.3594	0.0000	平稳	(0, 0)	-4.1753	0.0000	平稳

变量	ADF 检验				PP 检验			
	(c, t, n)	T 统计量	P 值	结论	(c, t)	T 统计量	P 值	结论
IR	(0, 0, 1)	−4.1940	0.0000	平稳	(0, 0)	−4.2504	0.0000	平稳
ER	(0, 0, 1)	−4.4169	0.0000	平稳	(0, 0)	−4.6295	0.0000	平稳
HP	(0, 0, 1)	−6.1056	0.0000	平稳	(0, 0)	−4.5537	0.0000	平稳
SP	(0, 0, 1)	−5.4862	0.0000	平稳	(0, 0)	−4.2193	0.0000	平稳
CD	(0, 0, 1)	−5.2519	0.0001	平稳	(0, 0)	−3.1752	0.0016	平稳

3.2.1.2　MR – TVAR 模型的检验、估计和分析

（1）MR – TVAR 模型最优滞后阶数的确定。

标准 FCI 一般基于 VAR 模型中的 Lag Order Selection Criteria 来检验滞后阶数，但本书基于通货膨胀目标的中国 MR – TFCI 可能存在多机制，需要使用 MR – TVAR 模型检验最优滞后阶数。检验结果如表 3 – 13 所示，按照 AIC 标准 MR – TVAR 模型最优滞后阶数是 2 阶，按照 SC 标准 MR – TVAR 模型最优滞后阶数是 1 阶。本书以 AIC 信息准则为准，将 MR – TVAR 模型滞后阶数确定为 2，如表 3 – 13 所示。

表 3 – 13　　　　　基于 MR – TVAR 模型的滞后阶数检验

Lag	1	2	3	4	5	6	7	8
AIC	4.83	4.73*	5.09	5.14	5.24	5.31	5.32	5.51
SC	5.58	6.13	7.14	7.85	8.61	9.36	10.04	10.90

（2）门限存在性和机制数检验。

①门限存在性检验。为了确认本书研究的样本数据是否存在门限效应，需要进行门限效应检测，前人研究大多基于 2 机制门限模型进行门限效应检验，但实际上机制数是不确定的。在机制数未确定的情形下，本书则依据前文式（2.8）、式（2.10）、式（2.12）对模型的 2 机制、3 机制、4 机制分别进行检验。表 3 – 14 是检测结果，从中可以看出，

模型是 2 机制、3 机制、4 机制时，Bootstrap 法的 P 值分别为 0.000、0.0160、0.000，说明在 2 机制和 4 机制下，在 1% 的显著性水平下，门限效应非常显著，在 3 机制下，门限效应在 5% 性水平下显著，意味着存在门限效应，需要使用非线性的门限向量自回归模型（TVAR）进行估计。

表 3 - 14　　　　　　基于自举（Bootstrap）法的门限效应检验

	自举抽样的 P 值	1%	5%	10%
2 机制（1 门限）	0.0000	- 94.4977	- 101.7791	- 104.8196
3 机制（2 门限）	0.0160	245.6249	169.6848	135.0306
4 机制（3 门限）	0.0000	189.0010	141.5386	98.6847

注：1%、5% 和 10% 分别表示自举抽样结果的 99%、95% 和 90% 分位数值。

②机制数检验。以上检验虽然确定了用门限向量自回归模型（TVAR）进行估计，但机制个数还没有确定，如表 3 - 14 所示的结果来看，2R - TVAR、3R - TVAR、4R - TVAR 模型都有可能，因此需要基于 Bootstrap 法构造一系列的似然比统计量来检验这些不同机制的模型，以检验哪个机制数最优。依据前文式（2.13）、式（2.14）、式（2.15）对模型的不同机制数进行检验，结果如表 3 - 15 所示，其中似然比统计量 LR 和 P 值，是将数据通过 Bootstrap 法 1000 次抽样，模拟出来的结果。2 机制与 3 机制，P 值为 0.3420，在 10% 的水平下不是显著的，不能表明 3 机制模型优于 2 机制模型；3 机制和 4 机制进行似然比检验，P 值为 0.1570，在 10% 的水平下不是显著的，但考虑到本书的样本数量没有达到门限模型要求的 300 个的下限，因此可以适当放宽显著水平，从而近似认为 4 机制模型优于 3 机制模型；再对 2 机制与 4 机制，P 值为 0.070，在 10% 的水平下是显著的，说明 4 机制模型优于 2 机制模型；故本书最终选定 4 机制的门限模型，即 4R - TVAR 模型。

表 3 – 15　　　　　　　　基于 Bootstrap 法的机制数检验

2 机制与 3 机制		3 机制与 4 机制		2 机制与 4 机制	
LR_{23}	P 值	LR_{34}	P 值	LR_{24}	P 值
52. 93	0. 3420	76. 97	0. 1570	126. 66	0. 0700

（3）4R – TVAR 模型的门限变量的检验。

现有文献在选择门限变量时，多以 VAR 模型实证分析中主要研究变量的单方程检验结果，作为对整个方程检验的结果，然而单方程检验可能与全部方程检验结果有出入，因此把单方程检验结果作为 TVAR 模型全部方程检验结果有时候会产生错误。本书根据前文式（2.19）进行门限变量检验，结果如表 3 – 16 所示（表中只列出全部方程的检验结果，单个方程略，如需请邮索）。从表 3 – 16 可知，当以滞后 2 阶的汇率（ER）作为门限变量时，整个 VAR 系统的方差协方差的矩阵值最小，并在 1% 的显著性水平下拒绝线性原假设，同时，在各单方程中 1% 显著性水平下，其效果也都较好。因此，本书选滞后 2 阶的英镑兑人民币中间价的平均价（ER（ – 2））作为 4R – TVAR 模型的门限变量。

表 3 – 16　　　　　　基于 4R – TVAR 模型的门限变量检验结果

门限变量	行列式值	门限变量	行列式值
INF（ – 1）	1. 27E – 07	INF（ – 2）	1. 65E – 07
MS（ – 1）	1. 60E – 07	MS（ – 2）	1. 60E – 07
IR（ – 1）	1. 44E – 07	IR（ – 2）	1. 56E – 07
ER（ – 1）	1. 60E – 07	ER（ – 2）	1. 24E – 07
HP（ – 1）	1. 42E – 07	HP（ – 2）	1. 53E – 07
SP（ – 1）	1. 77E – 07	SP（ – 2）	1. 42E – 07
CD（ – 1）	1. 72E – 07	CD（ – 2）	1. 47E – 07

（4）4R – TVAR 模型门限值估计和机制划分。

①基于 4R – TVAR 模型的门限值及其置信区间估计。本书参照前文式（2.20）、式（2.21）、式（2.22）、式（2.23）对基于 4R – TVAR 模型的门限值及其 95% 置信区间进行估计，结果如表 3 – 17 和图 3 – 6 所示。3 个门限估计值分别为 – 1.6638、– 0.1535 和 0.0175。图 3 – 6 是门限值的置信区间估计的详细构造图，图中虚线是 95% 的置信区间线，其判断标准值为 7.3522。如图 3 – 6 所示，似然比统计量 LR 与 95% 的置信区间线相交于一个或几个点，对位于线以下的点对应的门限变量样本值进行排序，找到其中最大值和最小值，并以此构造门限估计值的置信区间。

表 3 – 17   基于 MR – TVAR 模型的门限值估计

门限	估计值	95% 置信区间	缺口值
$\gamma 1$	– 1.6638	[– 1.6638，– 1.6638]	– 0.6000%
$\gamma 2$	– 0.1535	[– 0.1837，– 0.1535]	2.0696%
$\gamma 3$	0.0175	[0.0175，0.1791]	0.0000%

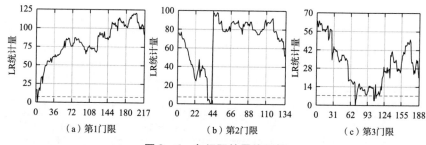

图 3 – 6   各门限的置信区间

②基于 4R – TVAR 模型的机制划分。以前文估计所得的 3 个门限估计值为界限，可将样本数据分为 4 种机制，其对应的范围和意义如表 3 – 18 所示。从表 3 – 18 可知，第 1、2、3 和 4 机制的样本范围分别为 [– 2.4987，– 1.6638]、(– 1.6638，– 0.1535]、(– 0.1535，0.0175] 和 (0.0175，2.3619]，样本范围表明第 1、2、3 和 4 机制分别表征了

中国货币政策的紧缩机制期、适度紧缩机制期、适度扩张机制期和扩张机制期；第 1、2、3 和 4 机制的样本数分别为 30、68、29 和 144，相应占比分别为 11.07%、25.09%、10.70% 和 53.14%。

表 3 – 18　　　　基于 4R – TVAR 模型的各机制划分和意义表征

	样本数	样本占比（%）	样本范围	货币政策表征
第 1 机制	30	11.07	[– 2.4987，– 1.6638]	紧缩机制期
第 2 机制	68	25.09	(– 1.6638，– 0.1535]	适度紧缩机制期
第 3 机制	29	10.70	(– 0.1535，0.0175]	适度扩张机制期
第 4 机制	144	53.14	(0.0175，2.3619]	扩张机制期

（5）4R – TVAR 模型系数估计。

选择经过前文处理的 1998 年 1 月 ~2020 年 9 月的样本数据，基于式（2.28）的 4R – TVAR 模型的参数进行了估计（受篇幅限制，估计结果未列出，如需请邮索）。从估计结果可知，在第 1、2、3 和 4 种机制下，4R – TVAR 模型系数估计值大多数在 1%、5% 和 10% 的显著水平上显著，说明模型拟合较合理；同时，在 INF 方程中，在每种机制下，各个金融变量都对 INF 具有显著影响，这说明应用 4R – TVAR 模型编制基于通货膨胀目标的中国 MR – TFCI 的合理性。

3.2.1.3　应用 4R – TVAR 模型编制基于通货膨胀目标的中国多机制门限金融状况指数

（1）第 1 ~4 机制下通货膨胀对各个金融变量的广义脉冲响应函数分析。

选择第 1 ~4 机制的分机制样本数据，计算 40 期 INF 对各金融变量的单位信息冲击的广义脉冲响应函数值，结果如图 3 – 7 所示。根据图 3 –7，本书得出以下结论：第一，中国货币政策对通货膨胀的传导机制具有门限特征。在同一机制下，各个金融变量的广义脉冲响应函数值各不相同，同时，在不同机制下，同一个金融变量的广义脉冲响应函数值依然各不相同。第二，中国货币政策对通货膨胀影响期限主要发生在中短期。由图 3 - 7 可知，在 1 ~ 4 种机制中，金融变量的广义脉冲响应函数值都在第 30 期以内开始趋近 0，因此，中国货币政策对通货膨胀的影响时限在中短期。

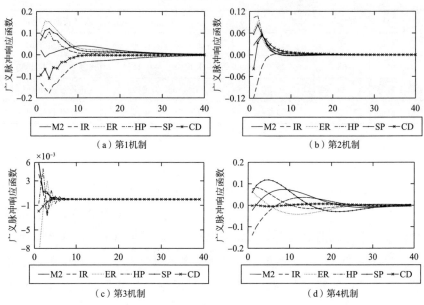

图 3 - 7　第 1 ~ 4 机制下 INF 对各金融变量的广义脉冲响应函数值

（2）基于通货膨胀目标的中国 MR - TFCI 第 1 ~ 4 机制的权重系数测算。

本书基于第 1 ~ 4 机制下包括不同期数的广义脉冲响应函数值（从 1 ~ 1 期到 1 ~ 40 期），构建基于通货膨胀目标的中国多机制门限金融状况指数（MR - TFCI），并进行排列组合试验，发现第 1 机制选择 1 ~ 1 期、第 2 机制选择 1 ~ 1 期、第 3 机制选择 1 ~ 1 期和第 4 机制选择 1 ~ 2 期的广义脉冲响应函数值，构建的基于通货膨胀目标的中国 MR - TFCI 与通货膨胀缺口的相关性最好。将经过上述试验得到的最优的广义脉冲响应函数值代入式（2.30），计算得到第 1 ~ 4 机制的基于通货膨胀目标的中国 MR - TFCI 的权重系数，具体结果如图 3 - 8 所示。

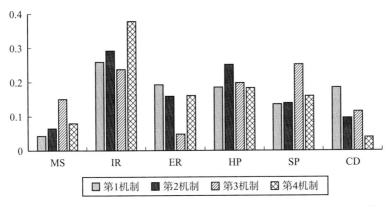

图 3-8　第 1~4 机制的中国门限金融状况指数各构成变量的权重系数

本书分机制对 MR-TCI 权重系数的绝对值依照降序排列，结果如下：①基于通货膨胀目标的中国 MR-TFCI 第 1 机制的权重系数排序结果为 IR（0.2591）> ER（0.1926）> HP（0.1851）> CD（0.1847）> SP（0.1357）> MS（0.0428），这说明在紧缩机制期中国货币政策对通货膨胀更有效的传导渠道是利率、汇率、房价和信贷，股价和货币供应量则作用相对有限；②类似地，第 2 机制为 IR（0.2917）> HP（0.2511）> ER（0.1588）> SP（0.1390）> CD（0.0951）> MS（0.0643），这说明在适度紧缩机制期中国货币政策对通货膨胀更有效的传导渠道是利率、房价，汇率和股价次之，信贷和货币供应量则作用相对有限；③第 3 机制为 SP（0.2520）> IR（0.2374）> HP（0.1981）> MS（0.1504）> CD（0.056）> ER（0.0479），这说明在适度扩张机制期中国货币政策对通货膨胀更有效的传导渠道是股价、利率、房价，货币供应量、信贷和汇率则作用相对有限；④第 4 机制为 IR（0.3781）> HP（0.1833）> ER（0.1608）> SP（0.1597）> MS（0.0792）> CD（0.0389），这说明在扩张机制期中国货币政策对通货膨胀更有效的传导渠道是利率、房价、汇率，股价，货币供应量和信贷则作用相对弱。

同时，本书分金融变量对基于通货膨胀目标的 MR-TFCI 权重系数绝对值在各机制下进行排位比较，结果如下：①基于通货膨胀目标的 MR-TFCI 构成变量之一的货币供应量（MS）在第 1~4 机制下的权重系数排序结果为：第 4 机制下排位第四，其他四种机制下排位都靠后；②构成变量之二的利率（IR）在第 1、2 和 4 机制下都排名第一，虽然大小有差异但都在 25% 以上，第 3 机制下排位第二；③构成变量之三的汇率（ER）在第 1 机制下排位第 2，在 2 和 4 机制下排位第三，在第 3 机制下排名靠后；④构成变量之四的房价（HP）在第 2、4 机制下排位第二，在 1、3 机制下排位第三；⑤构成变量之五的股价（SP）在第 3 机制下排位第一，在其他机制下排行均靠后；⑥构成变量之六的信贷（CD）在四种机制下均排位靠后。

基于图 3 - 8 的第 1 ~ 4 机制的基于通货膨胀目标的 MR - TFCI 的权重系数分析，本书得出以下结论：第一，基于通货膨胀目标的中国 MR - TFCI 的各金融变量权重系数具有门限特征。这表现在同一机制下，各金融变量在指数中的权重各不相同；在不同机制下，同一金融变量在指数中权重存在较大的差异。第二，中国货币政策调控通货膨胀的有效传导渠道具有门限特征。在经济繁荣期（对应货币政策紧缩机制期），中国货币政策调控通货膨胀的主要有效传导渠道是利率、汇率、房价和信贷；在经济复苏期（对应货币政策适度紧缩机制期），主要有效传导渠道是利率、房价；在经济衰退期（对应货币政策适度扩张机制期），主要有效传导渠道是股价、利率、房价；在经济收缩期（对应货币政策扩张机制期），最主要有效传导渠道是利率、房价、汇率。第三，中国货币政策调控通货膨胀方式是价格和数量结合型的。数量型货币政策在第 1 ~ 4 机制下的占比分别为 22.74%、15.94%、26.46% 和 11.81%，充分说明中国货币政策调控通货膨胀的方式类型是价格和数量结合型的。第四，资产价格传导渠道在中国货币政策调控通货膨胀中发挥着重要作用。在基于通货膨胀目标的中国 MR - TFCI 中，资产价格（包括房价和股价）在第 1 ~ 4 机制下所占权重分别为 32.08%、39.01%、45.01% 和 34.30%，权重占比较高，也表明了在金融状况指数中加入房价和股价等资产价格的必要性。

（3）基于通货膨胀目标的中国 MR - TFCI 实证测度。

首先，将上面得到的基于通货膨胀目标的中国 MR - TFCI 的第 1 ~ 4 机制的权重系数，代入式（3.30）可以分别得到第 1、2、3 和 4 机制下的基于通货膨胀目标的中国门限金融状况指数 MF – FCI1、MR – FCI2、MR – FCI3 和 MR – FCI4，具体如图 3 – 9 所示（其中横轴是 1998 年 3 月~2020 年 9 月）；其次，把上述第 1 ~ 4 机制基于通货膨胀目标的中国门限金融状况指数加总，可得基于通货膨胀目标的中国多机制门限金融状况总指数（MR – TFCI），本书用图形来表示基于通货膨胀目标的中国 MR – TFCI，为了避免重复，将其放到了下一部分的图 3 – 10 中。

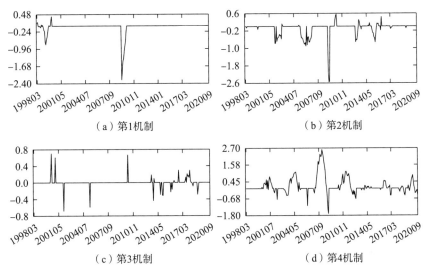

图 3 – 9　第 1 ~ 4 机制的基于通货膨胀目标的中国门限金融状况指数

3.2.2　基于通货膨胀目标的中国多机制门限金融状况指数应用

3.2.2.1　基于通货膨胀目标的中国 MR – TFCI 与 INF 相关性研究

（1）基于通货膨胀目标的中国 MR – TFCI、2R – TFCI、1R – FCI 与 INF 折线图比较分析。

如图 3 – 10 所示，基于通货膨胀目标的中国 MR – TFCI、2R – TFCI、1R – FCI 与 INF 的整体运行轨迹大致相同，基于通货膨胀目标的中国 MR – TFCI、2R – TFCI 和 1R – FCI 领先 INF，对 INF 的走势具有先导作用。从图 3 – 10 中几个峰顶和峰谷来看，基于通货膨胀目标的中国 MR – TFCI、2R – TFCI、1R – FCI 都领先 INF 约 0 ~ 5 个月，但部分日期 MR – TFCI 比 2R – TFCI 和 1R – FCI 多领先一些月份。基于通货膨胀目标的中国 MR – TFCI、2R – TFCI 和 1R – FC 分别在 2009 年 2 月、3 月、3 月下降到局部最低点，而 INF 在 2009 年 7 月才下降到局部最低点，分别领先 INF 约 5、4、4 个月，MR – TFCI 都比 2R – TFCI 和 1R – FCI 多领先 1 个月；总之，基于通货膨胀目标的中国 MR – TFCI 对 INF 具有较长的领先关系，领先 INF 约 0 ~ 5 个月，并在领先性上优于 2R – TFCI 和 1R – FCI。

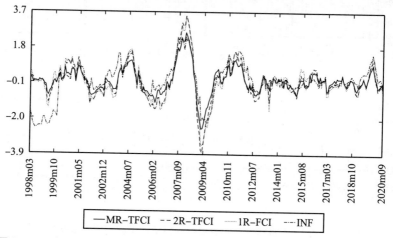

图 3 – 10　中国 MR – TFCI、2R – TFCI、1R – FCI 实证测度结果和 INF 比较

（2）基于通货膨胀目标的中国 MR – TFCI、2R – TFCI、1R – FCI 与 INF 的跨期相关性检验。

由上文分析可知，基于通货膨胀目标的中国 MR – TFCI、2R – TFCI、1R – FCI 领先 INF 约 0 ~ 5 个月，因此接下来在提前 0 ~ 5 期上对基于通货膨胀目标的中国 MR – TFCI、2R – TFCI 和 1R – FCI 与 INF 进行跨期相关性检验，以判断基于通货膨胀目标的中国 MR – TFCI 对 INF 是否有领先作用，并比较基于通货膨胀目标的中国 MR – TFCI、2R – TFCI 和 1R – FCI 的优劣，具体结果如表 3 – 19 所示。从表 3 – 19 可以得出以下结论：

首先，从最大跨期相关系数来看，基于通货膨胀目标的中国 MR –

TFCI、2R - TFCI 和 1R - FCI 均在 0 期达到最大值 0.7149、0.7024 和 0.6992，MR - TFCI 分别比 2R - TFCI、1R - FCI 高出 0.0125、0.0157，这说明在跨期相关系数最大值上基于通货膨胀目标的中国 MR - TFCI 明显优于 2R - TFCI 和 1R - FCI，并较好的适应于对中短期通货膨胀进行相关预测。

表 3 - 19　　基于通货膨胀目标的中国 MR - TFCI 等与 INF 跨期相关系数

期数	0	1	2	3	4	5	平均数
MR - TFCI	0.7149	0.6979	0.6593	0.6116	0.5504	0.4725	0.6178
2R - TFCI	0.7024	0.6816	0.6452	0.5963	0.5341	0.4574	0.6028
1R - FCI	0.6992	0.6614	0.6132	0.5558	0.4884	0.4079	0.5710

其次，从 0 ~ 5 期跨期相关系数的平均数来看，基于通货膨胀目标的中国 MR - TFCI、2R - TFCI 和 1R - FCI 分别为 0.6178、0.6028 和 0.5710，可以发现，MR - TFCI 分别比 2R - TFCI、1R - FCI 高出 0.0149 和 0.0468，这说明在跨期相关系数平均值上基于通货膨胀目标的中国 MR - TFCI 也明显优于 2R - TFCI 和 1R - FCI，并较好地适用于对中短期通货膨胀进行相关预测。

3.2.2.2　基于通货膨胀目标的中国 MR - TFCI 与 INF 格兰杰因果关系研究

从上述相关性研究可知，基于通货膨胀目标的中国 MR - TFCI 与 INF 相比，大致领先其 0 ~ 5 个月，但基于通货膨胀目标的中国 MR - TFCI 与 INF 之间是否具有因果关系，尚不知晓，因此需要进行格兰杰因果关系检验，同时检验 2R - TFCI、1R - FCI 与 INF 之间的格兰杰因果关系，以判断基于通货膨胀目标的中国 MR - TFCI 是否比它们在与 INF 的因果性上更优，检验结果如表 3 - 20 所示。考虑到滞后 1 ~ 8 阶的基于通货膨胀目标的中国 MR - TFCI 都是 INF 的格兰杰原因，本书把滞后阶数从相关性分析中得到的最大阶数 5 阶扩大到了 8 阶。

从表 3 - 20 可知，在对原假设为基于通货膨胀目标的中国 MR -

TFCI 不是 INF 原因的格兰杰因果关系检验中，中国 MR – TFCI 滞后 2 ~ 8 阶在 1% 的显著水平上拒绝原假设，滞后 1 阶则无法拒绝原假设，说明基于通货膨胀目标的中国 MR – TFCI 滞后 2 ~ 8 阶数都是 INF 的格兰杰原因；在对原假设为基于通货膨胀目标的中国 2R – TFCI 不是 INF 原因的格兰杰因果关系检验中，中国 2R – TFCI 滞后 6 ~ 8 阶在 1% 显著水平下拒绝原假设，滞后 2 ~ 5 阶在 5% 显著水平下拒绝原假设，滞后 1 阶则不能拒绝原假设，说明基于通货膨胀目标的中国 2R – TFCI 滞后 2 ~ 8 阶数均是 INF 的格兰杰原因；在对原假设为 1R – FCI 不是 INF 原因的格兰杰因果关系检验中，中国 1R – FCI 滞后 2 ~ 8 阶在 5% 显著水平下拒绝原假设，滞后 1 阶则不能拒绝原假设，说明 1R – FCI 滞后 2 ~ 8 阶数是 INF 的线性格兰杰原因。

表 3 – 20　　　　中国 MR – TFCI 等与 INF 格兰杰因果关系检验

| 原假设 | 期数 | 1 | | 2 | | 3 | | 4 | |
	指数	F	P	F	P	F	P	F	P
FCI 不是 INF 原因	MR – TFCI	2.50515	0.1147	6.17969	0.0024	4.60703	0.0037	3.97592	0.0038
	2R – TFCI	1.44163	0.2309	3.56501	0.0297	3.30969	0.0207	3.22869	0.0131
	1R – FCI	1.44163	0.2309	3.56501	0.0297	3.30969	0.0207	3.22869	0.0131
INF 不是 FCI 原因	MR – TFCI	0.00408	0.9491	1.30571	0.2727	0.74618	0.5254	0.83738	0.5025
	2R – TFCI	0.072	0.7887	0.04609	0.955	0.11601	0.9507	0.25976	0.9035
	1R – FCI	0.072	0.7887	0.04609	0.955	0.11601	0.9507	0.25976	0.9035
原假设	期数	5		6		7		8	
	指数	F	P	F	P	F	P	F	P
FCI 不是 INF 原因	MR – TFCI	3.68148	0.0031	3.09719	0.0061	3.10007	0.0038	3.64234	0.0005
	2R – TFCI	2.74795	0.0194	2.60451	0.0182	2.75445	0.009	3.2219	0.0017
	1R – FCI	2.74795	0.0194	2.60451	0.0182	2.75445	0.009	3.2219	0.0017
INF 不是 FCI 原因	MR – TFCI	0.9778	0.4318	1.38683	0.2203	1.42504	0.1956	1.52827	0.1478
	2R – TFCI	0.5443	0.7426	1.0695	0.3813	1.25137	0.2753	1.34906	0.2199
	1R – FCI	0.5443	0.7426	1.0695	0.3813	1.25137	0.2753	1.34906	0.2199

注：F 是 F 统计量、P 是对应的概率值。

同时，由表 3－20 可知，在对原假设为 INF 不是基于通货膨胀目标的中国 MR－TFCI 原因的格兰杰因果关系检验中，中国 INF 滞后 1～8 阶都不能拒绝原假设，说明中国 INF 滞后 1～8 阶不是基于通货膨胀目标的中国 MR－TFCI 的格兰杰原因；在对原假设为 INF 不是基于通货膨胀目标的中国 2R－TFCI 原因的格兰杰因果关系检验中，中国 INF 滞后 1～8 阶都不能拒绝原假设，说明中国 INF 滞后 1～8 阶都不是基于通货膨胀目标的中国 2R－TFCI 的格兰杰原因；在对原假设为 INF 不是基于通货膨胀目标的中国 1R－FCI 原因的格兰杰因果关系检验中，中国 INF 滞后 1～8 阶都不能拒绝原假设，说明中国 INF 滞后 1～8 阶都不是基于通货膨胀目标的中国 1R－FCI 的格兰杰原因。综合比较，本书编制的基于通货膨胀目标的中国 MR－TFCI 在与 INF 的因果性上明显优于 2R－TFCI 和 1R－FCI。

3.2.2.3　基于通货膨胀目标的中国 MR－TFCI 对 INF 的预测能力检验

本书采用循环式方程对 INF 进行预测，其公式如式（3.2）所示。

$$CPI_t = \alpha + \beta MR - TFCI_{t-k} + \mu_t \quad (3.2)$$

其中，MR－TFCI$_{t-k}$ 表示提前 k 期的基于通货膨胀目标的中国 MR－TFCI，k 取 0，1，2，…，8，如表 3－21 所示。表 3－21 测算了系数、P 值、R^2、AIC、SC、MAE、RMSE 等 7 个指标。

表 3－21　　　第 1～4 机制的 FCI 对 INF 的预测能力检验

指数	期数	0	1	2	3	4	5	6	7	8	平均值
MR－TFCI	系数	1.0009	0.9787	0.9246	0.8579	0.7724	0.6635	0.5461	0.4153	0.2647	0.7138
	P 值	0.0000	0.0000	0.0000	0.0000	0.0000	0.0000	0.0000	0.0000	0.0008	0.0001
	R^2	0.5111	0.4917	0.4451	0.3907	0.3240	0.2452	0.1705	0.1012	0.0422	0.3024
	AIC	2.1167	2.1513	2.2287	2.3061	2.3906	2.4782	2.5500	2.6079	2.6490	2.3865
	SC	2.1433	2.1780	2.2555	2.3329	2.4174	2.5052	2.5770	2.6349	2.6761	2.4134
	MAE	0.4604	0.4761	0.5036	0.5321	0.5574	0.5914	0.6133	0.6250	0.6355	0.5550
	RMSE	0.6921	0.7042	0.7320	0.7608	0.7936	0.8292	0.8594	0.8846	0.9030	0.7954

续表

指数	期数	0	1	2	3	4	5	6	7	8	平均值
2R – TFCI	系数	1.0315	1.0018	0.9483	0.8766	0.7855	0.6730	0.5477	0.4077	0.2493	0.7246
	P 值	0.0000	0.0000	0.0000	0.0000	0.0000	0.0000	0.0000	0.0000	0.0027	0.0003
	R^2	0.4933	0.4687	0.4259	0.3711	0.3049	0.2296	0.1561	0.0888	0.0341	0.2858
	AIC	2.1522	2.1957	2.2627	2.3378	2.4185	2.4987	2.5672	2.6216	2.6574	2.4124
	SC	2.1788	2.2223	2.2894	2.3646	2.4454	2.5257	2.5942	2.6487	2.6845	2.4393
	MAE	0.4725	0.4897	0.7445	0.5431	0.5711	0.5988	0.6206	0.6310	0.6370	0.5898
	RMSE	0.7046	0.7200	0.7356	0.7730	0.8048	0.8377	0.8669	0.8907	0.9068	0.8045
1R – FCI	系数	0.9380	0.8888	0.8242	0.7472	0.6567	0.5486	0.4327	0.3041	0.1592	0.6111
	P 值	0.0000	0.0000	0.0000	0.0000	0.0000	0.0000	0.0000	0.0001	0.0370	0.0041
	R^2	0.4888	0.4417	0.3851	0.3227	0.2551	0.1827	0.1167	0.0591	0.0166	0.2521
	AIC	2.1611	2.2453	2.3313	2.4120	2.4877	2.5578	2.6129	2.6537	2.6753	2.4597
	SC	2.1877	2.2719	2.3581	2.4388	2.5145	2.5848	2.6399	2.6808	2.7025	2.4866
	MAE	0.4825	0.5104	0.5374	0.5709	0.5954	0.6225	0.6380	0.6421	0.6432	0.5825
	RMSE	0.7077	0.7381	0.7705	0.8022	0.8331	0.8628	0.8869	0.9051	0.8149	0.8135

首先，从最大拟合优度（R^2）来看，基于通货膨胀目标的中国 MR – TFCI、2R – TFCI 和 1R – FCI 均在第 0 期达到最大值 0.5111、0.4933 和 0.4888，也就是说 INF 的 51.11%、49.33% 和 48.88% 的波动可以由基于通货膨胀目标的中国 MR – TFCI、2R – TFCI 和 1R – FCI 解释，基于通货膨胀目标的中国 MR – TFCI 分别比 2R – TFCI 和 1R – FCI 高出 1.78% 和 2.23%，这说明在最大拟合优度上基于通货膨胀目标的中国 MR – TFCI 优于 2R – TFCI 和 1R – FCI。

其次，从 0~8 期平均拟合优度（R^2）来看，基于通货膨胀目标的中国 MR – TFCI、2R – TFCI 和 1R – FCI 分别为 0.3024、0.2858 和 0.2521，基于通货膨胀目标的中国 MR – TFCI 分别比 2R – TFCI 和 1R – FCI 高出 1.66% 和 5.03%，这说明在平均拟合优度上，基于通货膨胀目标的中国 MR – TFCI 也优于 2R – TFCI 和 1R – FCI。

最后，从 AIC 和 RMSE 等指标来看，基于通货膨胀目标的中国

MR－TFCI 都是三者中最小的，这些也说明基于通货膨胀目标的中国 MR－TFCI 对 INF 的预测能力优于 2R－TFCI 和 1R－FCI。虽然它们总体上解释力度都较低，是因为没有加入除 FCI 的其他重要影响变量，但由于本书的目的不在此，因此并不做相关研究。总之，在对中国通货膨胀的预测能力上，本书构建的基于通货膨胀目标的中国 MR－TFCI 明显优于 2R－TFCI 和 1R－FCI。

3.2.3　简要结论及政策建议

3.2.3.1　简要结论

本书选取货币供应量、利率、汇率、房价、股价、信贷 6 个金融变量 1998 年 1 月～2020 年 9 月的月度数据，通过拓展构建了多机制门限向量自回归模型（MR－TVAR）和 MR－TFCI 的多机制门限编制公式，基于构建的模型和公式，首次尝试实证编制基于通货膨胀目标的中国多机制门限金融状况指数，并实证检验了其对（或与）中国通货膨胀（INF）的领先性、相关性、因果性和预测能力，并同时与 2 机制门限 FCI（2R－TFCI）和 1 机制线性 FCI（1R－FCI）进行了比较，得出以下结论。

第一，相对于 2R－TFCI 和 1R－FCI 而言，本书编制的基于通货膨胀目标的中国多机制门限金融状况指数是通货膨胀的一个更优的领先指标、相关性指标、因果性指标和预测指标。通过实证检验发现，本书构建的基于通货膨胀目标的中国 MR－TFCI 无论在对（或与）INF 的领先性、相关性、因果性还是预测能力上，都优于 2R－TFCI 和 1R－FCI。

第二，中国货币政策调控通货膨胀的传导渠道及效应具有门限特征。本书选择货币供应量、利率、汇率、房价、股价和信贷作为基于通货膨胀目标的中国 MR－TFCI 的构成变量，并表征货币政策调控通货膨胀的传导渠道，通过实证分析发现在同一机制下六个金融变量在基于通货膨胀目标的中国 MR－TFCI 中的权重各不相同；在不同机制下，同一金融变量在基于通货膨胀目标的中国 MR - TFCI 中权重存在很大的差异，这说明中国货币政策调控通货膨胀的传导渠道具有门限特征。具体来说，在经济繁荣期，中国货币政策调控通货膨胀的主要有效传导渠道是利率、汇率、房价和信贷；在经济复苏期，主要有效传导渠道是利率和房价；在经济衰退期，主要有效传导渠道是股价、利率、房价；在经济收缩期，最主要有效传导渠道是利率、房价、汇率。总之，各个期间的中国货币政策效应变化很大，存在门限特征。

第三，中国货币政策调通货膨胀的方式类型是价格和数量结合型的，且资产价格发挥着重要作用。首先，数量型货币政策在第 1~4 机制下的占比分别为 22.74%、15.94%、26.46% 和 11.81%，充分说明中国货币政策调控通货膨胀的方式类型是价格和数量结合型的；其次，在基于通货膨胀目标的中国 MR - TFCI 中，资产价格（包括房价和股价）在第 1~4 机制下所占权重分别为 32.08%、39.01%、45.01% 和 34.30%，所占权重比值较高，也表明了在金融状况指数中加入房价和股价等资产价格的必要性。

3.2.3.2 政策建议

为了更好地发挥本书编制的基于通货膨胀目标的中国多机制门限金融状况指数对通货膨胀的监测和预测作用，本书提出以下三点建议：

第一，定期编制并公布基于通货膨胀目标的中国多机制门限金融状况指数。相对于线性 FCI 而言，非线性 FCI 可根据金融变量所处的机制不同，赋予其不同的权重，从而对通货膨胀具有更高的解释力度，且多机制门限 FCI 又比 2 机制门限 FCI 可以进一步优化提高。中国政府相关部门和一些金融机构应对基于通货膨胀目标的中国多机制门限金融状况指数进行跟踪测算，并且对外进行定期公布，真实透明地反映中国货币政策的松紧程度，成为中国宏观经济监测的重要参考指标，同时还对中国未来的通货膨胀趋势进行非线性预测。

第二，建议中国金融监管部门分机制将资产价格纳入货币政策目标中。研究结果表明，资产价格（包括房价和股价）在基于通货膨胀目标的中国 MR – TFCI 的构建中占有较大权重，同时随着房地产和股票市场的发展，以股价和房价为代表的中国货币政策的资产价格传导机制通过托宾 Q 效应、财富效应和资产负债表效应等传导渠道对实体经济产生的影响逐渐增强，因此有必要将多种金融状况机制下的资产价格纳入货币政策调控目标。为了保证充分发挥资产价格传导机制作用，在促进金融市场全面改革开放的同时，还应对不合理的资产价格进行有效调控，建立预警指标。对于目前存在债务风险的房地产市场，制定稳健的房地产政策、增强企业的风险管控能力；对于不成熟的股票市场，建立健全相关规章制度，增强对投资者的知识与风险教育。

第三，根据金融经济所处机制的不同，选择不同的货币政策工具组合调控通货膨胀。根据前文的实证分析可知，在不同的机制下，中国货币政策调控通货膨胀的各类传导渠道的效应存在显著差异，因此，在宏观调控时中国央行应选择并实施对该机制更有效的货币政策。

3.3　基于混频损失函数的中国多机制门限金融状况指数编制及应用

3.3.1　测度及检验中国货币政策双重最终目标的混频损失函数

根据第 2 章构建的金融状况指数的混频损失函数（MLF）模型，本书选择季度 GDP 实际同比增长率缺口值（GDP）和月度居民消费价格指数缺口值（CPI）作为产出和通货膨胀的代表变量，组成季、月混频数据，实证测度了中国货币政策双重最终目标的混频损失函数（MLF）。

3.3.1.1 测度中国货币政策双重最终目标的混频损失函数

货币政策最终目标损失函数，也被称为中央银行最终目标损失函数。国内外一些学者对此进行了一些理论研究和实证测度（王晋斌和李南，2013[85]；周德才、李晓璇和李佩琳，2020[86] 等），其中关键的是如何测算产出和通货膨胀的缺口值。

（1）测算中国 GDP 和 INF 的缺口值。

①测算中国产出缺口值（GDP）。产出缺口值（GDP）是实际产出与潜在产出之差，测度潜在产出的方法主要有趋势估计法（如 SP 滤波，BK 滤波、CF 滤波等）、生产函数法，以及动态随机一般均衡法等，本书采纳古德哈特和霍夫曼（2001）[1]、潘敏和缪海斌（2012）[84] 的建议，使用 SP 滤波的方法对中国产出缺口值（GDP）进行测算，与本章的第 3.1 节保持一致。

②测算中国通货膨胀缺口值（INF）。通货膨胀缺口值（INF）是通货膨胀率与通货膨胀目标值之差，其中的通货膨胀目标值测度方法主要有趋势估计法和依据政府机构公布的通货膨胀目标值，本书采用潘敏和缪海斌（2012）[84] 的做法，使用根据政府公布的通货膨胀目标值进行测算，与本章第 3.2 节保持一致。政府公布的通货膨胀目标值具体见本章第 3.2 节的表 3 – 11。

（2）测度中国货币政策双重最终目标的混频损失函数值。

基于在第 2 章新构建的混频损失函数（MLF）模型，本书选择由季度产出缺口（GDP）和月度通货膨胀缺口（INF）组成的季、月混频样本数据，使用混频动态因子模型（MF – DFM）模型，测度了中国货币政策双重最终目标的混频损失函数（MLF），具体结果如图 3 – 11 所示。为了便于比较，本书把季度 GDP 设成一个季度内三个月的值都相同的月度数据。从图 3 – 11 可知，本书测度的中国 MLF 与 GDP 和 INF 走势几乎相同，一般介于 GDP 和 INF 两个折线图的中间。这些都说明了本书测度的中国货币政策双重最终目标 MLF 较好反映了产出和通货膨胀的周期变化的共同成分，是一个合理的货币政策双重最终目标的综合指标，是一个能够有效刻画宏观经济活动周期变化的综合指标。

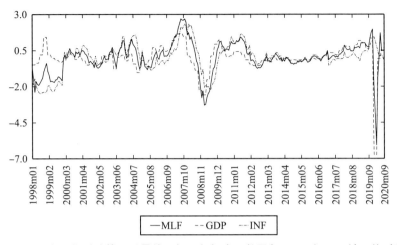

图 3－11　中国货币政策双重最终目标混频损失函数及与 GDP 和 INF 缺口值对比

3.3.1.2　检验中国货币政策双重最终目标的混频损失函数

本书将使用相关分析法和交叉谱法进一步检验中国货币政策双重最终目标的混频损失函数（MLF）与产出缺口（GDP）和通货膨胀缺口（INF）之间的相关性和一致性，以求进一步验证本书构建的 MLF 的优良性质。

（1）相关性分析法检验。

本书使用皮尔逊（Pearson）相关系数法、斯皮尔曼（SPearman）等级相关系数法以及肯德尔（Kendall）秩相关系数法对新构建的中国货币政策双重最终目标的混频损失函数（MLF）与产出缺口值（GDP）和通货膨胀缺口值（INF）之间的相关性进行检验，检验结果具体如表 3－22 所示。从表 3－22 可知，MLF 与 GDP 之间的 Pearson、SPearman 和 Kendall 相关系数都在 1% 的显著水平上显著，分别高达 0.7108、0.6386、0.4810；同时 MLF 与 INF 之间的三个相关系数法也都在 1% 的显著水平上显著，分别高达 0.7203、0.7773、0.6154。这些检验表明本书新构建的 MLF 与 GDP 和 INF 之间存在高度的相关性，再次证明了 MLF 是一个合理有效的中国货币政策双重最终目标的综合指标。

表 3 – 22   MLF 与 GDP 和 INF 的相关性分析检验结果

相关系数		GDP			INF		
		相关系数	统计量	P 值	相关系数	统计量	P 值
MLF	Pearson	0.7108 ***	16.6368	0.0000	0.7203 ***	17.0937	0.0000
	SPearman	0.6386 ***	13.6610	0.0000	0.7773 ***	20.3387	0.0000
	Kendall	0.4810 ***	17793	0.0000	0.6154 ***	22848	0.0000

注：*** 表示在 1% 的显著水平上显著。

（2）交叉谱法检验。

本书使用窗宽为 25 的帕曾窗、重叠度为 0.2 的交叉谱法对中国货币政策双重最终目标的混频损失函数（MLF）与产出缺口值（GDP）和通货膨胀缺口值（INF）之间的一致性进行检验，检验结果具体如表 3 – 23 所示。从表 3 – 23 可知，MLF 与 GDP 之间的一致性在所有频率上的最大值和平均值分别高达 0.945 和 0.650；同时 MLF 与 INF 之间的一致性在所有频率上的最大值和平均值分别高达 0.951 和 0.622。这些检验表明本书新构建的 MLF 与 GDP 和 INF 之间存在高度的一致性，再次证明了 MLF 是一个合理有效的中国货币政策双重最终目标的综合指标。

表 3 – 23   MLF 与 GDP 和 INF 的一致性的交叉谱检验结果

频率	0.000	0.046	0.092	0.139	0.185	0.231	0.277	0.323	0.370	0.416	0.462	0.508	0.554	0.601
期数	273.00	136.50	91.00	68.25	54.60	45.50	39.00	34.13	30.33	27.30	24.82	22.75	21.00	19.50
与 GDP	0.505	0.510	0.526	0.550	0.580	0.614	0.651	0.689	0.729	0.769	0.809	0.848	0.884	0.915
与 INF	0.524	0.527	0.537	0.553	0.572	0.594	0.615	0.635	0.650	0.661	0.666	0.664	0.656	0.643
频率	0.647	0.693	0.739	0.785	0.832	0.878	0.924	0.970	1.016	1.063	1.109	1.155	1.201	1.247
期数	18.20	17.06	16.06	15.17	14.37	13.65	13.00	12.41	11.87	11.38	10.92	10.50	10.11	9.75
与 GDP	0.935	0.944	0.945	0.943	0.940	0.938	0.936	0.934	0.932	0.928	0.922	0.913	0.902	0.887
与 INF	0.626	0.607	0.585	0.560	0.529	0.493	0.453	0.411	0.368	0.327	0.290	0.265	0.260	0.280
频率	1.294	1.340	1.386	1.432	1.478	1.525	1.571	1.617	1.663	1.709	1.756	1.802	1.848	1.894

期数	9.41	9.10	8.81	8.53	8.27	8.03	7.80	7.58	7.38	7.18	7.00	6.83	6.66	6.50
与 GDP	0.869	0.847	0.819	0.785	0.744	0.696	0.643	0.589	0.539	0.502	0.479	0.470	0.470	0.468
与 INF	0.320	0.373	0.429	0.484	0.535	0.580	0.619	0.654	0.687	0.718	0.750	0.783	0.817	0.850
频率	1.940	1.987	2.033	2.079	2.125	2.171	2.218	2.264	2.310	2.356	2.402	2.449	2.495	2.541
期数	6.35	6.20	6.07	5.93	5.81	5.69	5.57	5.46	5.35	5.25	5.15	5.06	4.96	4.88
与 GDP	0.456	0.424	0.370	0.304	0.247	0.219	0.221	0.237	0.255	0.270	0.283	0.296	0.317	0.352
与 INF	0.881	0.908	0.931	0.945	0.951	0.946	0.931	0.905	0.870	0.828	0.783	0.738	0.699	0.667
频率	2.587	2.633	2.680	2.726	2.772	2.818	2.864	2.911	2.957	3.003	3.049	3.095	3.142	平均
期数	4.79	4.71	4.63	4.55	4.48	4.40	4.33	4.27	4.20	4.14	4.07	4.01	3.96	值
与 GDP	0.406	0.475	0.548	0.617	0.674	0.719	0.754	0.782	0.803	0.820	0.832	0.840	0.843	0.650
与 INF	0.644	0.627	0.616	0.609	0.604	0.600	0.596	0.592	0.587	0.583	0.579	0.576	0.575	0.622

3.3.2　基于混频损失函数的中国多机制门限金融状况指数编制

3.3.2.1　样本数据的选取、处理和检验

（1）样本数据的选取和处理。

本书选用 1998 年 1 月～2020 年 9 月的月度数据，一共 273 个样本点，选择了货币供应量（MS）、利率（IR）、汇率（ER）、房价（HP）、股价（SP）、信贷（CD）等 6 个金融变量，与本章第 3.1 节的选择完全一样，这里不赘述。同时选择上文构建的混频损失函数（MLF）作为中国货币政策最终目标的代理变量。

以上指标均需经过季节调整，按照以上步骤得到实际值之后，进行对数化处理，然后使用 SP 滤波方法计算各个金融变量和 MLF 的长期趋势值，本书采用各个金融和经济变量的原始数据减去其 SP 滤波估计出来的趋势值得到缺口值，并将缺口值进一步标准化，最终得出标准值。为了简便起见，使用上述方法处理过的变量，本书仍使用 MLF、MS、IR、ER、SP、HP 和 CD 表示。

（2）样本数据的单位根检验。

在对模型估计之前，首先检验各个序列的平稳性。本书首先采用 ADF 方法进行检验，检验结果具体如表 3 - 24 所示。根据检验结果可知，混频损失函数（MLF）、货币供应量（MS）、利率（IR）、汇率（ER）、房价（HP）、股价（SP）和信贷（CD）等 7 个变量都在 1% 的显著水平拒绝原假设，这说明它们都是平稳时间序列；接着使用 PP 方法进行检验，根据检验结果可知，混频损失函数（MLF）、货币供应量（MS）、利率（IR）、汇率（ER）、房价（HP）、股价（SP）和信贷（CD）等 7 个变量都在 1% 的显著水平拒绝原假设，这也说明它们都是平稳时间序列。因此它们都是平稳时间序列，可以用来建立 MR - TVAR 模型。

表 3 - 24 单位根检验

变量	ADF 检验				PP 检验			
	(c, t, n)	T 统计量	P 值	结论	(c, t)	T 统计量	P 值	结论
MLF	(0, 0, 1)	-4.2582	0.0000	平稳	(0, 0)	-4.3190	0.0000	平稳
MS	(0, 0, 1)	-5.3594	0.0000	平稳	(0, 0)	-4.1753	0.0000	平稳
IR	(0, 0, 1)	-4.1940	0.0000	平稳	(0, 0)	-4.2504	0.0000	平稳
ER	(0, 0, 1)	-4.4169	0.0000	平稳	(0, 0)	-4.6295	0.0000	平稳
HP	(0, 0, 1)	-6.1056	0.0000	平稳	(0, 0)	-4.5537	0.0000	平稳
SP	(0, 0, 1)	-5.4862	0.0000	平稳	(0, 0)	-4.2193	0.0000	平稳
CD	(0, 0, 1)	-5.2519	0.0000	平稳	(0, 0)	-3.1752	0.0016	平稳

3.3.2.2 MR - TVAR 模型的检验、估计和分析

（1）MR - TVAR 模型最优滞后阶数的确定。

标准 FCI 一般基于 VAR 模型中的 Lag Order Selection Criteria 来检验滞后阶数，但本书基于混频损失函数的中国 MR - TFCI 可能存在多机制，需要使用 MR - TVAR 模型检验最优滞后阶数。检验结果如表 3 - 25

所示,按照 AIC 标准 MR – TVAR 模型最优滞后阶数是 7 阶,按照 SC 标准 MR – TVAR 模型最优滞后阶数是 1 阶。本书以 AIC 信息准则为准,将 MR – TVAR 模型滞后阶数确定为 7。

表 3 – 25　　　　　基于 MR – TVAR 模型的滞后阶数检验

Lag	1	2	3	4	5	6	7	8
AIC	6. 35	6. 15	5. 88	5. 71	5. 79	5. 84	5. 61 *	5. 66
SC	7. 09 *	7. 55	7. 93	8. 43	9. 17	9. 88	10. 32	11. 05

(2) 门限存在性和机制数检验。

①门限存在性检验。为了确认本书研究的样本数据是否存在门限效应,需要进行门限效应检测,前人研究大多基于 2 机制门限模型进行门限效应检验,但实际上机制数是不确定的。在机制数未确定的情形下,本书则依据前文式 (8)、式 (10)、式 (12) 对模型的 2 机制、3 机制、4 机制分别进行检验。检验结果如表 3 – 26 所示,从中可以看出,当模型是 2 机制时,Bootstrap 法的 P 值为 0.000,说明在 2 机制下,在 1% 的显著性水平下,门限效应非常显著;同样,在 3 机制与 4 机制下,Bootstrap 法的 P 值分别为 0.003、0.001,也在 1% 的显著性水平下,门限效应也同样显著。由于 2 机制、3 机制、4 机制的门限效应都很显著,这就意味着存在门限效应,需要使用非线性的门限向量自回归模型 (TVAR) 进行估计。

表 3 – 26　　　　　基于自举 (Bootstrap) 法的门限效应检验

	自举抽样的 P 值	1%	5%	10%
2 机制 (1 门限)	0. 0000	– 389. 4067	– 401. 1923	– 405. 1228
3 机制 (2 门限)	0. 0000	– 19. 0348	– 49. 2321	– 62. 8960
4 机制 (3 门限)	0. 0000	– 119. 3493	– 131. 1439	– 140. 8990

注:1%、5% 和 10% 分别表示自举抽样结果的 99%、95% 和 90% 分位数值。

②机制数检验。以上检验虽然确定了用门限向量自回归模型（TVAR）进行估计，但机制个数还没有确定，从表3-26的结果来看，2R-TVAR、3R-TVAR、4R-TVAR模型都有可能，因此需要基于Bootstrap法构造一系列的似然比统计量来检验这些不同机制的模型，以检验哪个机制数最优。依据前文式（13）、式（14）、式（15）对模型的不同机制数进行检验，结果如表3-27所示，其中似然比统计量LR和P值，是将数据通过Bootstrap法1000次抽样，模拟出来的结果。2机制与3机制，P值为0.000，在1%的水平下是显著的，表明3机制模型优于2机制模型；2机制与4机制，P值为0.000，在1%的水平下是显著的，说明4机制模型优于2机制模型；因此，模型机制数是3机制和4机制中的一个，再对3机制和4机制进行似然比检验，3机制与4机制，P值为0.000，在1%的水平下是显著的，表明4机制模型优于3机制模型，故本书最终选定4机制的门限模型，即4R-TVAR模型。

表3-27　　　　　　　基于Bootstrap法的机制数检验

2机制 VS 3机制		2机制 VS 4机制		3机制 VS 4机制	
LR23	P值	LR24	P值	LR34	P值
114.85	0.0000	144.82	0.0000	77.24	0.0000

（3）4R-TVAR模型的门限变量的检验。

现有文献在选择门限变量时，多以VAR模型实证分析中主要研究变量的单方程检验结果，作为对整个方程组检验的结果，然而单方程检验可能与全部方程检验结果有出入，因此把单方程检验结果作为TVAR模型全部方程检验结果有时候会产生错误。本书根据前文式（2.19）进行门限变量检验，结果如表3-28所示（表中只列出全部方程的检验结果，单个方程略，如需请邮索）。如表3-28所示可知，当以滞后3阶的混频损失函数（MLF（-3））作为门限变量时，整个TVAR模型估计残差的方差协方差的矩阵值最小，并在1%的显著性水平下拒绝线性原假设，同时，在各单方程中 1% 显著性水平下，其效果也都较好。因此，本书选择 MLF （ - 3 ）作为 4R - TVAR 模型的门限变量。

表 3 - 28　　　　　基于 4R - TVAR 模型的门限变量检验结果

门限变量	滞后阶数	行列式值	滞后阶数	行列式值	滞后阶数	行列式值	滞后阶数	行列式值
MLF	（ - 1 ）	2.85E - 07	（ - 2 ）	2.11E - 07	（ - 3 ）	4.63E - 08	（ - 4 ）	1.58E - 07
MS	（ - 1 ）	2.80E - 07	（ - 2 ）	1.07E - 07	（ - 3 ）	8.92E - 08	（ - 4 ）	9.25E - 08
IR	（ - 1 ）	1.82E - 07	（ - 2 ）	1.05E - 07	（ - 3 ）	1.56E - 07	（ - 4 ）	1.46E - 07
ER	（ - 1 ）	1.53E - 07	（ - 2 ）	1.17E - 07	（ - 3 ）	1.35E - 07	（ - 4 ）	1.16E - 07
HP	（ - 1 ）	1.44E - 07	（ - 2 ）	1.76E - 07	（ - 3 ）	1.78E - 07	（ - 4 ）	1.31E - 07
SP	（ - 1 ）	1.11E - 07	（ - 2 ）	1.93E - 07	（ - 3 ）	1.51E - 07	（ - 4 ）	1.99E - 07
CD	（ - 1 ）	1.32E - 07	（ - 2 ）	1.80E - 07	（ - 3 ）	1.19E - 07	（ - 4 ）	1.98E - 07
MLF	（ - 5 ）	1.19E - 07	（ - 6 ）	2.68E - 07	（ - 7 ）	2.02E - 07		
MS	（ - 5 ）	1.40E - 07	（ - 6 ）	1.78E - 07	（ - 7 ）	2.05E - 07		
IR	（ - 5 ）	2.30E - 07	（ - 6 ）	1.71E - 07	（ - 7 ）	2.10E - 07		
ER	（ - 5 ）	2.06E - 07	（ - 6 ）	1.82E - 07	（ - 7 ）	2.39E - 07		
HP	（ - 5 ）	1.85E - 07	（ - 6 ）	2.51E - 07	（ - 7 ）	2.02E - 07		
SP	（ - 5 ）	2.05E - 07	（ - 6 ）	2.54E - 07	（ - 7 ）	1.96E - 07		
CD	（ - 5 ）	1.68E - 07	（ - 6 ）	2.85E - 07	（ - 7 ）	2.34E - 07		

（4）4R - TVAR 模型门限值估计和机制划分。

①基于 4R - TVAR 模型的门限值及其置信区间估计。本书参照前文式（2.20）、式（2.21）、式（2.22）、式（2.25）对基于 4R - TVAR 模型的门限值及其 95% 置信区间进行估计，结果如图 3 - 12 和表 3 - 29 所示。3 个门限估计值分别为 - 0.7344、- 0.2184 和 0.4007。图 3 - 12 的第（a）、（b）、（c）子图是门限值的置信区间估计的详细构造图，图中虚线是 95% 的置信区间线，其判断标准值为 7.36。如图 3 - 12 所示，

似然比统计量 LR 与 95% 的置信区间线相交于一个或几个点，对位于线以下的点对应的门限变量样本值进行排序，找到其中最大值和最小值，并以此构造门限估计值的置信区间。

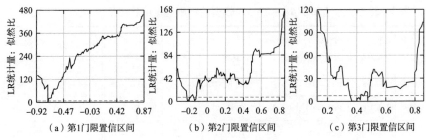

（a）第1门限置信区间　（b）第2门限置信区间　（c）第3门限置信区间

图 3–12　各门限的置信区间

②基于 4R–TVAR 模型的机制划分。以前文估计所得的 3 个门限估计值为界限，可将样本数据分为 4 种机制，其对应的范围和意义如表 3–29 所示。从表中可知，第 1、2、3 和 4 机制的样本范围分别为 [–3.5057，–0.7344]、(–0.7344，–0.2184)、(–0.2184，0.4007] 和 (0.4007，3.0012]；样本范围表明第 1、2、3 和 4 机制分别表征了中国货币政策的扩张机制期、适度扩张机制期、适度紧缩机制期和紧缩机制期；第 1、2、3 和 4 机制的样本数分别为 52、50、76 和 88，相应占比分别为 19.55%、18.80%、28.57% 和 33.08%，其中：用第 2 和第 3 机制期相加得到的稳健货币政策期占比 47.37%，比较符合中国以实施稳健货币政策为主的实际情况。

表 3–29　　基于 4R–TVAR 模型的各机制划分和意义表征

	样本数	样本占比（%）	样本范围	货币政策表征
第 1 机制	52	19.55	[–3.5057，–0.7344]	扩张机制期
第 2 机制	50	18.80	(–0.7344，–0.2184]	适度扩张机制期
第 3 机制	76	28.57	(–0.2184，0.4007]	适度紧缩机制期
第 4 机制	88	33.08	(0.4007，3.0012]	紧缩机制期

（5）4R – TVAR 模型系数估计。

选择经过前文处理的 1998 年 1 月 ~ 2020 年 9 月的样本数据，基于式（2.29）的 4R – TVAR 模型的参数进行了估计（受篇幅限制，估计结果未列出，如需请邮索）。从估计结果可知，在第 1、2、3 和 4 种机制下，4R – TVAR 模型系数估计值大多数在 1%、5% 和 10% 的显著水平上显著，说明模型拟合较合理；同时，在 MLF 方程中，在每种机制下，各个金融变量都对 MLF 具有显著影响，这说明应用 4R – TVAR 模型编制基于混频损失函数的中国 MR – TFCI 的合理性。

3.3.2.3　应用 4R – TVAR 模型编制基于混频损失函数的中国多机制门限金融状况指数

（1）混频损失函数在第 1 ~ 4 机制下对各金融变量的广义脉冲响应函数分析。本书选择第 1 ~ 4 机制的样本数据，计算 40 期 MLF 对各金融变量的单位信息冲击的广义脉冲响应函数值，结果详见图 3 – 13。从中本书得出以下结论：第一，中国货币政策对宏观经济活动（包含经济

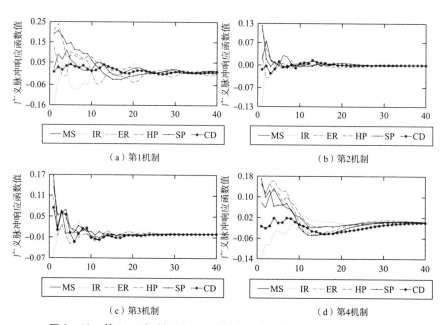

图 3 – 13　第 1 ~ 4 机制下 MLF 对各金融变量的广义脉冲响应函数值

增长和通货膨胀）的传导机制具有门限特征。在同一机制下，各个金融变量的广义脉冲响应函数值各不相同，且在不同机制下，同一个金融变量的广义脉冲响应函数值依然各不相同。第二，中国货币政策对宏观经济活动影响期限主要发生在中短期。如图 3 - 13 所示可知，在 1 ~ 4 种机制中，MLF 在第 1 ~ 4 机制下对金融变量的广义脉冲响应函数值都在第 25 期左右开始趋近 0，因此，中国货币政策对宏观经济活动的影响时限主要在中短期。

（2）基于混频损失函数的中国 MR - TFCI 第 1 ~ 4 机制的权重测算。

本书选择第 1 ~ 4 机制下不同期数的广义脉冲响应函数值（从 1 ~ 1 期到 1 ~ 40 期），构建基于混频损失函数的中国多机制门限金融状况指数（MR - TFCI），并进行排列组合试验，发现第 1 机制选择 1 ~ 3 期、第 2 机制选择 1 ~ 1 期、第 3 机制选择 1 ~ 1 期和第 4 机制选择 1 ~ 28 期的广义脉冲响应函数值构建的基于混频损失函数的中国 MR - TFCI 与混频损失函数（MLF）的相关性最好。将经过上述试验得到的最优的广义脉冲响应函数值代入式（2.37），计算得到基于混频损失函数的中国 MR - TFCI 第 1 ~ 4 机制的权重系数，具体结果如图 3 - 14 所示。

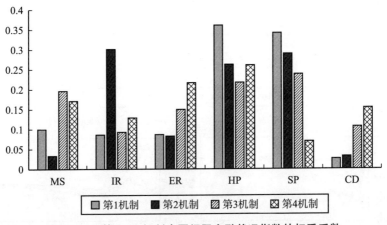

图 3 - 14　第 1 ~ 4 机制中国门限金融状况指数的权重系数

本书分机制对 MR - TCI 权重系数的绝对值依照降序排列，结果如下：①基于混频损失函数的中国 MR - TFCI 第 1 机制的权重系数排序结果为 HP（0.3604）> SP（0.3413）> MS（0.0999）> IR（0.0858）> ER（0.0869）> CD（0.0258），这说明在扩张机制期中国货币政策对宏观经济活动更有效的传导渠道是房价、股价，货币供应量、利率、汇率和信贷则作用相对有限；②类似地，第2机制的权重系数为 IR（0.3008）> SP（0.2892）> HP（0.2623）> ER（0.0829）> MS（0.0331）> CD（0.0317），这说明在适度扩张机制期中国货币政策对宏观经济活动更有效的传导渠道是利率、股价和房价，汇率、货币供应量和信贷则作用相对有限；③第3机制的权重系数为 SP（0.2383）> HP（0.2168）> MS（0.1960）> ER（0.1495）> CD（0.1064）> IR（0.0929），这说明在适度紧缩机制期中国货币政策对宏观经济活动更有效的传导渠道是股价、房价和货币供应量，汇率、信贷和利率则作用相对有限；④第4机制的权重系数为 HP（0.2607）> ER（0.2162）> MS（0.1708）> CD（0.1537）> IR（0.1287）> SP（0.0698），这说明在紧缩机制期中国货币政策对宏观经济活动更有效的传导渠道是房价、汇率和货币供应量，信贷、利率和股价则作用相对有限。

同时，本书分金融变量对基于混频损失函数的中国 MR - TFCI 权重系数绝对值在各机制下进行排位比较，结果如下：①基于混频损失函数的中国 MR - TFCI 构成变量货币供应量（MS）在各机制下的权重系数排序结果为：第3、4机制下排名均排位第三，第1、2机制下排位靠后；②利率（IR）在第2机制下排名第一，在其他机制下排名靠后；③汇率（ER）在第4机制下排名第二，其他机制下排位靠后；④房价（HP）在第1、4机制下排位第一，在第3机制下排名第二，在第2机制下排位第三；⑤股价（SP）在第3机制下排第一，在第1、2机制下排位第二，第4机制下排位第六。⑥信贷（CD）在第4机制下排名第四，在其他机制下排名靠后。

基于图3－14的基于混频损失函数的中国 MR - TFCI 第1~4机制的权重系数分析，本书得出以下结论：第一，基于混频损失函数的中国 MR - TFCI 的各金融变量权重系数具有门限特征。这表现在同一机制下，各金融变量在指数中的权重各不相同；在不同机制下，同一金融变量在指数中权重存在很大的差异。第二，中国货币政策调控宏观经济活动的有效传导渠道具有门限特征。在经济收缩期（对应货币政策扩张机制期），中国货币政策调控宏观经济活动的主要有效的传导渠道是房价、股价；在经济衰退期（对应货币政策适度扩张机制期），主要有效的传导渠道是利率、股价和房价；在经济复苏期（对应货币政策适度紧缩机制期），主要有效的传导渠道是股价、房价和货币供应量；在经济繁荣期（对应货币政策紧缩机制期），主要有效的传导渠道是房价、汇率和货币供应量。第三，中国货币政策调控宏观经济活动的方式类型是价格和数量结合型的。这表现为在第 3、4 机制下，数量货币政策效果占比分别高达 30.24%、32.45%，充分说明货币政策是价格型和数量型相结合的。第四，资产价格传导渠道在中国货币政策调控宏观经济活动中发挥着重要作用。在基于混频损失函数的中国 MR – TFCI 中，资产价格（包括房价和股价）在第 1~4 机制下所占权重分别为 70.16%、55.15%、45.51% 和 33.05%，权重占比很高，也表明了在金融状况指数中加入房价和股价等资产价格的必要性。

（3）基于混频损失函数的中国 MR – TFCI 实证测度。

首先，将上面得到的中国第 1~4 机制的中国门限金融状况指数的权重系数，代入式（3.37）可以分别得到第 1、2、3 和 4 机制下的中国门限金融状况指数 MF – FCI1、MR – FCI2、MR – FCI3 和 MR – FCI4，具体如图 3–15 所示（其中横轴是 1998 年 8 月 ~2020 年 9 月）；其次，把上述第 1~4 机制门限金融状况指数加总，可得总的基于混频损失函数的中国多机制门限金融状况指数（MR – TFCI）。为了避免赘述，本书在下一节用图形来表示基于混频损失函数的中国 MR – TFCI。

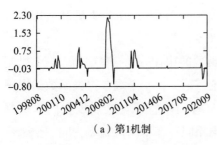

（a）第1机制

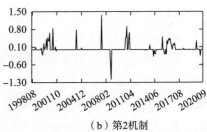

（b）第2机制

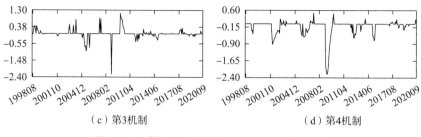

（c）第3机制　　　　　　　　　（d）第4机制

图 3 - 15　第 1 ~ 4 机制中国门限金融状况指数

3.3.3　基于混频损失函数的中国多机制门限金融状况指数应用

3.3.3.1　基于混频损失函数的中国 MR – TFCI 与 MLF 相关性实证分析

（1）基于混频损失函数的中国 MR – TFCI、2R – TFCI、1R – FCI 与 MLF 图形相关性分析。

本书把前文构建的月度的基于混频损失函数的多机制、2 机制和 1 机制的中国金融状况指数（即 MR – TFCI、2R – TFCI、1R – FCI）以及混频损失函数（MLF）都画成折线图，具体如图 3 – 16 所示。从图 3 – 16 可知，基于混频损失函数的中国 MR – TFCI、2R – TFCI、1R – FCI 与 MLF 的整体运行轨迹大致相同，MRTFCI、2R – TFCI 和 1R – FCI 领先 MLF，对 MLF 的走势具有先导作用。从图中几个峰顶和峰谷来看，基于混频损失函数的中国 MR – TFCI、2R – TFCI、1R – FCI 都主要领先 MLF 约 0 ~ 3 个月，但部分日期 MR – TFCI 比 2R – TFCI 和 1R – FCI 多领先约 1 ~ 3 个月。基于混频损失函数的中国 MR – TFCI、2R – TFCI 和 1R – FCI 分别在 2008 年 11 月、2019 年 1、2 月下降到拐点，而 MLF 在 2009 年 2 月才下降到拐点，MR – TFCI、2R – TFCI 和 1R – FCI 分别比 MLF 领先 3 个月、1 个月、0 个月，MR – TFCI 分别比 2R – TFCI 和 1R – FCI 多领先 2 个月和 3 个月；基于混频损失函数的中国 MR – TFCI、2R – TFCI 和 1R – FCI 都在 2010 年 1 月上升到局部最高点，MLF 则在 2010

年 2 月才上升到局部最高点，都比 MLF 领先 1 个月。总之，基于混频损失函数的中国 MR – TFCI 对 MLF 具有一定的领先关系，领先 MLF 约 0 ~ 3 个月，并在领先性上优于 2R – TFCI，略优于 1R – FCI。

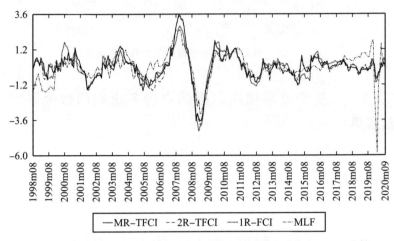

图 3 – 16　各个机制的中国金融状况指数实证测度结果和 MLF 比较

（2）基于混频损失函数的中国 MR – TFCI、2R – TFCI、1R – FCI 与 MLF 的跨期相关性检验。由上文分析可知，基于混频损失函数的中国 MR – TFCI、2R – TFCI、1R – FCI 领先 MLF 约 0 ~ 3 个月，因此接下来在提前 0 ~ 3 期上对基于混频损失函数的中国 MR – TFCI、2R – TFCI 和 1R – FCI 与 MLF 进行跨期相关性检验，以判断 MR – TFCI 对 MLF 是否有领先作用，并比较 MR – TFCI、2R – TFCI 和 1R – FCI 的优劣，具体结果如表 3 – 30 所示。从表 3 – 30 可以得出以下结论：

首先，从最大跨期相关系数来看，基于混频损失函数的中国 MR – TFCI、2R – TFCI 和 1R – FCI 都在 0 期达到最大值 0. 6950、0. 6923 和 0. 6874，MR – TFCI 分别比 2R – TFCI 和 1R – FCI 高出 0. 0027 和 0. 0076，因此在相关系数最大值上基于混频损失函数的中国 MR – TFCI 都优于 2R – TFCI 和 1R – FCI，并较好地适用于对短期宏观经济活动进行相关预测。

表 3 – 30　　　　基于混频损失函数的中国 MR – TFCI 等与 MLF 跨期相关系数

提前期数	0	1	2	3	平均
MR – TFCI	0.6950	0.6640	0.5967	0.5386	0.6236
2R – TFCI	0.6923	0.6627	0.5976	0.5305	0.6208
1R – FCI	0.6874	0.6758	0.6256	0.5636	0.6381

其次，从 0 ~ 3 个月的跨期相关系数的平均数来看，基于混频损失函数的中国 MR – TFCI、2R – TFCI 和 1R – FCI 分别为 0.6236、0.6208 和 0.6381，MR – TFCI 分别比 2R – TFCI、1R – FCI 高出 0.0028、– 0.0145，这说明在跨期相关系数平均数上基于混频损失函数的中国 MR – TFCI 优于 2R – TFCI，但劣于 1R – FCI，并适应于对短期宏观经济活动进行相关预测。

最后，在与混频损失函数（MLF）的相关性上，本书构建的基于混频损失函数的中国多机制门限金融状况指数明显优于中国两机制门限金融状况指数，略优于中国传统 FCI，并适应于对宏观经济活动的短期预测。

3.3.3.2　基于混频损失函数的中国 MR – TFCI 与 MLF 的格兰杰因果关系分析

从上述相关性研究可知，基于混频损失函数的中国 MR – TFCI 与 MLF 相比，大致领先其 0 ~ 3 个月，但中国 MR – TFCI 与 MLF 之间是否具有因果关系，尚不知晓，因此需要进行格兰杰因果关系检验，同时检验中国 2R – TFCI、1R – FCI 与 MLF 之间的格兰杰因果关系，以判断中国 MR – TFCI 是否比它们在与 MLF 的因果性上更优。

本书使用格兰杰因果关系检验法对基于混频损失函数的中国 MR – TFCI 与 MLF 的格兰杰因果关系进行检验，并同时分别检验中国 2R – TFCI、1R – FCI 与 MLF 的非线性格兰杰因果关系，检验结果如表 3 – 31 所示。考虑到滞后 1 ~ 8 阶的基于混频损失函数的中国 MR – TFCI 都是 MLF 的格兰杰原因，本书把滞后阶数从相关性分析中得到的 3 阶扩大到了 8 阶。

从表 3 – 31 可知，对原假设为基于混频损失函数的中国 MR – TFCI 不是中国 MLF 格兰杰原因的假设检验中，中国 MR – TFCI 所有滞后阶数都在 1% 的显著水平上拒绝原假设，说明中国 MR – TFCI 所有滞后阶都是中国 MLF 的格兰杰原因；对原假设为基于混频损失函数的中国 2R – TFCI 不是中国 MLF 格兰杰原因的假设检验中，中国 2R – TFCI 所有滞后阶数都在 1% 的显著水平上拒绝原假设，说明中国 2R – TFCI 所有滞后阶都是中国 MLF 的格兰杰原因；对原假设为基于混频损失函数的中国 1R – FCI 不是中国 MLF 格兰杰原因的假设检验中，中国 1R – FCI 所有滞后阶数都在 1% 的显著水平上拒绝原假设，说明中国 1R – FCI 所有滞后阶都是中国 MLF 的格兰杰原因。

表 3 – 31　　基于 MLF 的中国 MR – TFCI 等与 MLF 的因果关系检验

原假设	提前期	1		2		3		4	
	指数	F	P	F	P	F	P	F	P
FCI 不是 MLF 原因	MR – TCI	8. 1855	0. 0046	8. 5742	0. 0002	7. 5952	0. 0001	6. 2199	0. 0001
	2R – TFCI	8. 3854	0. 0041	9. 8405	0. 0001	7. 5603	0. 0001	6. 3835	0. 0001
	FCI	14. 0273	0. 0002	13. 1510	0. 0000	9. 3657	0. 0000	8. 3401	0. 0000
MLF 不是 FCI 原因	MR – TCI	3. 4590	0. 0640	5. 0351	0. 0072	3. 1707	0. 0249	2. 8726	0. 0236
	2R – TFCI	0. 9003	0. 3436	2. 5745	0. 0781	0. 9312	0. 4262	0. 9723	0. 4232
	FCI	0. 6541	0. 4194	4. 3195	0. 0143	2. 5658	0. 0551	1. 9591	0. 1013
原假设	提前期	5		6		7		8	
	指数	F	P	F	P	F	P	F	P
FCI 不是 MLF 原因	MR – TCI	4. 3797	0. 0008	3. 6237	0. 0018	3. 7709	0. 0007	3. 5169	0. 0007
	2R – TFCI	4. 1034	0. 0013	3. 2852	0. 0040	4. 5405	0. 0001	4. 3865	0. 0001
	FCI	5. 8046	0. 0000	4. 5380	0. 0002	4. 6374	0. 0001	3. 8335	0. 0003
MLF 不是 FCI 原因	MR – TCI	4. 0131	0. 0016	3. 2178	0. 0046	2. 8390	0. 0073	2. 2982	0. 0217
	2R – TFCI	1. 2178	0. 3012	0. 9788	0. 4401	0. 8442	0. 5517	0. 6470	0. 7377
	FCI	3. 1918	0. 0082	2. 9136	0. 0092	2. 4932	0. 0172	2. 1978	0. 0283

注：F 是 F 统计量、P 是对应的概率值。

同时，由表 3 – 31 可知，在对原假设为中国 MLF 不是基于混频损失函数的中国 MR – TFCI 格兰杰原因的假设检验中，中国 MLF 滞后 2、

5、6、7 阶在 1% 的显著水平上拒绝原假设，滞后 3、4、8 阶在 5% 的显著水平上拒绝原假设，滞后 1 阶在 10% 的显著水平上拒绝原假设，说明中国 MLF 全部滞后阶数都是中国 MR – TFCI 的格兰杰原因；在对原假设为中国 MLF 不是基于混频损失函数的中国 2R – TFCI 格兰杰原因的假设检验中，中国 MLF 滞后 2 阶在 10% 的显著水平上拒绝原假设，滞后 1、3、8 阶不能拒绝原假设，说明只有中国 MLF 滞后 2 阶是中国 2R – TFCI 的格兰杰原因，其他滞后阶数都不是；在对原假设为中国 MLF 不是基于混频损失函数的中国 1R – FCI 格兰杰原因的假设检验中，中国 MLF 滞后 5 ~ 6 阶在 1% 的显著水平上拒绝原假设，滞后 2、7 ~ 8 阶则在 5% 的显著水平上拒绝原假设，滞后 3 阶则在 10% 的显著水平上拒绝原假设，而滞后 1、4 阶则不能拒绝原假设，说明中国 MLF 滞后 2 ~ 3、5 ~ 8 阶都是中国 1R – FCI，其他滞后阶数则都不是。

总之，基于混频损失函数的中国多机制门限金融状况指数与中国混频损失函数之间存在显著的双向的格兰杰因果关系，并在因果性上明显优于 2 机制门限金融状况指数（中国 2R – TFCI）和 1 机制线性金融状况指数（中国 1R – FCI）。

3.3.3.3　基于混频损失函数的中国 MR – TFCI 对 MLF 的预测能力检验

本书采用循环式方程对 MLF 进行预测，其公式如式（3.3）所示。

$$MLF_t = \alpha + \beta MR - TFCI_{t-k} + \mu_t \qquad (3.3)$$

其中，$MR – TFCI_{t-k}$ 表示提前 k 期的基于混频损失函数的中国 MR – TFCI，k 取 0，1，2，…，8，如表 3 – 32 所示。表 3 – 32 测算了系数、P 值、R^2、AIC、SC、RMSE、MAE 等 7 个指标。

首先，从最大拟合优度（R^2）来看，基于混频损失函数的中国 MR – TFCI、2R – TFCI 和 1R – FCI 都在第 0 期达到最大值 0.4826、0.4746、0.4711，也就是说 MLF 的 48.26%、47.46% 和 47.11% 的波动可以由中国 MR – TFCI、2R – TFCI 和 1R – FCI 解释，基于混频损失函数的中国 MR – TFCI 分别比 2R – TFCI 和 1R – FCI 高出 0.80%、1.15%，这说明在最大拟合优度上基于混频损失函数的中国 MR – TFCI 优于 2R – TFCI

和 1R – FCI。

其次，从提前 0~8 期的平均拟合优度（R^2）来看，基于混频损失函数的中国 MR – TFCI、2R – TFCI 和 1R – FCI 分别为 0.2387、0.2283 和 0.2578，这说明在短期的平均预测能力上基于混频损失函数的中国 MR – TFCI 明显优于 2R – TFCI，但劣于 1R – FCI。

最后，从 P 值指标来看，基于混频损失函数的中国 MR – TFCI 对 MLF 的预测显著性，明显优于 2R – TFCI，略劣于 1R – FCI。这些都说明基于混频损失函数的中国 MR – TFCI 对 MLF 的短期预测能力优于 2R – TFCI，与 1R – FCI 不相上下。虽然它们总体上解释力度都较低，是因为没有加入除 FCI 的其他重要影响变量，但由于本书的目的不在此，因此并不做相关研究。总之，在对中国货币政策最终目标混频损失函数的短期预测能力上，本书构建的基于混频损失函数的中国 MR – TFCI 明显优于 2R – TFCI，且不劣于 1R – FCI。

表 3 – 32　　基于 MLF 的中国 MR – TFCI 等对 MLF 的预测能力检验

指数	期数	0	1	2	3	4	5	6	7	8	均值
MR – TFCI	系数	1.1834	1.1312	1.0174	0.9187	0.8070	0.7033	0.5589	0.3999	0.2066	0.7696
	P 值	0.0000	0.0000	0.0000	0.0000	0.0000	0.0000	0.0000	0.0001	0.0473	0.0053
	R^2	0.4826	0.4443	0.3610	0.2945	0.2266	0.1711	0.1065	0.0520	0.0094	0.2387
	AIC	2.2786	2.3446	2.4807	2.5799	2.6738	2.7462	2.8215	2.8787	2.9158	2.6355
	SC	2.2921	2.3581	2.4943	2.5935	2.6874	2.7599	2.8352	2.8924	2.9296	2.6492
	RMSE	0.7532	0.7785	0.8333	0.8757	0.9177	0.9515	0.9880	1.0167	1.0357	0.9056
	MAE	0.5115	0.5215	0.5580	0.5918	0.6234	0.6497	0.6691	0.6862	0.6967	0.6120
2R – TFCI	系数	1.1222	1.0740	0.9678	0.8588	0.7456	0.6352	0.5053	0.3458	0.1541	0.7121
	P 值	0.0000	0.0000	0.0000	0.0000	0.0000	0.0000	0.0000	0.0005	0.1221	0.0136
	R^2	0.4746	0.4381	0.3574	0.2814	0.2114	0.1523	0.0948	0.0417	0.0034	0.2283
	AIC	2.2939	2.3558	2.4863	2.5983	2.6932	2.7686	2.8344	2.8895	2.9219	2.6491
	SC	2.3074	2.3693	2.4999	2.6119	2.7068	2.7822	2.8481	2.9033	2.9356	2.6627
	RMSE	0.7590	0.7828	0.8356	0.8838	0.9267	0.9622	0.9944	1.0222	1.0389	0.9117
	MAE	0.5197	0.5332	0.5674	0.6030	0.6366	0.6628	0.6850	0.6954	0.7026	0.6228

指数	期数	0	1	2	3	4	5	6	7	8	均值
1R – TFCI	系数	1.3273	1.3057	1.2103	1.0905	0.9694	0.8414	0.6952	0.5295	0.3452	0.9238
	P 值	0.0000	0.0000	0.0000	0.0000	0.0000	0.0000	0.0000	0.0000	0.0034	0.0004
	R^2	0.4711	0.4592	0.3961	0.3217	0.2537	0.1901	0.1285	0.0723	0.0271	0.2578
	AIC	2.3006	2.3174	2.4242	2.5405	2.6380	2.7229	2.7965	2.8571	2.8978	2.6106
	SC	2.3141	2.3309	2.4377	2.5541	2.6516	2.7366	2.8102	2.8708	2.9116	2.6242
	RMSE	0.7616	0.7680	0.8101	0.8586	0.9014	0.9405	0.9758	1.0057	1.0264	0.8942
	MAE	0.5395	0.5300	0.5478	0.5852	0.6242	0.6500	0.6672	0.6825	0.6889	0.6128

3.3.4　简要结论及政策建议

（1）简要结论。

本书选取货币供应量、利率、汇率、房价、股价、信贷 6 个金融变量 1998 年 1 月~2020 年 9 月的月度数据，通过拓展构建了多机制门限向量自回归（MR – TVAR）模型和 MR – TFCI 的多机制门限编制公式，基于构建的模型和公式，实证编制了基于混频损失函数（MLF）的中国多机制门限金融状况指数（MR – TFCI），并实证检验了其对 MLF 的领先性、相关性、因果性和预测能力，并同时与 2 机制门限 FCI（2R – TFCI）和 1 机制线性 FCI（1R – FCI）进行了比较，得出以下结论。

第一，本书构建并估计的混频损失函数较好地刻画了产出和通货膨胀的共同成分，是一个合理的货币政策双重最终目标综合指标。本书构建的混频损失函数不仅与产出和通货膨胀有着基本相同的走势，而且它们之间的一致性和相关性也非常高，因此它不仅是一个合理的宏观经济活动周期变化综合指标，而且是一个良好的货币政策双重最终目标综合指标。

第二，相对于 2R – TFCI 和 1R – FCI 而言，本书编制的基于混频损失函数的中国多机制门限金融状况指数是宏观经济活动的一个更优的领先指标、相关性指标、因果性指标和短期预测指标。通过实证检验发现，本书构建的基于混频损失函数的中国 MR – TFCI 无论在对（或与）

MLF 的领先性、相关性、因果性还是短期预测能力上，都明显优于 2R－TFCI 和 1R－FCI。

第三，中国货币政策调控宏观经济活动的传导渠道及效应具有门限特征。本书选择货币供应量、利率、汇率、房价、股价和信贷作为基于混频损失函数的中国 MR－TFCI 的构成金融变量，并表征货币政策调控宏观经济活动的传导渠道，通过实证分析发现在同一机制下 6 个金融变量在基于混频损失函数的中国 MR－TFCI 中的权重各不相同；在不同机制下，同一金融变量在基于混频损失函数的中国 MR－TFCI 中权重存在很大的差异，这说明中国货币政策调控宏观经济活动的传导渠道具有门限特征。具体来说，在经济收缩期，中国货币政策调控宏观经济活动的主要有效的传导渠道是房价、股价；在经济衰退期，主要有效的传导渠道是利率、股价和房价；在经济复苏期，主要有效的传导渠道是股价、房价和货币供应量；在经济繁荣期，主要有效的传导渠道是房价、汇率和货币供应量。总之，各个期间的中国货币政策效应变化很大，存在门限特征。

第四，中国货币政策调控宏观经济活动的方式类型是价格和数量结合型的，且资产价格发挥着重要作用。首先，这表现为在第 3、4 机制下，数量货币政策效果占比分别高达 30.24%、32.45%，充分说明货币政策是价格型和数量型相结合的；其次，在基于混频损失函数的中国 MR－TFCI 中，资产价格（包括房价和股价）在第 1～4 机制下所占权重分别为 70.16%、55.15%、45.51% 和 33.05%，所占权重比值很高，也表明了在金融状况指数中加入房价和股价等资产价格的必要性。

（2）政策建议。

为了更好地发挥本书编制的基于混频损失函数的中国多机制门限金融状况指数对宏观经济活动的监测和预测作用，本书提出以下三点建议：

第一，定期编制并公布基于混频损失函数的中国多机制门限金融状况指数。相对于线性 FCI 而言，非线性 FCI 可根据金融变量所处的机制不同，赋予其不同的权重，从而对宏观经济活动具有更高的解释力度，且多机制门限 FCI 又比 2 机制门限 FCI 可以进一步优化提高。中国政府相关部门和一些金融机构应对基于混频损失函数的中国多机制门限金融状况指数进行跟踪测算，并且对外进行定期公布，真实透明地反映中国货币政策的松紧程度，成为中国宏观经济活动监测的重要参考指标，同时还对中国未来的宏观经济活动趋势进行了非线性预测。

第二，建议中国金融监管部门分机制将资产价格纳入货币政策目标中。研究结果表明，资产价格（包括房价和股价）在基于混频损失函数的中国 MR – TFCI 的构建中占有较大权重，同时随着房地产和股票市场的发展，以股价和房价为代表的中国货币政策的资产价格传导机制通过托宾 Q 效应、财富效应和资产负债表效应等传导渠道对实体经济产生的影响逐渐增强，因此有必要将多种金融状况机制下的资产价格纳入货币政策调控目标。为了保证充分发挥资产价格传导机制作用，促进金融市场全面改革开放的同时，还应对不合理的资产价格进行有效调控，建立预警指标。对于目前爆发了一些风险的房地产市场，制定合理的调控政策、增加经济适用房和廉价房的供给；对于波动较大的股票市场，建立健全相关规章，增强对投资者的知识与风险教育。

第三，根据金融经济所处机制的不同，选择不同的货币政策工具组合调控宏观经济活动。根据前文的实证分析可知，在不同的机制下，中国货币政策调控宏观经济活动的各类传导渠道的效应存在显著差异，因此，在宏观调控时中国央行应选择并实施对该机制更有效的货币政策。就目前来看，中国经济正处于 "L" 形的横线阶段，即经济稳定运行期，应主要选择房价和股价来调控宏观经济活动。

3.4 本 章 小 结

从经济增长、通货膨胀、混频损失函数三大货币政策最终目标出发，本章分别编制及应用了三个中国多机制门限金融状况指数（MR – TFCI），即基于经济增长目标的中国多机制门限金融状况指数、基于通货膨胀目标的中国多机制门限金融状况指数以及基于混频损失函数的中国多机制门限金融状况指数。在对每个中国 MR – TFCI 进行实证编制的过程中，本章主要进行了样本数据的选取、处理和检验，MR – TVAR 模型的检验、估计和分析，基于 4R – TVAR 模型的多机制门限金融状况指数的编制等实证研究；在对每个中国 MR – TFCI 的应用过程中，本章主要进行了中国 MR – TFCI 与货币政策最终目标的相关性，中国 MR – TFCI 与货币政策最终目标的因果关系，以及中国 MR – TFCI 对货币政策目标的预测等应用。本章通过使用 MR – TVAR 模型实证编制及应用中国新型多机制门限金融状况指数，得出以下结论：

第一，相对于 2R – TFCI 和 1R – FCI 而言，本章实证编制的中国多机制门限金融状况指数是宏观经济的一个更优的领先指标、相关性指标、因果性指标和预测指标。通过实证检验发现，本书构建的 MR – TFCI 无论在对经济增长（GDP）、通货膨胀（INF）、混频损失函数（MLF）的领先性、相关性、因果性还是预测能力上，都明显优于 2R – TFCI 和 1R – FCI。

第二，中国货币政策调控宏观经济的传导渠道及效应具有门限特征。本书选择货币供应量、利率、汇率、房价、股价和信贷作为三个中国 MR – TFCI 的构成变量，并表征货币政策调控宏观经济的传导渠道，通过实证分析发现在同一机制下 6 个金融变量在三个 MR – TFCI 中的权重各不相同；在不同机制下，同一金融变量在三个中国 MR – TFCI 中权重都存在很大的差异，这说明中国货币政策调控宏观经济的传导渠道具有门限特征。

第三，中国货币政策调控宏观经济的方式类型是价格和数量结合型的，且资产价格发挥着重要作用。首先，在一些机制下，数量和价格结合型货币政策效果更好，在另一些机制下，价格型货币政策效果更好，因而中国货币政策是价格和数量结合型的；其次，在三个中国 MR – TFCI 中，资产价格（包括房价和股价）在第 1～4 机制下所占权重都很高，也表明了在中国多机制门限金融状况指数中加入房价和股价等。

第 4 章

中国新型多机制门限金融状况
指数实证分析

　　本章重点是对中国新型多机制门限金融状况指数（基于经济增长目标的中国 NMR – TFCI）编制及应用进行研究。考虑到中国货币政策最终目标的多样性和分目标实施货币政策的需要，本书主要从三个方面进行研究：首先，编制及应用基于经济增长目标的中国新型多机制门限金融状况指数；其次，编制及应用基于通货膨胀目标的中国新型多机制门限金融状况指数；最后，编制及应用基于混频损失函数的中国新型多机制门限金融状况指数。

　　上述三个指数中每个指数的编制及应用都涉及以下过程：首先，对样本数据进行选取、处理和检验；其次，对 MR – SFATVAR 模型进行检验和估计，包括实证检验门限存在性和机制数，估计门限值和系数的估计值；最后，编制中国新型金融状况指数，包括分析各机制广义脉冲响应函数、依据广义脉冲响应函数测算各机制基于经济增长目标的中国 NMR – TFCI 的权重，以及根据各机制基于经济增长目标的中国 NMR – TFCI 的权重，编制基于经济增长目标的中国 NMR – TFCI。

4.1　基于经济增长目标的中国新型多机制门限金融状况指数实证编制及应用

4.1.1　基于经济增长目标的中国新型多机制门限金融状况指数编制

4.1.1.1　样本数据的选取、处理和检验

（1）国内外金融状况指数的变量选择。

金融状况指数（FCI）是在 MCI 中纳入资产价格信息而来，因此 FCI 的基础变量选择为利率、汇率、房价、股价。随着编制金融状况指数的计量模型的改进与完善，同时，依据不同的应用目的和不同国家的国情，国内外部分学者在编制 FCI 时，适当加入其他变量。如表 4-1 所示将介绍部分国内外代表性的文献构建 FCI 选择的变量，其中，因子分析模型和因子增广模型编制 FCI 时，选择的变量较为全面和系统。

从表 4-1 中可以看出，编制 FCI 时，主要选取利率类、汇率类、房价类、股价类、货币供应量类、信贷增量类、能源价格类指标。首先，早期使用基础模型构架 FCI，主要选用利率类、汇率类、房价类、股价类变量，且选用的变量个数较少；其次，随着因子分析模型和因子增广模型应用于金融状况指数的编制，FCI 编制时选用的变量数逐渐增加，由早期的几个变量增至几十个甚至上百个变量；最后，由于国情不同，中国在编制金融状况指数时，其选用的指标在国外的基础上加入货币供应量类、信贷增量类、能源价格类等变量。

表 4 - 1 国内外编制 FCI 选取的变量

编制方法	文献	选取的变量
总需求方程缩减式	Mayes 和 VIRFen（2001）[25]	汇率、利率、房价、股价
	文青（2013）[28]	利率、汇率、货币供应量、房价、股价
VAR 模型	Goodhart 和 Hofman（2001）[1]	汇率、利率、房价、股价
	封思贤等（2012）[36]	利率、汇率、货币供应量、房价、股价
大型宏观经济模型	Lack（2003）[39]	利率、汇率、房价
	王维国等（2011）[17]	利率、汇率、房价、股价、货币供给量、金融机构信贷总额、国际原油价格
因子分析模型	易晓溦等（2014）[47]	宏观经济变量（包含股票类、社会融资总量、存货款比率、外汇储备）、货币政策变量（主要包含利率类、汇率类、货币供给类变量）、价格体系变量（国房景气指数、国际原油价格）
	邓创和徐曼（2014）[46]	利率类、汇率类、房价类、股价类、货币供应量类、信贷增量类等共 13 个变量
因子增广模型	许涤龙等（2014）[23]	利率类、汇率类、房价类及股价类等 69 个经济变量
	周德才等（2017）[51]	利率类、汇率类、房价类、股价类、货币供应量类、能源价格类等共 20 个变量

（2）变量选取。

本书选取变量时，主要以两个原则作为选取标准：第一，该变量是否能反映中国金融和经济状况的未来信息；第二，该变量在货币传到机制中是否起到主要作用。同时，借鉴国内外已选取的金融和经济变量，并考虑以本书的研究意义以及本国的国情，将从 61 个金融变量中选择货币供应量类、利率类、汇率类、房价类、股价类、信贷类指标，来编制本书的基于经济增长目标的中国 NMR - TFCI。

①货币供应量类指标。货币供应量是央行宏观调控机制，其通过作用于货币政策中介指标来达到政策目标。本书将选择货币供应量 M0、M1、M2、准货币（M2 - M1）来代理货币供应量，实际货币供应量为：

名义值/定基比 CPI。

②利率类指标。本书编制新型多机制门限金融状况指数选取利率类指标，主要由于利率是货币政策传导机制中的主要指标，在 IS—LM 模型中利率渠道是主要的货币传导机制，同时，利率也是一个易于中央银行调节的变量，央行可以通过改变利率来实施货币政策，央行调高利率，意味着实施紧缩型货币政策；中央银行调低利率，意味着实施扩张型货币政策。中国利率从 1996 年开始整体呈下降趋势，2007 年略有回升，2008 年应对金融危机时，又连续降息 4 次，目前，利息维持在一个相对较低且稳定的区间。同业拆借利率是以央行再信贷利率和再贴现率为基准，其波动频繁，能准确而快速地反映中国利率波动状况。为了更全面地掌握中国利率信息，本书将选择全国银行间隔夜同业拆借市场利率 1 天、14 天、4 月和 1 年等 4 个变量来表征中国利率，实际利率为：名义利率—通货膨胀率，并且本书对利率加了 100，取本利和的形式。

③汇率类指标。汇率是由外汇市场决定，本书编制新型多机制门限金融状况指数选取汇率类指标，主要由于汇率会随利率、经济等原因波动，汇率会对进出口贸易与经济结构产生重大影响。本书将选择美元、英镑、港元与人民币的汇率来表征汇率指标，实际汇率为：（汇率 × 中国定基比 CPI）/各国定基比 CPI。

④房价类指标。房价在整个价格体系中，处于基础价格的重要地位，决定了它在市场经济中具有非常重要的功能和作用。房价水平一定程度上决定着市场总体价格水平，对调节居民的生活水平有重要的功能和作用，同时，发挥着调节房地产市场供求总量和结构的重要作用。中国房地产经济总量在 GDP 中占有重大比重，根据国际货币基金组织的计算，中国的房地产市场的投资比例一般占到 GDP 的 24%。房价会通过财富效应影响消费，通过资产负债表效应影响投资，其对宏观经济的整体影响依赖于此两者。本书将选择国房景气指数、商业营业用房销售均价、办公楼销售均价来表征房价指标，其实际值为：名义值/定基比 CPI。

⑤股价类指标。股票价格是一国金融经济的晴雨表，能有效反映中国金融经济的波动。本书将选取上证综合指数、上证 B 股指数、上证

180 指数、上证 50 指数和中证 100 指数表征中国股价。由于股价指数本身就是定基比指数，所以没有进行实际化调整。

⑥信贷类指标，选取金融机构人民币短期信贷同比新增、人民币中长期信贷同比新增、外汇信贷同比新增来表征，用名义值除以定基比 CPI 得到实际值。

⑦产出缺口（GDP）。产出缺口（GDP）与 3.1 节完全相同，这里不赘述。

本书选用 1998 年 1 月 ~ 2020 年 9 月的月度数据，一共 273 个样本点，其金融变量主要包含货币供应量类、利率类、汇率类、房价类、股价类、信贷类共 20 个指标，详细信息如表 4 - 2 所示。

表 4 - 2　　　　　　　　　　具体指标说明

类别	金融指标	类别	金融指标
货币供应量类	流通中货币（M0）	利率类	银行间同业拆借利率：1 天
	狭义货币（M1）		银行间同业拆借利率：14 天
	广义货币（M2）		银行间同业拆借利率：4 月
	准货币（M2 - M1）		银行间同业拆借利率：1 年
汇率类	美元对人民币汇率	房价类	国房景气指数
	英镑对人民币汇率		商业营业用房销售均价
	港元对人民币汇率		办公楼销售均价
股价类	上证综合指数	信贷类	人民币短期信贷同比新增
	上证 B 股指数		人民币中长期信贷同比新增
	上证 180 指数		外汇信贷同比新增
	上证 50 指数		
	中证 100 指数		

资料来源：Wind 数据库。

（3）变量处理。

以上货币供应量类、利率类、汇率类、房价类、股价类、信贷类等共 20 个金融指标均需经过季节调整，按照以上步骤得到实际值之后，进行对数化处理，然后使用 HP 滤波方法计算各个金融状况变量和 GDP 的长期趋势值，本书采用各个金融变量的原始数据减去其 HP 滤波估计出来的趋势值得到缺口值，并将缺口值进一步标准化，最终得出标准值。

（4）提取金融结构公因子。

提取货币供应量、利率、汇率、房价、股价、信贷等六个结构公因子。第一，抽取货币供应量结构公因子。在 EViews 中，本书使用主成分法（Principal Components）估计方法抽取了货币供应量结构公因子（MSF），其金融含义是货币政策的货币传导渠道；第二，本书使用因子分析法中的最小二乘法（Generalized Least Squares）估计方法抽取了利率结构公因子（IRF），其金融含义是货币政策的利率传导渠道；第三，本书使用主成分法估计方法抽取了汇率结构公因子（ERF），其金融含义是货币政策的汇率传导渠道；第四，本书使用因子分析法中的主因子（Principal factors）估计方法抽取了房价结构公因子（HPF），其金融含义是货币政策的房价传导渠道；第五，本书使用因子分析法中的最小二乘法（Generalized Least Squares）估计方法抽取了股价结构公因子（SPF），其金融含义是货币政策的股价传导渠道；第六，本书使用因子分析法中的主因子（Principal factors）估计方法抽取了信贷结构公因子（CDF），其金融含义是货币政策的信贷传导渠道。由于结构公因子抽取的方法有很多种，本书从中选取了与产出缺口（GDP）相关性最高的，从而导致各个结构公因子抽取方法不完全相同。

（5）单位根检验。

模型估计需要检验各个序列的平稳性。本书采用 ADF 检验和 PP 检验两种方法进行检验，检验结果如表 4 - 3 所示。由表 4 - 3 可知，依据 ADF 检验结果可知，产出缺口（GDP）和货币供应量（MSF）、利率（IRF）、汇率（ERF）、房价（HPF）、股价（SPF）、信贷（CDF）等结构公因子都在 1% 的水平上拒绝原假设；依据 PP 检验可知，这 7 个变量也均在 1% 的水平上拒绝原假设。因此，它们都是平稳时间序列，可以用来建立 MR - SFATVAR 模型。

表 4 - 3　　　　　　　　　　　　单位根检验

变量	ADF 检验				PP 检验			
	(c, t, n)	T 统计量	P 值	结论	(c, t)	T 统计量	P 值	结论
GDP	(0, 0, 1)	-5.4745	0.0000	平稳	(0, 0)	-7.2152	0.0000	平稳
MSF	(0, 0, 1)	-5.4339	0.0000	平稳	(0, 0)	-3.7409	0.0003	平稳
IRF	(0, 0, 1)	-4.7670	0.0000	平稳	(0, 0)	-4.3157	0.0000	平稳
ERF	(0, 0, 1)	-4.7865	0.0000	平稳	(0, 0)	-3.9245	0.0001	平稳
HPF	(0, 0, 1)	-5.6395	0.0000	平稳	(0, 0)	-4.0737	0.0001	平稳
SPF	(0, 0, 1)	-6.3848	0.0000	平稳	(0, 0)	-3.8330	0.0002	平稳
CDF	(0, 0, 1)	-4.3221	0.0000	平稳	(0, 0)	-4.0137	0.0001	平稳

4.1.1.2　NMR - SFATVAR 模型的检验、估计和分析

（1）NMR - SFATVAR 模型最优滞后阶数的确定。

标准 FCI 一般基于 VAR 模型中的 Lag OrdERF Selection CritERFia 来检验滞后阶数，但本书编制的基于经济增长目标的中国 NMR - TFCI 可能存在多机制，需要使用 MR - SFATVAR 模型检验最优滞后阶数。检验结果如表 4 - 4 所示，按照 AIC 标准 MR - SFATVAR 模型最优滞后阶数是 4 阶，按照 SC 标准 MR - SFATVAR 模型最优滞后阶数是 1 阶。本书以 AIC 信息准则为准，将 MR - SFATVAR 模型滞后阶数确定为 4。

表 4 - 4　　　　基于 NMR - SFATVAR 模型的滞后阶数检验

Lag	1	2	3	4	5	6	7	8
AIC	8.0884	7.9698	7.6999	6.9699	7.0775	7.3807	7.327	7.4807
SC	8.8308	9.3654	9.7523	9.6826	10.4541	11.4247	12.0422	12.8705

（2）门限存在性和机制数检验。

①门限存在性检验。为了确认本书研究的样本数据是否存在门限效应，需要进行门限效应检测，前人研究大多基于 2 机制门限模型进行门限效应检验，但实际上机制数是不确定的。在机制数未确定的情形下，

本书则依据前文式（2.17）、式（2.19）、式（2.20）对模型的2、3、4机制分别进行检验。表4.5所示是检测结果，从中可以看出，当模型是2机制时，Bootstrap法的P值为0.000，说明在2机制下，在1%的显著性水平下，门限效应非常显著；但在3机制与4机制下，Bootstrap法的P值分别为0.0000、0.0000，说明3机制、4机制在1%的显著性水平下，门限效应也同样显著。由于2机制、3机制、4机制的门限效应都很显著，这就意味着存在门限效应，需要使用非线性的结构公因子门限向量自回归模型（SFATVAR）进行估计（见表4-5）。

表4-5　　　　　基于自举（Bootstrap）法的门限效应检验

	自举抽样的P值	1%	5%	10%
2机制（1门限）	0.0000	-172.62	-185.4156	-189.7796
3机制（2门限）	0.0000	128.6337	91.9222	65.2211
4机制（3门限）	0.0000	70.7463	32.6026	15.7896

注：1%、5%和10%分别表示自举抽样结果的99%、95%和90%分位数值。

　　②机制数检验。以上检验虽然确定了用门限向量自回归模型（SFATVAR）进行估计，但机制个数还没有确定，从表4-5的结果来看，2R-SFATVAR、3R-SFATVAR、4R-SFATVAR模型都有可能，因此需要基于Bootstrap法构造一系列的似然比统计量来检验这些不同机制的模型，以检验哪个机制数最优。依据前文式（2.18）、式（2.20）、式（2.21）对模型的不同机制数进行检验，结果如表4-6所示，其中似然比统计量LR和P值，是将数据通过Bootstrap法1000次抽样，模拟出来的结果。2机制与3机制，P值为0.0620，在10%的水平下是显著的，表明3机制模型优于2机制模型；2机制与4机制，P值为0.0000，在1%的水平下是显著的，说明4机制模型优于2机制模型；因此，模型机制数是3机制和4机制中的一个，再对3机制和4机制进行似然比检验，3机制与4机制，P值为0.0040，在1%的水平下是显著的，表明4机制模型优于3机制模型，故本书最终选定4机制的结构公因子门限模型，即4R-SFATVAR模型。

表 4 - 6   基于 Bootstrap 法的机制数检验

2 机制与 3 机制		3 机制与 4 机制		2 机制与 4 机制	
LR23	P 值	LR34	P 值	LR24	P 值
85. 6854	0. 0620	91. 8004	0. 0040	164. 5172	0. 0000

（3） 4R – SFATVAR 模型的门限变量的检验。

现有文献在选择门限变量时，多以 VAR 模型实证分析中主要研究变量的单方程检验结果，作为对整个方程检验的结果，然而单方程检验可能与全部方程检验结果有出入，因此把单方程检验结果作为 SFATVAR 模型全部方程检验结果有时候会产生错误。本书根据前式 （2.18） 进行门限变量检验，结果如表 4 – 7 所示（表中只列出全部方程的检验结果，单个方程略）。从表 4 – 7 可知，当以滞后 1 阶的利率公因子 （IRF） 作为门限变量时，整个 VAR 系统的方差协方差的矩阵值最小，并在 1% 的显著性水平下拒绝线性原假设，同时，在各单方程中 1% 显著性水平下，其效果也都较好。因此，本书选滞后 1 阶的利率公因子 （IRF （ – 1）） 作为 4R – SFATVAR 模型的门限变量。

表 4 – 7   基于 4R – TVAR 模型的门限变量检验结果

门限变量	滞后阶数	行列式值	滞后阶数	行列式值	滞后阶数	行列式值	滞后阶数	行列式值
GDP	（ – 1）	1.64E – 06	（ – 2）	1.25E – 06	（ – 3）	9.19E – 07	（ – 4）	1.65E – 06
MSF	（ – 1）	1.43E – 06	（ – 2）	6.93E – 07	（ – 3）	8.04E – 07	（ – 4）	1.82E – 06
IRF	（ – 1）	5.55E – 07	（ – 2）	1.03E – 06	（ – 3）	2.25E – 06	（ – 4）	2.30E – 06
ERF	（ – 1）	2.28E – 06	（ – 2）	2.17E – 06	（ – 3）	1.69E – 06	（ – 4）	2.33E – 06
HPF	（ – 1）	2.44E – 06	（ – 2）	2.04E – 06	（ – 3）	2.56E – 06	（ – 4）	2.35E – 06
SPF	（ – 1）	2.06E – 06	（ – 2）	2.54E – 06	（ – 3）	2.24E – 06	（ – 4）	2.16E – 06
CDF	（ – 1）	2.41E – 06	（ – 2）	2.32E – 06	（ – 3）	1.76E – 06	（ – 4）	2.28E – 06

（4）4R – SFATVAR 模型门限值估计和机制划分。

①基于 4R – SFATVAR 模型的门限值及其置信区间估计。本书参照前文式（2. 20）、式（2. 21）、式（2. 22）、式（2. 25），对基于 4R – SFATVAR 模型的门限值及其 95% 置信区间进行估计，结果如图 4 – 1 和表 4 – 8 所示。3 个门限估计值分别为 – 1. 1582、– 0. 6483 和 0. 3607。图 4 – 1 是门限值的置信区间估计的详细构造图，图中虚线是 95% 的置信区间线，其判断标准值为 7. 3522。如图 4 – 1 所示，似然比统计量 LR 与 95% 的置信区间线相交于一个或几个点，对位于线以下的点对应的门限变量样本值进行排序，找到其中最大值和最小值，并以此构造门限估计值的置信区间。

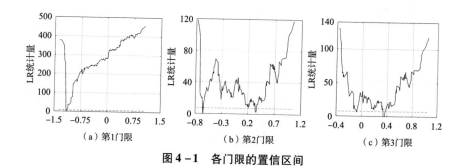

图 4 – 1　各门限的置信区间

表 4 – 8　　　　　　　基于 NMR – SFATVAR 模型的门限值估计

门限	估计值	95% 置信区间
$\gamma 1$	– 1. 1582	[– 1. 1582, – 1. 1431]
$\gamma 2$	– 0. 6483	[– 0. 6517, – 0. 6483]
$\gamma 3$	0. 3607	[– 0. 0763, 0. 3607]

②基于 4R – SFATVAR 模型的机制划分。以前文估计所得的 3 个门限估计值为界限，可将样本数据分为 4 种机制，其对应的范围和意义如表 4 – 9 所示。从表 4 – 9 可知，第 1、2、3 和 4 机制的样本范围分别为 [– 3. 7719, – 1. 1582]、(– 1. 1582, – 0. 6483]、(– 0. 6483, 0. 3607] 和 (0. 3607, 3. 1929]；样本范围和相对缺口值范围表明第 1、2、3 和

4 机制分别表征了中国货币政策的扩张机制期、适度扩张机制期、适度
紧缩机制期和紧缩机制期;第 1、2、3 和 4 机制的样本数分别为 28、
33、115 和 93,相应占比分别为 10.41%、12.27%、42.75% 和 34.57%,
其中第 2、3 机制占比高达 55.02%,说明中国货币政策以适度稳健为
主,这与中国一直实行稳健货币政策为主的实际情况比较符合。

表 4 – 9　　　　基于 4R – SFATVAR 模型的各机制划分和意义表征

机制	样本数	样本占比	样本范围	货币政策表征
第 1 机制	28	10.41%	[– 3.7719, – 1.1582]	扩张机制期
第 2 机制	33	12.27%	(– 1.1582, – 0.6483]	适度扩张机制期
第 3 机制	115	42.75%	(– 0.6483, 0.3607]	适度紧缩机制期
第 4 机制	93	34.57%	(0.3607, 3.1929]	紧缩机制期

(5) 4R – SFATVAR 模型系数估计。

选择经过前文处理的 1998 年 1 月 ~ 2020 年 9 月的样本数据,基于
式 (2.28) 的 4R – SFATVAR 模型的参数进行了估计 (受篇幅限制,估
计结果未列出)。从估计结果可知,在第 1、2、3 和 4 种机制下,4R –
SFATVAR 模型系数估计值大多数在 1%、5% 和 10% 的显著水平上显
著,说明模型拟合较合理;同时,在 GDP 方程中,在每种机制下,各
个金融变量都对 GDP 具有显著影响,这说明基于 4R – SFATVAR 模型编
制基于经济增长目标的中国 NMR – TFCI 的合理性。

4.1.1.3　基于 4R – SFATVAR 模型的新型多机制门限金融状况指数的编制

(1) 第 1 ~ 4 机制广义脉冲响应函数分析。

选择第 1 ~ 4 机制的样本数据,计算 40 期 GDP 对各金融变量的单
位信息冲击的广义脉冲响应函数值,结果如表图 4 – 2 所示。根据
图 4 – 2,本书得出以下结论:第一,中国货币政策对经济增长的传导
机制具有门限特征。在同一机制下,各个金融变量的广义脉冲响应函数

值各不相同，同时，在不同机制下，同一个金融变量的广义脉冲响应函数值依然各不相同；第二，中国货币政策对经济增长影响期限主要发生在中短期。由图4-2可知，在第1~4种机制中，金融变量的广义脉冲响应函数值都在第15期左右开始趋近0，因此，中国货币政策对经济增长的影响时限在中短期。

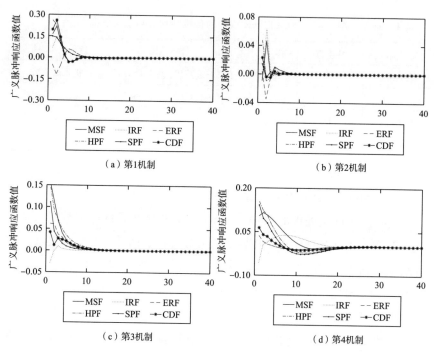

（a）第1机制　　　　　　　　　（b）第2机制

（c）第3机制　　　　　　　　　（d）第4机制

图4-2　第1~4机制的 GDP 对各金融变量的广义脉冲响应函数值

（2）第1~4机制的基于经济增长目标的中国 NMR-TFCI 的权重测算。

本书分机制对基于经济增长目标的中国 NMR-TFCI 权重系数的绝对值依照降序排列，结果如下：①第1机制基于经济增长目标的中国 NMR-TFCI 的权重系数排序结果为 CDF（0.2306）> HPF（0.2187）> SPF（0.2098）> MSF（0.1861）> IRF（0.1167）> ERF（0.0381），这说明在扩张机制期中国货币政策对经济增长更有效的传导渠道是信贷、股价和房价，货币供应量、利率和汇率则作用相对有限；②类似地，第2机制为 IRF（0.3019）＞MSF（0.2688）＞HPF（0.1708）＞ERF（0.1160）＞CDF（0.0956）＞SPF（0.0469），这说明在适度扩张机制期中国货币政策对经济增长更有效的传导渠道是利率、货币供应量和股价，汇率、信贷和房价则作用相对有限；③第3机制为 MSF（0.2817）＞HPF（0.2676）＞SPF（0.2045）＞ERF（0.1143）＞CDF（0.0780）＞IRF（0.0539），这说明在适度紧缩机制期中国货币政策对经济增长更有效的传导渠道是货币供应量、股价和房价，汇率、信贷和利率作用相对有限；④第4机制为 HPF（0.3025）＞MSF（0.2593）＞SPF（0.2512）＞CDF（0.1087）＞ERF（0.0483）＞IRF（0.0299），这说明在紧缩机制期中国货币政策对经济增长更有效的传导渠道是股价、货币供应量和房价，信贷、汇率和利率则作用相对有限。

同时，本书分金融变量对基于经济增长目标的中国 NMR－TFCI 权重系数绝对值在第 1~4 机制下进行排位比较，结果如下：①基于经济增长目标的中国 NMR－TFCI 构成变量之一的货币供应量结构公因子（MSF）在各机制下的权重系数排序结果为：在第 1、2、3、4 机制下分别排名第四、第二、第一、第二；②类似地，利率结构公因子（IRF）在第 2 机制下排名第一，在其他机制下排名靠后；③ERF 在第 2、3 机制下排名第四，在其他机制下排名靠后；④房价结构公因子（SPF）在第 1 和 3 机制下排名第二，在第 2 和 4 机制分别排名第三和第一；⑤股价结构公因子（HPF）在第 2 排名第六，在其他机制下排名第三；⑥信贷结构公因子（CDF）在第 1、2、3、4 机制下分别排名第一、第五、第五和第四。

如图 4－3 所示的各机制基于经济增长目标的中国 NMR－TFCI 的权重系数分析，本书得出以下结论：第一，基于经济增长目标的中国 NMR－TFCI 的各金融变量权重系数具有门限特征。这表现在同一机制下，各金融变量在指数中的权重各不相同；在不同机制下，同一金融变量在指数中权重存在很大的差异。第二，中国货币政策调控经济增长的有效传导渠道具有门限特征。在经济紧缩期（对应货币政策扩张机制期），中国货币政策调控经济增长的主要有效传导渠道是信贷、股价和房价；在经济衰退期（对应货币政策适度扩张机制期），主要有效传导渠道是利率、货币供应量和股价；在经济复苏运行期（对应货币政策适度紧缩机制期），主要有效传导渠道是货币供应量、股价和房价；在经济繁荣期（对应货币政策紧缩机制期），主要有效传导渠道是股价、货币供应量和房价。第三，中国货币政策调控经济增长的方式类型是数量和价格相结合的。这表现为在第1~4机制下，数量型货币政策分别占比41.67%、36.44%、35.97%和36.80%，这充分说明了中国货币政策是数量和价格结合型的，其中第2机制下，数量型货币政策更有效，其他机制下价格型更有效。第四，资产价格传导渠道在中国货币政策调控经济增长中发挥着重要作用。在基于经济增长目标的中国NMR-TFCI中，资产价格（包括股价和房价）在第1~4机制下所占权重分别为42.85%、21.77%、47.02%和55.38%，权重占比较高，也表明了在金融状况指数中加入股价和房价等资产价格的必要性。

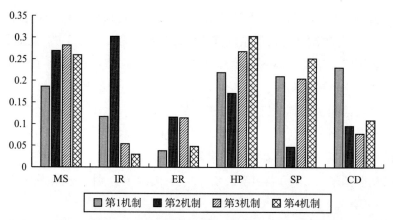

图4-3 第1~4机制下基于经济增长目标的中国NMR-TFCI的权重系数

（3）基于经济增长目标的中国NMR-TFCI实证测度。

首先，将上面得到的中国各机制基于经济增长目标的中国NMR-TFCI权重系数，代入式（2.37）可以分别得到第1、2、3和4机制下的基于经济增长目标的中国NMR-TFCI1、NMR-TFCI2、NMR-TFCI3和NMR-TFCI4，具体如图4-4所示（其中横轴是1998年5月~2020

年9月）；其次，把上述第1～4机制门限金融状况指数加总，可得基于经济增长目标的中国新型多机制门限金融状况指数（基于经济增长目标的中国 NMR – TFCI），本书用图形来表示基于经济增长目标的中国 NMR – TFCI，为了避免重复，将其放到了下一部分的图4 – 5 中展示。

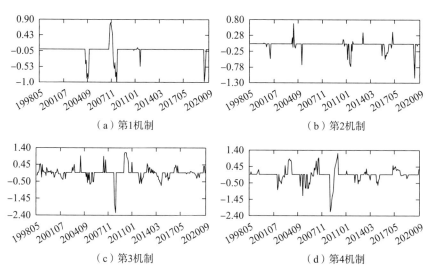

图4 – 4　第1～4机制的基于经济增长目标的中国新型门限金融状况指数

4.1.2　基于经济增长目标的中国新型多机制门限金融状况指数应用

4.1.2.1　基于经济增长目标的中国 NMR – TFCI 与 GDP 相关性研究

（1）基于经济增长目标的中国 NMR – TFCI、N2R – TFCI、N1R – FCI 与 GDP 折线图比较分析。如图4 – 5 所示，基于经济增长目标的中国 NMR – TFCI、N2R – TFCI、N1R – FCI 与 GDP 的整体运行轨迹大致相同，MRTFCI、N2R – TFCI 和 N1R – FCI 领先 GDP，对 GDP 的走势具有先导作用。从图4 – 5 中几个峰顶和峰谷来看，基于经济增长目标的中国 NMR – TFCI、N2R – TFCI、N1R – FCI 都领先 GDP 约0～1 个季度。如基于经济增长目标的中国 NMR – TFCI、N2R – TFCI、N1R – FCI 分别

在2008年第4季度、第4季度和2009年第1季度下降到局部最低点，GDP在2009年第1季度才下降到局部最低点，NMR－TFCI、N2R－TF-CI、N1R－FCI分别比领先GDP约1个、1个、0个季度，因此，NMR－TFCI与N2R－TFCI对GDP的领先性基本一致，但与N1R－FCI相比，NMR－TFCI对GDP的领先性多1个季度。总之，基于经济增长目标的中国NMR－TFCI在中短期内对GDP具有较好的领先关系，领先GDP约0~1个季度，在领先性上与N2R－TFCI难分伯仲，但领先于N1R－FCI，需要通过下面的跨期相关系数检验法进行进一步比较分析和区分。

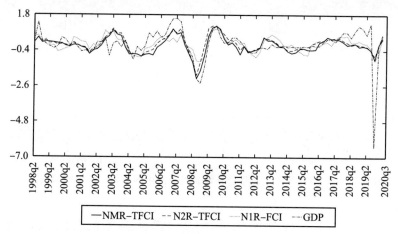

图4－5　各机制基于经济增长目标的中国NMR－TFCI和GDP实证测度结果

（2）基于经济增长目标的中国NMR－TFCI、N2R－TFCI、N1R－FCI与GDP的跨期相关性检验。对基于经济增长目标的中国NMR－TFCI、N2R－TFCI和N1R－FCI与GDP进行跨期相关性检验，以判断基于经济增长目标的中国NMR－TFCI对GDP是否有领先作用，并比较基于经济增长目标的中国NMR－TFCI、N2R－TFCI和N1R－FCI的优劣，具体结果如表4－10所示。从表4－10可以得出以下结论：

首先，从最大跨期相关系数来看，基于经济增长目标的中国NMR－TFCI和N2R－TFCI均在第0期达到最大值0.5849、0.5547和0.5739，NMR－TFCI分别比N2R－TFCI和N1R－FCI高出0.0302、0.011，这表明在跨期相关系数最大值上，基于经济增长目标的中国 NMR – TFCI 优于 N2R – TFCI 和 N1R – FCI，并较好地适应于对中短期实际经济增长进行相关预测。

其次，从 0~7 个期的跨期相关系数的绝对值平均数来看，基于经济增长目标的中国 NMR – TFCI、N2R – TFCI 和 N1R – FCI 分别为 0.2735、0.2722 和 0.2017，NMR – TFCI 分别比 N2R – TFCI、N1R – FCI 高出 0.0013、0.0718，这说明在跨期相关系数平均数上基于经济增长目标的中国 NMR – TFCI 优于 N2R – TFCI 和 N1R – FCI。

最后，在与中国实际经济增长率的跨期相关性上，本书构建的基于经济增长目标的中国新型多机制门限金融状况指数优于 2 机制和 1 机制的金融状况指数，并适应于对经济增长的中短期预测。

表 4 – 10   基于经济增长目标的中国 NMR – TFCI 等与 GDP 跨期相关系数

提前期数	0	1	2	3	4	5	6	7	平均
NMR – TFCI	0.5849	0.4548	0.2488	0.0408	– 0.1206	– 0.2424	– 0.2643	– 0.2317	0.2735
N2R – TFCI	0.5547	0.4713	0.2837	0.0789	– 0.1154	– 0.2297	– 0.2282	– 0.2155	0.2722
N1R – FCI	0.5739	0.3408	0.1385	0.0312	– 0.088	– 0.1008	– 0.1162	– 0.2242	0.2017

4.1.2.2 基于经济增长目标的中国 NMR – TFCI 与 GDP 格兰杰因果关系研究

从上述相关性研究可知，基于经济增长目标的中国 NMR – TFCI 与 GDP 相比，大致领先其 0~1 个季度，但基于经济增长目标的中国 NMR – TFCI 与 GDP 之间是否具有因果关系，尚不知晓，因此需要进行格兰杰因果关系检验，同时检验 N2R – TFCI、N1R – FCI 与 GDP 之间的格兰杰因果关系，以判断基于经济增长目标的中国 NMR – TFCI 是否比它们在与 GDP 的因果性上更优。

本书使用格兰杰因果关系检验法对基于经济增长目标的中国 NMR – TFCI 与 GDP 的格兰杰因果关系进行检验，并同时分别检验 N2R – TFCI、N1R – FCI 与 GDP 的格兰杰因果关系，检验结果如表 4 – 11 所示。考虑到滞后 1~7 阶的基于经济增长目标的中国 NMR – TFCI 都是 GDP 的格兰杰原因，本书把滞后阶数从相关性分析中得到的 1 阶扩大到了 7 阶。

从表 4 – 11 可知，对原假设为基于经济增长目标的中国 NMR – TFCI 不是 GDP 格兰杰原因的假设检验中，基于经济增长目标的中国 NMR – TFCI 滞后 1~4 阶均在 1% 的显著水平上拒绝原假设，滞后 5、6 阶在 5% 的显著水平上拒绝原假设，滞后 7 阶在 10% 的显著水平上拒绝原假设，说明基于经济增长目标的中国 NMR – TFCI 滞后 1~7 阶都是 GDP 的格兰杰原因；对原假设为基于经济增长目标的中国 N2R – TFCI 不是 GDP 格兰杰原因的假设检验中，基于经济增长目标的中国 NMR – TFCI 滞后 1~4 阶均在 1% 的显著水平上拒绝原假设，滞后 5、6 阶在 5% 的显著水平上拒绝原假设，滞后 7 阶在 10% 的显著水平上拒绝原假设，说明中国 N2R – TFCI 滞后 1~7 阶都是 GDP 的格兰杰原因；对原假设为基于经济增长目标的中国 N1R – FCI 不是 GDP 格兰杰原因的假设检验中，中国 N1R – FCI 滞后 1、2 阶在 5% 的显著水平上拒绝原假设，其余阶数则不能拒绝原假设，说明中国 GDP 滞后 1~2 阶是基于经济增长目标的中国 NMR – TFCI 的格兰杰原因，滞后 3~7 阶则不是。

同时，由表 4 – 11 可知，在对原假设为 GDP 不是基于经济增长目标的中国 NMR – TFCI 格兰杰原因的假设检验中，中国 GDP 滞后 1~3 阶在 1% 的显著水平上拒绝原假设，滞后 4、5 阶在 5% 的显著水平上拒绝原假设，滞后 6 阶在 10% 的显著水平上拒绝原假设，其余阶数则不能拒绝原假设，说明中国 GDP 滞后 1~6 阶是基于经济增长目标的中国 NMR – TFCI 的格兰杰原因，滞后 7 阶则不是；在对原假设为 GDP 不是基于经济增长目标的中国 N2R – TFCI 格兰杰原因的假设检验中，中国 GDP 滞后 1~2 阶在 1% 的显著水平上拒绝原假设，滞后 3~6 阶在 5% 的显著水平上拒绝原假设，滞后 7 阶在 10% 的显著水平上拒绝原假设，说明中国 GDP 滞后 1~7 阶都是 N2R – TFCI 的格兰杰原因；在对原假设为 GDP 不是基于经济增长目标的中国 N1R – FCI 格兰杰原因的假设检验中，中国 GDP 滞后 1~3 阶在 1% 的显著水平上拒绝原假设，滞后 1~7

阶均不能拒绝原假设，说明中国 GDP 滞后 1 ~ 7 阶都是 N1R – FCI 的格兰杰原因。

表 4 – 11　　　基于经济增长目标的中国 NMR – TFCI 等与 GDP 因果关系检验

原假设	提前期数	1		2		3		4	
	指数	F	P	F	P	F	P	F	P
FCI 不是 GDP 原因	NMR – TFCI	15. 2081	0. 0002	9. 3995	0. 0002	6. 0817	0. 0009	3. 6665	0. 0088
	N2R – TFCI	17. 2874	0. 0000	10. 2038	0. 0001	6. 5132	0. 0005	3. 6587	0. 0089
	N1R – FCI	5. 5099	0. 0212	3. 4266	0. 0372	2. 0930	0. 1078	0. 8023	0. 5275
GDP 不是 FCI 原因	NMR – TFCI	9. 2546	0. 0031	6. 0224	0. 0036	4. 0558	0. 0098	2. 9666	0. 0247
	N2R – TFCI	10. 1070	0. 0021	5. 3464	0. 0066	3. 8068	0. 0133	2. 9325	0. 0260
	N1R – FCI	0. 0400	0. 8419	1. 6931	0. 1903	1. 8291	0. 1486	1. 6126	0. 1798

原假设	提前期数	5		6		7	
	指数	F	P	F	P	F	P
FCI 不是 GDP 原因	NMR – TFCI	2. 9937	0. 0163	2. 4400	0. 0336	1. 9611	0. 0735
	N2R – TFCI	3. 1654	0. 0122	2. 6021	0. 0247	2. 1088	0. 0544
	N1R – FCI	0. 7518	0. 5874	0. 7426	0. 6172	0. 8338	0. 5631
GDP 不是 FCI 原因	NMR – TFCI	2. 3809	0. 0466	1. 8820	0. 0960	1. 5540	0. 1646
	N2R – TFCI	2. 6617	0. 0289	2. 2713	0. 0463	1. 9250	0. 0791
	N1R – FCI	1. 7429	0. 1356	1. 3850	0. 2328	1. 1235	0. 3590

注：F 是 F 统计量、P 是对应的概率值。

　　总之，从与 GDP 的格兰杰因果关系来看，本书构建的基于经济增长目标的中国 NMR – TFCI 与 GDP 存在显著的双向的格兰杰因果关系。在 FCI 是 GDP 的格兰杰原因上，基于经济增长目标的中国 NMR – TFCI 优于 N2R – TFCI 和 N1R – FCI，而在 GDP 是 FCI 的格兰杰原因上，基于经济增长目标的中国 NMR – TFCI 劣于 N2R – TFCI 和 N1R – FCI，由于在 FCI 的应用更需要的前者，因此可以从总体上认为基于经济增长目标的中国 NMR – TFCI 在与 GDP 的因果性上优于 N2R – TFCI 和 N1R – FCI。

4.1.2.3 基于经济增长目标的中国 NMR – TFCI 对 GDP 的预测能力检验

从上文的格兰杰因果关系检验可知，滞后 1 ~ 7 阶的基于经济增长目标的中国 NMR – TFCI 都是 GDP 的格兰杰原因，相关关系检验可知，提前 0 ~ 1 阶的基于经济增长目标的中国 NMR – TFCI 与 GDP 有着较高的相关关系，因此可以使用提前 0 ~ 7 期的基于经济增长目标的中国 NMR – TFCI 来预测 GDP，本书采用循环式方程对 GDP 进行预测，其公式如式（4.1）。

$$GDP_t = \alpha + \beta NMR - TFCI_{t-k} + \mu_t \tag{4.1}$$

其中，$NMR - TFCI_{t-k}$ 表示提前 k 期的基于经济增长目标的中国 NMR – TFCI，k 取 0，1，…，7，如表 4 – 12 所示。表 4 – 12 测算了系数、P 值、R^2、AIC、SC、MAE、RMSFE 等 7 个指标。

表 4 –12 基于经济增长目标的中国 NMR – TFCI 等对 GDP 的预测能力检验

指数	期数	0	1	2	3	4	5	6	7	平均值
NMR –TFCI	系数	1.0523	0.8243	0.4541	0.0767	– 0.2258	– 0.4545	– 0.4957	– 0.4346	0.0996
	P 值	0.0000	0.0000	0.0183	0.6989	0.2568	0.0217	0.0125	0.0302	0.1298
	R^2	0.3421	0.2084	0.0637	0.0018	0.0155	0.0627	0.0746	0.0574	0.1033
	AIC	2.3593	2.5557	2.7125	2.7882	2.7866	2.7495	2.7482	2.7791	2.6849
	SC	2.4153	2.6120	2.7692	2.8452	2.8441	2.8074	2.8065	2.8378	2.7422
	MAE	0.4429	0.4935	0.5222	0.5363	0.5369	0.5284	0.5389	0.5425	0.5177
	RMSFE	0.7785	0.8587	0.9286	0.9643	0.9634	0.9456	0.9449	0.9594	0.9179
N2R –TFCI	系数	1.0501	0.9016	0.5424	0.1558	– 0.2280	– 0.4549	– 0.4522	– 0.4272	0.1359
	P 值	0.0000	0.0000	0.0068	0.4548	0.2775	0.0295	0.0315	0.0438	0.1055
	R^2	0.3077	0.2246	0.0832	0.0067	0.0142	0.0565	0.0558	0.0498	0.0998
	AIC	2.4103	2.5351	2.6916	2.7833	2.7879	2.7561	2.7683	2.7871	2.6899
	SC	2.4662	2.5914	2.7483	2.8403	2.8454	2.8140	2.8266	2.8458	2.7472
	MAE	0.4407	0.4874	0.5169	0.5339	0.5412	0.5245	0.5387	0.5492	0.5166
	RMSFE	0.7986	0.8499	0.9190	0.9619	0.9640	0.9487	0.9544	0.9632	0.9200

指数	期数	0	1	2	3	4	5	6	7	平均值
1R – TFCI	系数	1.1936	0.7191	0.2982	0.0729	– 0.2008	– 0.2305	– 0.2662	– 0.5160	0.1338
	P 值	0.0000	0.0011	0.1877	0.7575	0.3976	0.3342	0.2670	0.0308	0.2470
	R^2	0.3293	0.1179	0.0203	0.0011	0.0086	0.0114	0.0152	0.0570	0.0701
	AIC	2.3786	2.6640	2.7579	2.7888	2.7935	2.8028	2.8105	2.7795	2.7219
	SC	2.4345	2.7203	2.8145	2.8459	2.8510	2.8607	2.8688	2.8382	2.7792
	MAE	0.4882	0.5353	0.5286	0.5357	0.5418	0.5442	0.5415	0.5483	0.5329
	RMSFE	0.7860	0.9065	0.9499	0.9646	0.9668	0.9711	0.9747	0.9596	0.9349

首先，从最大拟合优度（R^2）来看，基于经济增长目标的中国 NMR – TFCI、N2R – TFCI 和 N1R – FCI 都在第 0 期达到最大值 0.3421、0.3077 和 0.3293，也就是说 GDP 的 34.21%、30.77% 和 32.93% 的波动可以由基于经济增长目标的中国 NMR – TFCI、N2R – TFCI 和 N1R – FCI 解释，基于经济增长目标的中国 NMR – TFCI 分别比 N2R – TFCI、N1R – FCI 高出 3.44%、1.28%，这说明在最大拟合优度上基于经济增长目标的中国 NMR – TFCI 优于 N2R – TFCI 和 N1R – FCI。

其次，从 0 ~ 7 期平均拟合优度（R^2）来看，基于经济增长目标的中国 NMR – TFCI、N2R – TFCI 和 N1R – FCI 分别为 0.1033、0.0998 和 0.0701，在平均拟合优度上，基于经济增长目标的中国 NMR – TFCI 优于 N1R – FCI 和 N2R – FCI，这说明基于经济增长目标的中国 NMR – TF-CI 对 GDP 预测能力在短期更优。

最后，P 值等指标来看，基于经济增长目标的中国 NMR – TFCI 对 GDP 的预测系数的显著性要比 N2R – TFCI 和 N1R – FCI 都要好。虽然它们总体上解释力度都较低，是因为没有加入除 FCI 的其他重要影响变量，但由于本书的目的不在此，因此并不做相关研究。

总之，在对中国实际经济增长率的短期预测能力上，本书构建的基于经济增长目标的中国 NMR – TFCI 明显优于 N2R – TFCI 和 N1R – FCI。

4.1.3　简要结论及政策建议

（1）简要结论。

本书从 20 个金融变量中抽取货币供应量、利率、汇率、房价、股价、信贷等 6 个金融结构公因子 1998 年 1 月 ~2020 年 9 月的月度数据，通过拓展构建了多机制结构公因子门限向量自回归模型（MR – SFAT-VAR）和基于经济增长目标的中国 NMR – TFCI 的多机制因子门限编制公式，基于构建的模型和公式，首次尝试实际编制基于经济增长目标的中国 NMR – TFCI，并实证检验了其对中国实际经济增长率（GDP）的领先性、相关性、因果性和预测能力，并同时与 2 机制门限 FCI（N2R – TFCI）和 1 机制线性 FCI（N1R – FCI）进行了比较，得出以下结论。

第一，相对于 N2R – TFCI 和 N1R – FCI 而言，本书编制的基于经济增长目标的中国新型多机制门限金融状况指数是经济增长的一个更优的领先指标、相关性指标、因果性指标和预测指标。通过实证检验发现，本书构建的基于经济增长目标的中国 NMR – TFCI 无论在对 GDP 的领先性、相关性、因果性还是预测能力上，都明显优于 N2R – TFCI 和 N1R – FCI。

第二，中国货币政策调控经济增长的传导渠道及效应具有门限特征。本书选择货币供应量、利率、汇率、房价、股价和信贷结构公因子作为基于经济增长目标的中国 NMR – TFCI 的构成变量，并表征货币政策调控经济增长的传导渠道，通过实证分析发现在同一机制下 6 个金融变量在基于经济增长目标的中国 NMR – TFCI 中的权重各不相同；在不同机制下，同一金融变量在基于经济增长目标的中国 NMR – TFCI 中权重存在很大的差异，这说明中国货币政策调控经济增长的传导渠道具有门限特征。同时，在经济紧缩期，中国货币政策调控经济增长的主要有效传导渠道是信贷、股价和房价；在经济衰退期，主要有效传导渠道是利率、货币供应量和股价；在经济复苏运行期，主要有效传导渠道是货币供应量、股价和房价；在经济繁荣期，主要有效传导渠道是股价、货币供应量和房价。总之，各个期间的中国货币政策效应变化很大，存在门限特征。

第三，中国货币政策调控经济增长的方式类型是数量和价格相结合的。这表现为在第 1~4 机制下，数量型货币政策分别占比 41.67%、36.44%、35.97% 和 36.80%，这充分说明了中国货币政策是数量和价格结合型的，其中第 1 机制下，数量型货币政策占比最大，在第 2 机制下占比最小。

第四，资产价格传导渠道在中国货币政策调控经济增长中发挥着重要作用。在基于经济增长目标的中国 NMR – TFCI 中，资产价格（包括股价和房价）在第 1~4 机制下所占权重分别为 42.85%、21.77%、47.02% 和 55.38%，权重占比较高，也表明了在金融状况指数中加入股价和房价等资产价格的必要性。

（2）政策建议。

为了更好地发挥本书编制的基于经济增长目标的中国新型多机制门限金融状况指数对经济增长的监测和预测作用，本书提出以下三点建议：

第一，定期编制并公布基于经济增长目标的中国新型多机制门限金融状况指数。相对于线性 FCI 而言，非线性 FCI 可根据金融变量所处的机制不同，赋予其不同的权重，从而对经济增长具有更高的解释力度，且多机制门限 FCI 又比 2 机制门限 FCI 可以进一步优化提高。中国政府相关部门和一些金融机构应对基于经济增长目标的中国新型多机制门限金融状况指数进行跟踪测算，并且对外进行定期公布，真实透明地反映中国货币政策的松紧程度，成为中国宏观经济监测重要参考指标，同时还对中国未来的经济增长趋势进行非线性预测。

第二，建议中国金融监管部门分机制将资产价格纳入货币政策目标中。研究结果表明，数量型指标（信贷和货币供应量）在基于经济增长目标的中国 NMR – TFCI 的构建中占有较大权重，同时随着房地产和股票市场的发展，以房价和股价为代表的中国货币政策的资产价格传导机制通过托宾 Q 效应、财富效应和资产负债表效应等传导渠道对实体经济产生的影响逐渐增强，因此有必要将多种金融状况机制下的资产价格纳入货币政策调控目标。为了保证充分发挥资产价格传导机制作用，促进金融市场全面改革开放的同时，还应对不合理的资产价格进行有效调控，建立预警指标。对于目前风险较大的房地产市场，制定合理的风险管理政策；对于不成熟的股票市场，建立健全相关规章制度，增强对投资者的知识与风险教育。

第三，根据金融经济所处机制的不同，选择不同的货币政策工具组合调控经济增长。根据前文的实证分析可知，在不同的机制下，中国货币政策调控经济增长的各类传导渠道的效应存在显著差异，因此，在宏观调控时中国央行应选择并实施对该机制更有效的货币政策。就目前来看，中国经济正处于新冠疫情后时代的经济恢复期，即经济复苏运行期，应主要选择货币供应量、股价和房价来调控经济增长。

4.2 基于通货膨胀目标的中国新型金融状况指数实证编制及应用

4.2.1 基于通货膨胀目标的中国新型多机制门限金融状况指数编制

4.2.1.1 样本数据的选取、处理和检验

（1）样本数据的选取。

本书选用 1998 年 1 月 ~ 2020 年 9 月的月度数据，一共 273 个样本点，选择货币供应量（MSF）、利率（IRF）、汇率（ERF）、房价（HPF）、股价（SPF）、新增贷款（CDF）等六个金融结构公因子，详细信息如表 4 - 13 所示。这些金融变量的选取和处理与 4.1 节基本相同，但不完全相同，主要是因为这些金融指标与经济增长（GDP）和通货膨胀（CPI）的相关性存在一定的差异。

本书选取变量时，主要以两个原则作为选取标准：第一，该变量是否能反映中国金融和经济状况的未来信息；第二，该变量在货币传导机

制中是否起到主要作用。同时，借鉴国内外已选取的金融和经济变量，并考虑以本书的研究意义以及本国的国情，将从 61 个金融变量中选择货币供应量类、利率类、汇率类、房价类、股价类、信贷类指标，来编制本书的基于通货膨胀目标的中国新型金融状况指数（简称基于通货膨胀目标的中国 NMR – TFCI），如表 4 – 13 所示。

表 4 – 13　　　　　　　　　　具体指标说明

类别	金融指标	类别	金融指标
货币供应量类	流通中货币（M0）	利率类	银行间同业拆借利率：1 天
	狭义货币（M1）		银行间同业拆借利率：4 月
	广义货币（M2）		银行间同业拆借利率：9 月
	准货币（M2 – M1）		银行间同业拆借利率：总体
汇率类	美元对人民币汇率	房价类	国房景气指数
	英镑对人民币汇率		商业营业用房销售均价
	加元对人民币汇率		办公楼销售均价
股价类	上证 A 股指数	信贷类	金融机构人民币短期贷款同比新增
	深证综合指数		社会融资规模增量
	中小板综指		金融机构本外币贷款同比新增

资料来源：Wind 数据库。

①货币供应量类指标。货币供应量是央行宏观调控机制，其通过作用于货币政策中介指标来达到政策目标。本书将选择货币供应量 M0、M1、M2、准货币（M2 – M1）来代理货币供应量，实际货币供应量为：名义值/定基比 CPI。

②利率类指标。本书编制新型多机制门限金融状况指数选取利率类指标，主要由于利率是货币政策传导机制中的主要指标，在 IS—LM 模型中利率渠道是主要的货币传导机制，同时，利率也是一个易于中央银行调节的变量，央行可以通过改变利率来实施货币政策，央行调高利率，意味着实施紧缩型货币政策；中央银行调低利率，意味着实施扩张型货币政策。中国利率从 1996 年开始整体呈下降趋势，2007 年略有回

升，2008年应对金融危机时，又连续降息4次，目前，利息维持在一个相对较低且稳定的区间。同业拆借利率是以央行再信贷利率和再贴现率为基准，其波动频繁，能准确而快速地反映中国利率波动状况。为了更全面地掌握中国利率信息，本书将选择全国银行间隔夜同业拆借市场利率1天、4月、9月和全部加权等4个变量来表征中国利率，实际利率为：名义利率—通货膨胀率，并且本书对利率加了100，取本利和的形式。

③汇率类指标。汇率是由外汇市场决定，本书编制新型多机制门限金融状况指数选取汇率类指标，主要由于汇率会随利率、经济等原因波动，汇率会对进出口贸易与经济结构产生重大影响。本书将选择美元、英镑、加元与人民币的汇率来表征汇率指标，实际汇率为：

$$\frac{（汇率 \times 中国定基比 CPI）}{各国定基比 CPI}。$$

④房价类指标。房价在整个价格体系中，处于基础价格的重要地位，决定了它在市场经济中具有非常重要的功能和作用。房价水平一定程度上决定着市场总体价格水平，对调节居民的生活水平有重要的功能和作用，同时，发挥着调节房地产市场供求总量和结构的重要作用。中国房地产经济总量在GDP中占有重大比重，根据国际货币基金组织的计算，中国的房地产市场的投资比例一般占到GDP的24%。房价会通过财富效应影响消费，通过资产负债表效应影响投资，其对宏观经济的整体影响依赖于此两者。本书将选择国房景气指数、商业营业用房销售均价、办公楼销售均价来表征房价指标，其实际值为：名义值/定基比CPI。

⑤股价类指标。股票价格是一国金融经济的晴雨表，能有效反映中国金融经济的波动。本书将选取上证A股指数、深证综合指数、中小板综指表征中国股价。由于股价指数本身就是定基比指数，所以没有进行实际化调整。

⑥信贷类指标，选取金融机构人民币短期贷款同比新增、社会融资规模增量、金融机构本外币贷款同比新增来表征，用名义值除以定基比CPI得到实际值。

⑦通货膨胀缺口（CPI）。通货膨胀缺口（CPI）与3.2节完全相同，这里不赘述。

（2）样本数据的处理。

以上货币供应量类、利率类、汇率类、房价类、股价类、信贷类共 20 个金融指标均需经过季节调整，按照以上步骤得到实际值之后，进行对数化处理，然后使用 HP 滤波方法计算各个金融状况变量和 CPI 的长期趋势值，本书采用各个金融变量的原始数据减去其 HP 滤波估计出来的趋势值得到缺口值，并将缺口值进一步标准化，最终得出标准值。

（3）抽取金融结构公因子。

提取货币供应量、利率、汇率、房价、股价、信贷等六个结构公因子。第一，抽取货币供应量结构公因子。在 EViews 中，本书使用因子分析法中的 Partitioned（PACE）估计方法抽取了货币供应量结构公因子（MSF），其金融含义是货币政策的货币传导渠道。第二，本书使用主成分法（Principal components）估计方法抽取了利率结构公因子（IRF），其金融含义是货币政策的利率传导渠道。第三，本书使用因子分析方法中的主因子估计方法抽取了汇率结构公因子（ERF），其金融含义是货币政策的汇率传导渠道。第四，本书使用因子分析法中多种方法抽取了房价结构公因子（HPF），但其与 CPI 的相关性仍然比国房景气指数低，因此本书选择国房景气指数作为房价类因子的代理变量，其金融含义是货币政策的房价传导渠道。第五，本书使用因子分析法中的 Principal factors 估计方法抽取了股价结构公因子（SPF），其金融含义是货币政策的股价传导渠道。第六，本书使用主成分法抽取了信贷结构公因子（CDF），其金融含义是货币政策的信贷传导渠道。由于结构公因子抽取的方法有很多种，本书从中选取了与通货膨胀（CPI）相关性最高的，从而导致各个结构公因子抽取方法不完全相同。

（4）样本数据的单位根检验。

在对模型估计之前，首先检验各个序列的平稳性。本书首先采用 ADF 方法进行检验，检验结果具体见表 4－14。根据检验结果可知，通货膨胀缺口（CPI），以及货币供应量（MSF）、利率（IRF）、汇率（ERF）、房价（HPF）、股价（SPF）和新增贷款（CDF）6 个公因子等 7 个变量都在 1% 的显著水平拒绝原假设，这说明它们都是平稳时间序列；接着使用 PP 方法进行检验，根据检验结果可知，通货膨胀缺口

（CPI），以及货币供应量（MSF）、利率（IRF）、汇率（ERF）、房价（HPF）、股价（SPF）和新增贷款（CDF）6个公因子等7个变量都在1%的显著水平拒绝原假设，这也说明它们都是平稳时间序列。因此它们都是平稳时间序列，可以用来建立NMR‑TVAR模型。

表4‑14　　　　　　　　　单位根检验

变量	ADF 检验				PP 检验			
	(c, t, n)	T 统计量	P 值	结论	(c, t)	T 统计量	P 值	结论
CPI	(0, 0, 1)	−3.0467	0.0024	平稳	(0, 0)	−3.3051	0.0010	平稳
MSF	(0, 0, 1)	−3.4165	0.0007	平稳	(0, 0)	−4.2154	0.0000	平稳
IRF	(0, 0, 1)	−3.8320	0.0001	平稳	(0, 0)	−4.0319	0.0001	平稳
ERF	(0, 0, 1)	−4.3494	0.0000	平稳	(0, 0)	−4.3352	0.0000	平稳
SPF	(0, 0, 1)	−3.9485	0.0001	平稳	(0, 0)	−3.9392	0.0001	平稳
HPF	(0, 0, 1)	−4.0350	0.0001	平稳	(0, 0)	−4.5537	0.0000	平稳
CDF	(0, 0, 1)	−3.7282	0.0002	平稳	(0, 0)	−3.9889	0.0001	平稳

4.2.1.2　NMR‑TVAR 模型的检验、估计和分析

（1）NMR‑TVAR 模型最优滞后阶数的确定。

标准 FCI 一般基于 VAR 模型中的 Lag OrdERF Selection CritERFia 来检验滞后阶数，但本书基于通货膨胀目标的中国 NMR‑TFCI 可能存在多机制，需要使用 NMR‑TVAR 模型检验最优滞后阶数。检验结果如表4‑15所示，按照 AIC 标准 NMR‑TVAR 模型最优滞后阶数是4阶，按照 SC 标准 NMR‑TVAR 模型最优滞后阶数是1阶。本书以 AIC 信息准则为准，将 NMR‑TVAR 模型滞后阶数确定为4阶。

表4‑15　　　　　基于 MR‑TVAR 模型的滞后阶数检验

Lag	1	2	3	4	5	6	7	8
AIC	4.87	4.88	4.87	4.86	5.05	5.28	5.48	5.65
SC	5.62	6.28	6.92	7.58	8.43	9.32	10.19	11.04

（2）门限存在性和机制数检验。

①门限存在性检验。为了确认本书研究的样本数据是否存在门限效应，需要进行门限效应检测，前人研究大多基于 2 机制门限模型进行门限效应检验，但实际上机制数是不确定的。在机制数未确定的情形下，本书则依据前文式（2.17）、式（2.19）、式（2.20）对模型的 2 机制、3 机制、4 机制分别进行检验。如表 4 – 16 所示的检测结果，从中可以看出，模型在 2 机制、3 机制、4 机制时，Bootstrap 法的 P 值均为 0.000，说明在各机制下，在 1% 的显著性水平下，门限效应显著，这就意味着存在门限效应，需要使用非线性的结构因子增广门限向量自回归模型（SFATVAR）进行估计。

表 4 – 16　　　　基于自举（Bootstrap）法的门限效应检验

原假设	LR 统计量	P 值
2 机制（1 门限）	105.9814	0.0000
3 机制（2 门限）	176.8632	0.0000
4 机制（3 门限）	206.6828	0.0000

②机制数检验。以上检验虽然确定了用门限向量自回归模型（TVAR）进行估计，但机制个数还没有确定，从表 4 – 16 的结果来看 N2R – TVAR、N3R – TVAR 和 N4R – TVAR 模型都有较大可能性，因此需要基于 Bootstrap 法构造一系列的似然比统计量来检验这些不同机制的模型，以检验哪个机制数最优。依据前文式（2.18）、式（2.20）、式（2.21）对模型的不同机制数进行检验，结果如表 4 – 17 所示，其中似然比统计量 LR 和 P 值，是将数据通过 Bootstrap 法 1000 次抽样，模拟出来的结果。2 机制与 3 机制，P 值为 0.0680，在 10% 的水平下是显著的，表明 3 机制模型优于 2 机制模型；2 机制和 4 机制进行似然比检验，2 机制与 4 机制，P 值为 0.001，在 1% 的水平下是显著的，表明 4 机制模型优于 2 机制模型；3 机制和 4 机制的检验中 P 值为 0.0330，在 5% 的水平下是显著的，说明 4 机制模型优于 3 机制模型；故本书最终选定

4 机制的门限模型，即 4R – TVAR 模型。

表 4 – 17　　　　　　　　基于 Bootstrap 法的机制数检验

2 机制与 3 机制		2 机制与 4 机制		3 机制与 4 机制	
LR23	P 值	LR24	P 值	LR34	P 值
84.8137	0.0680	128.5650	0.001	56.5881	0.0330

（3）4R – TVAR 模型的门限变量的检验。

现有文献在选择门限变量时，多以 VAR 模型实证分析中主要研究变量的单 Bootstrap 法的 P 值方程检验结果，作为对整个方程检验的结果，然而单方程检验可能与全部方程检验结果有出入，因此把单方程检验结果作为 TVAR 模型全部方程检验结果有时候会产生错误。本书根据前文式（2.18）进行门限变量检验，结果如表 4 – 18 所示（表中只列出全部方程的检验结果，单个方程略，如需请邮索）。从表 4 – 18 可知，当以滞后 1 阶的房价公因子（HPF（ – 1））作为门限变量时，整个 VAR 系统的方差协方差的矩阵值最小，并在 1% 的显著性水平下拒绝线性原假设，同时，在各单方程中 1% 显著性水平下，其效果也都较好。因此，本书选滞后 1 阶的房价公因子（HPF（ – 1））作为 4R – TVAR 模型的门限变量。

表 4 – 18　　　　　基于 4R – TVAR 模型的门限变量检验结果

门限变量	行列式值	门限变量	行列式值	门限变量	行列值	门限变量	行列值
CPI（ – 1）	1.41E – 07	CPI（ – 2）	1.49E – 07	CPI（ – 3）	1.43E – 07	CPI（ – 4）	1.44E – 07
MSF（ – 1）	1.49E – 07	MSF（ – 2）	1.47E – 07	MSF（ – 3）	1.41E – 07	MSF（ – 4）	1.49E – 07
IRF（ – 1）	1.34E – 07	IRF（ – 2）	1.24E – 07	IRF（ – 3）	1.56E – 07	IRF（ – 4）	1.52E – 07
ERF（ – 1）	1.55E – 07	ERF（ – 2）	1.75E – 07	ERF（ – 3）	1.38E – 07	ERF（ – 4）	1.62E – 07
SPF（ – 1）	1.19E – 07	SPF（ – 2）	1.26E – 07	SPF（ – 3）	1.36E – 07	SPF（ – 4）	1.19E – 07
HPF（ – 1）	6.74E – 08	HPF（ – 2）	6.93E – 08	HPF（ – 3）	1.24E – 07	HPF（ – 4）	1.38E – 07
CDF（ – 1）	1.51E – 07	CDF（ – 2）	1.47E – 07	CDF（ – 3）	1.37E – 07	CDF（ – 4）	1.31E – 07

（4）4R – TVAR 模型门限值估计和机制划分。

①基于 4R – TVAR 模型的门限值及其置信区间估计。本书参照前文式（2.20）、式（2.21）、式（2.22）、式（2.25）对基于 4R – TVAR 模型的门限值及其 95% 置信区间进行估计，结果如表 4 – 19 和图 4 – 6 所示。3 个门限估计值分别为 – 0.4584、0.2058 和 0.9804，图 4 – 6 是门限值的置信区间估计的详细构造图，图 4 – 6 中虚线是 95% 的置信区间线，其判断标准值为 7.3522。如图 4 – 6，似然比统计量 LR 与 95% 的置信区间线相交于一个或几个点，对位于线以下的点对应的门限变量样本值进行排序，找到其中最大值和最小值，并以此构造门限估计值的置信区间。

表 4 – 19　　　　　　　基于 NMR – TVAR 模型的门限值估计

门限	估计值	95% 置信区间
γ1	– 0.4584	［ – 0.5263，– 0.4569］
γ2	0.2058	［0.2015，0.2058］
γ3	0.9804	［0.9804，0.9839］

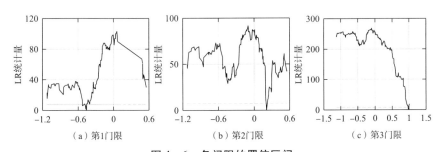

图 4 – 6　各门限的置信区间

②基于 4R – TVAR 模型的机制划分。以前文估计所得的 3 个门限估计值为界限，可将样本数据分为 4 种机制，其对应的范围和意义如表 4 – 20 所示。从表 4 – 20 可知，第 1、2、3 和 4 机制的样本范围分别为 ［ – 3.1271，– 0.4584］、（ – 0.4584，0.2058］、（0.2058，0.9804］ 和 （0.9804，3.6374］；样本范围表明第 1、2、3 和 4 机制分别表征了

中国货币政策的扩张机制期、适度扩张机制期、适度紧缩机制期和紧缩机制期；第 1、2、3 和 4 机制的样本数分别为 71、107、63 和 28，相应占比分别为 26.39%、39.78%、23.42% 和 10.41%。

表 4-20　　　　　基于 4R-TVAR 模型的各机制划分和意义表征

序列	样本数	样本占比（%）	样本范围	货币政策表征
第 1 机制	71	26.39	[-3.1271, -0.4584]	扩张机制期
第 2 机制	107	39.78	(-0.4584, 0.2058]	适度扩张机制期
第 3 机制	63	23.42	(0.2058, 0.9804]	适度紧缩机制期
第 4 机制	28	10.41	(0.9804, 3.6374]	紧缩机制期

（5）4R-TVAR 模型系数估计。

选择经过前文处理的 1998 年 1 月~2020 年 9 月的样本数据，基于式（2.28）的 4R-SFATVAR 模型的参数进行了估计（受篇幅限制，估计结果未列出）。从估计结果可知，在第 1、2、3 和 4 种机制下，4R-TVAR 模型系数估计值大多数在 1%、5% 和 10% 的显著水平上显著，说明模型拟合较合理；同时，在 CPI 方程中，在每种机制下，各个金融变量都对 CPI 具有显著影响，这说明基于 4R-TVAR 模型编制基于通货膨胀目标的中国 NMR-TFCI 的合理性。

4.2.1.3　基于 4R-TVAR 模型的多机制门限金融状况指数的编制

（1）各机制广义脉冲响应函数分析。

选择各机制样本数据，计算 40 期 CPI 对各金融变量的单位信息冲击的广义脉冲响应函数值，结果如图 4-7 所示。根据图 4-7，本书得出以下结论：第一，中国货币政策对通货膨胀的传导机制具有门限特征。在同一机制下，各个金融变量的广义脉冲响应函数值各不相同，同时，在不同机制下，同一个金融变量的广义脉冲响应函数值依然各不相同。第二，中国货币政策对通货膨胀影响期限主要发生在中短期。由图 4-7 可知，在 1~4 种机制中，金融变量的广义脉冲响应函数值都在第20内趋近0，因此，中国货币政策对通货膨胀的影响时限在中短期。

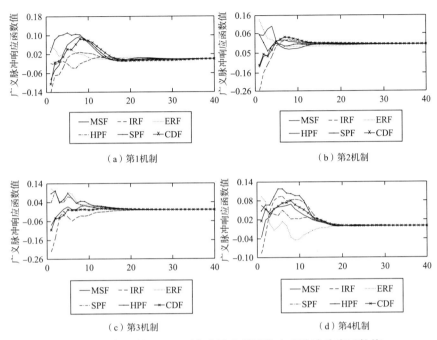

（a）第1机制 （b）第2机制

（c）第3机制 （d）第4机制

图 4-7 各机制下 CPI 对各金融公因子的广义脉冲响应函数值

（2）各机制基于通货膨胀目标的中国 NMR - TFCI 的权重测算。本书对各个机制下包括不同期数的广义脉冲响应函数值（从 1~1 期到 1~40 期）构建的多机制门限金融状况指数（基于通货膨胀目标的中国 NMR - TFCI）进行排列组合试验，发现第 1 机制选择 1~4 期、第 2 机制选择 1~40 期、第 3 机制选择 1~2 期和第 4 机制选择 1~1 期的广义脉冲响应函数值构建的基于通货膨胀目标的中国 NMR - TFCI 与通货膨胀缺口的相关性最好。将经过上述试验得到的最优的广义脉冲响应函数值代入式（2.30），计算得到各机制基于通货膨胀目标的中国 NMR - TFCI 的权重系数，具体结果如图 4-8 所示。

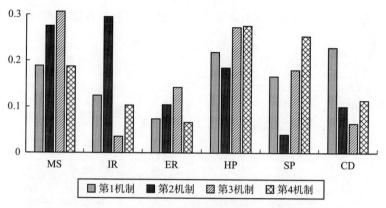

图 4 – 8 各机制中国 NMR – TFCI 的权重系数

本书分机制对 NMR – TCI 权重系数的绝对值依照降序排列，结果如下：①第 1 机制基于通货膨胀目标的中国 NMR – TFCI 的权重系数排序结果为 CDF（0. 2289）> HPF（0. 2184）> MSF（0. 1887）> SPF（0. 1660）> IRF（0. 1245）> ERF（0. 0735），这说明在扩张机制期中国货币政策对通货膨胀更有效的传导渠道是新增贷款、房价和货币供应量，股价、利率和汇率则作用相对有限；②类似地，第 2 机制为 IRF（0. 2952）> MSF（0. 2754）> HPF（0. 1847）> ERF（0. 1045）> CDF（0. 1006）> SPF（0. 0400），这说明在适度扩张机制期中国货币政策对通货膨胀更有效的传导渠道为利率、货币供应量和房价，汇率、新增贷款和股价则作用相对有限；③第 3 机制为 MSF（0. 3062 ）> HPF（0. 2727）> SPF（0. 1797）> ERF（0. 1422）> CDF（0. 0637）> IRF（0. 0353），这说明在适度紧缩机制期中国货币政策对通货膨胀更有效的传导渠道是货币供应量、房价和股价，汇率、新增贷款、利率则作用相对有限；④第 4 机制为 HPF（0. 2759）> SPF（0. 2535）> MSF（0. 1874）> CDF（0. 1138）> IRF（0. 1035）> ERF（0. 0659），这说明在紧缩机制期中国货币政策对通货膨胀更有效的传导渠道是房价、股价和货币供应量，新增贷款、利率和汇率则作用相对弱。

同时，本书分金融变量对基于通货膨胀目标的中国 NMR – TFCI 权重系数绝对值在各机制下进行排位比较，结果如下：①基于通货膨胀目

标的中国 NMR – TFCI 构成变量 MSF 在各机制下的权重系数排序结果
为：在四个机制下均排名靠前，其中在 3 机制下排名第一；②IRF 在 1、
3、4 机制下都排名靠后，但在 2 机制下排名第一；③ERF 在四个机制
下均排名靠后；④HPF 在四个机制下均排名靠前，其中在 4 机制下排名
第一；⑤SPF 在 1、2 机制下排名靠后，3、4 机制下排名靠前；⑥CDF
在 1 机制下排名第一，2、3、4 机制下排名靠后。

　　基于图 4 – 8 的各机制基于通货膨胀目标的中国 NMR – TFCI 的权重
系数分析，本书得出以下结论：第一，基于通货膨胀目标的中国 NMR –
TFCI 的各金融变量权重系数具有门限特征。这表现在同一机制下，各
金融变量在指数中的权重各不相同；在不同机制下，同一金融变量在指
数中权重存在较大的差异。第二，中国货币政策调控通货膨胀的有效传
导渠道具有门限特征。在经济萧条期（对应货币政策扩张机制期），中
国货币政策调控通货膨胀的主要有效传导渠道是新增贷款、房价和货币
供应量；在经济衰退期（对应货币政策适度扩张机制期），主要有效传
导渠道是率、货币供应量和房价；在经济复苏期（对应货币政策适度紧
缩机制期），主要有效传导渠道是货币供应量、房价和股价；在经济繁
荣期（对应货币政策紧缩机制期），主要有效传导渠道是房价、股价和
货币供应量。第三，中国货币政策调控经济增长的方式类型是数量和价
格相结合的。这表现为在第 1 ~ 4 机制下，数量型货币政策分别占比
41.76%、37.60%、37.00% 和 30.12%，这充分说明了中国货币政策是
数量和价格结合型的，其中第 1 机制下，数量型货币政策占比最大，在
第 4 机制下占比最小。第四，资产价格传导渠道在中国货币政策调控经
济增长中发挥着重要作用。在基于通货膨胀目标的中国 NMR – TFCI 中，
资产价格（包括股价和房价）在第 1 ~ 4 机制下所占权重分别为
38.44%、22.44%、45.25% 和 52.94%，权重占比较高，也表明了在金
融状况指数中加入股价和房价等资产价格的必要性。

　　（3）基于通货膨胀目标的中国 NMR – TFCI 实证测度。

　　首先，将上面得到的中国各机制基于通货膨胀目标的中国 NMR –
TFCI 权重系数，代入式（2.30）可以分别得到第 1、2、3 和 4 机制下
的门限金融状况指数 NMR – FCI1、NMR – FCI2、NMR – FCI3 和 NMR –

FCI4，具体见图 4-9（其中横轴是 1998 年 5 月~2020 年 9 月）；其次，把上述第 1~4 机制门限金融状况指数加总，可得基于通货膨胀目标的中国新型多机制门限金融状况指数（基于通货膨胀目标的中国 NMR-TFCI），本书用图形来表示基于通货膨胀目标的中国 NMR-TFCI，为了避免重复，将其放到了第下一部分的图 4-10 中。

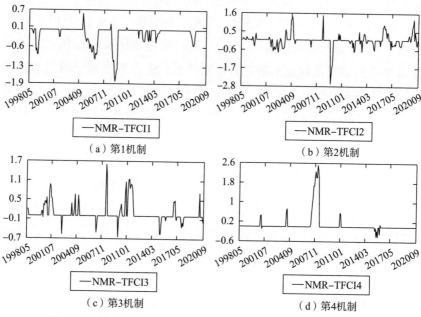

（a）第1机制　　　　　　　　　（b）第2机制

（c）第3机制　　　　　　　　　（d）第4机制

图 4-9　第 1~4 机制的基于通货膨胀目标的中国 NMR-TFCI

4.2.2　基于通货膨胀目标的中国新型多机制门限金融状况指数应用

4.2.2.1　基于通货膨胀目标的中国 NMR-TFCI 与 CPI 相关性研究

（1）基于通货膨胀目标的中国 NMR-TFCI、N2R-TFCI、N1R-FCI 与 CPI 折线图比较分析。

从图 4-10 可知，基于通货膨胀目标的中国 NMR-TFCI、N2R-TFCI、N1R-FCI 与 CPI 的整体运行轨迹大致相同，基于通货膨胀目标的中国 NMR – TFCI、N2R – TFCI 和 1R_FCI 领先 CPI，对 CPI 的走势具有先导作用。从图 4 – 10 中几个峰顶和峰谷来看，基于通货膨胀目标的中国 NMR – TFCI 领先 CPI 约 0 ~ 4 个月，在一些波峰波谷比 N2R – TFCI 和 N1R – FCI 多领先 0 ~ 4 个月。如基于通货膨胀目标的中国 NMR – TFCI、N2R – TFCI 和 N1R – FCI 分别在 2007 年 11 月、11 月和 2008 年 2 月达到最高点，而 CPI 在 2008 年 2 月才达到最高点，分别比 CPI 领先 4 个月、4 个月、0 个月，基于通货膨胀目标的中国 NMR – TFCI 分别比 N2R – TFCI、N1R – FCI 多领先 0 和 4 个月；又如基于通货膨胀目标的中国 NMR – TFCI、N2R – TFCI 和 N1R – FCI 都在 2011 年 4 月达到局部最高点，而 CPI 在 2011 年 7 月才达到局部最高点，都比 CPI 领先 3 个月；再如基于通货膨胀目标的中国 NMR – TFCI、N2R – TFCI 和 N1R – FCI 都在 2012 年 6 月达到局部最低点，而 CPI 在 2012 年 10 月才达到局部最低点，都比 CPI 领先 4 个月。总之，基于通货膨胀目标的中国 NMR – TFCI 在中短期内对 CPI 具有较好的领先关系，领先 CPI 约 0 ~ 4 个月，在领先性上与 N2R – TFCI 难分伯仲，但领先于 N1R – FCI，需要通过下面的跨期相关系数检验法进行进一步比较分析和区分。

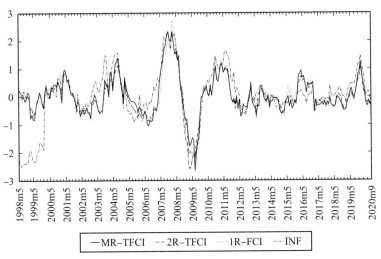

图 4 – 10　基于通货膨胀目标的中国 MR – TFCI 等和 INF 比较

（2）基于通货膨胀目标的中国 NMR - TFCI、N2R - TFCI、N1R - FCI 与 CPI 的跨期相关性检验。

对基于通货膨胀目标的中国 NMR - TFCI、N2R - TFCI 和 N1R - FCI 与 CPI 进行跨期相关性检验，以判断基于通货膨胀目标的中国 NMR - TFCI 对 CPI 是否有领先作用，并比较基于通货膨胀目标的中国 NMR - TFCI、N2R - TFCI 和 N1R - FCI 的优劣，具体结果如表 4 - 21 所示。从表 4 - 21 可以得出以下结论：首先，从最大跨期相关系数来看，基于通货膨胀目标的中国 NMR - TFCI、N2R - TFCI 和 N1R - FCI 均在 0 期达到最大值 0.7295、0.7228 和 0.7270，这说明在跨期相关系数最大值上基于通货膨胀目标的中国 NMR - TFCI 优于 N2R - TFCI 和 N1R - FCI；其次，从 0~8 期跨期相关系数的平均数来看，基于通货膨胀目标的中国 NMR - TFCI、N2R - TFCI 和 N1R - FCI 分别为 0.4575、0.4849 和 0.4663，劣于 N2R - TFCI 和 N1R - FCI。总之，考虑最大跨期相关性更重要，在与中国通货膨胀的跨期相关性上，本书构建的基于通货膨胀目标的中国新型多机制门限金融状况指数优于 2 机制和 1 机制的金融状况指数，并适应于对经济增长的中短期预测。

表 4 - 21　　基于通货膨胀目标的中国 NMR - TFCI 等与 INF 跨期相关系数

期数	0	1	2	3	4	5	6	7	8	平均数
NMR - TFCI	0.7295	0.6829	0.6255	0.5569	0.4791	0.3935	0.3120	0.2200	0.1182	0.4575
N2R - TFCI	0.7228	0.6913	0.6442	0.5854	0.5197	0.4384	0.3527	0.2580	0.1514	0.4849
N1R - FCI	0.7270	0.6846	0.6306	0.5656	0.4929	0.4097	0.3250	0.2328	0.1289	0.4663

4.2.2.2　基于通货膨胀目标的中国 NMR - TFCI 与 CPI 因果关系研究

从上述相关性研究可知，基于通货膨胀目标的中国 NMR - TFCI 与 CPI 相比，大致领先其 0~4 个月，但基于通货膨胀目标的中国 NMR - TFCI 与 CPI 之间是否具有因果关系，尚不知晓，因此需要进行格兰杰因果关系检验，同时检验 N2R - TFCI、N1R - FCI 与 CPI 之间的格兰杰因果关系，以判断基于通货膨胀目标的中国 NMR - TFCI 是否比它们在与 CPI 的因果性上更优。通过前面的实证分析可知，本书编制的基于通货膨胀目标的中国 NMR - TFCI 与 CPI 存在线性关系，因此本书将采用格兰杰因果关系检验法，对基于通货膨胀目标的中国 NMR - TFCI 与 CPI 的格兰杰因果关系进行检验，并同时分别检验 N2R - TFCI、N1R - FCI 与 CPI 的格兰杰因果关系，检验结果如表 4 - 22 所示。

表 4 - 22　　MR - TFCI、2R - TFCI、1R - FCI 与 CPI 格兰杰因果关系检验

原假设	期数	1		2		3		4	
	指数	F	P	F	P	F	P	F	P
FCI 不是 CPI 原因	NMR - TFCI	3.0397	0.0012	2.4898	0.0064	2.3246	0.0100	2.4186	0.0078
	N2R - TFCI	2.6954	0.0035	2.4781	0.0066	2.3495	0.0094	2.3890	0.0084
	N1R - FCI	2.6125	0.0045	2.2516	0.0122	2.1601	0.0154	2.2767	0.0114
CPI 不是 FCI 原因	NMR - TFCI	1.6212	0.0525	1.5714	0.0581	1.4078	0.0796	1.2841	0.0996
	N2R - TFCI	1.0712	0.1420	0.8314	0.2029	1.1538	0.1243	1.1645	0.1221
	N1R - FCI	1.1148	0.1325	1.1057	0.1344	0.9165	0.1797	1.0241	0.1529
原假设	期数	5		6		7		8	
	指数	F	P	F	P	F	P	F	P
FCI 不是 CPI 原因	NMR - TFCI	2.2896	0.0110	1.9434	0.0260	1.8837	0.0298	1.5614	0.0592
	N2R - TFCI	2.2691	0.0116	2.0606	0.0197	1.8618	0.0313	1.5740	0.0577
	N1R - FCI	2.1640	0.0152	1.9981	0.0229	1.7914	0.0366	1.7032	0.0443
CPI 不是 FCI 原因	NMR - TFCI	1.1919	0.1166	0.8677	0.1928	0.8293	0.2035	0.5075	0.3059
	N2R - TFCI	1.1545	0.1242	1.1831	0.1184	1.1605	0.1229	0.9580	0.1690
	N1R - FCI	1.0092	0.1564	1.1084	0.1338	1.0375	0.1497	0.9549	0.1698

注：F 是 F 统计量、P 是对应的概率值。

从表 4 - 22 可知，在对原假设为基于通货膨胀目标的中国 NMR - TFCI 不是 CPI 原因的检验中，基于通货膨胀目标的中国 NMR - TFCI 滞后 1 ~ 4 阶在 1% 的显著水平上拒绝原假设，滞后 5 ~ 7 阶在 5% 显著水平上拒绝原假设，滞后 8 阶在 10% 现在水平上拒绝原假设，说明基于

通货膨胀目标的中国 NMR – TFCI 全部滞后阶数都是 CPI 的格兰杰原因；基于通货膨胀目标的中国 N2R – TFCI 不是 CPI 原因的检验中，中国 N2R – TFCI 滞后 1～4 阶在 1% 的显著水平上拒绝原假设，滞后 5～7 阶在 5% 显著水平上拒绝原假设，滞后 8 阶在 10% 水平上拒绝原假设，说明中国 N2R – TFCI 全部滞后阶数都是 CPI 的格兰杰原因；基于通货膨胀目标的中国 N1R – TFCI 不是 CPI 原因的检验中，中国 N1R – FCI 滞后 1 阶在 1% 的显著水平拒绝原假设，滞后 2～8 阶在 5% 的显著水平上拒绝原假设，说明中国 N1R – FCI 全部滞后阶数都是 CPI 的格兰杰原因。

同时，由表 4－22 可知，在对原假设为 CPI 不是基于通货膨胀目标的中国 NMR – TFCI 原因的检验中，中国 CPI 滞后 1～4 阶在 10% 的显著水平上拒绝原假设，滞后 5～8 阶则不能拒绝原假设，说明中国 CPI 滞后 1～4 阶是基于通货膨胀目标的中国 NMR – TFCI 的格兰杰原因，其他滞后阶数则不是；在对原假设为 CPI 不是基于通货膨胀目标的中国 N2R – TFCI 原因的检验中，中国 CPI 全部滞后阶数不能拒绝原假设，说明中国 CPI 全部滞后阶数都不是 N2R – TFCI 的格兰杰原因；在对原假设为 CPI 不是基于通货膨胀目标的中国 N1R – FCI 原因的检验中，中国 CPI 全部滞后阶数不能拒绝原假设，说明中国 CPI 全部滞后阶数都不是 N1R – FCI 的格兰杰原因。因此，基于通货膨胀目标的中国 NMR – TFCI 和中国 CPI 具有显著的双向因果关系，N2R – TFCI、1R – FCI 和中国 CPI 具有单向的因果关系。综合比较，容易看出本书编制的基于通货膨胀目标的中国 NMR – TFCI 在与 CPI 的因果性上明显优于 N2R – TFCI 和 N1R – FCI。

4.2.2.3 基于通货膨胀目标的中国 NMR – TFCI 对 CPI 的预测能力检验

本书采用循环式方程对 CPI 进行预测，其公式如式（4.2）所示。

$$CPI_t = \alpha + \beta NMR - TFCI_{t-k} + \mu_t \qquad (4.2)$$

其中，$MR – TFCI_{t-k}$ 表示提前 k 期的基于通货膨胀目标的中国 NMR – TFCI，k 取 0～8，如表 4－23 所示。表 4－23 测算了系数、P 值、R^2、

AIC、SC、MAE、RMSE 等 7 个指标。

首先，从最大拟合优度（R^2）来看，基于通货膨胀目标的中国 NMR－TFCI、N2R－TFCI 和 N1R－FCI 均在第 0 期达到最大值 0.5322、0.5224 和 0.5285，也就是说 CPI 的 53.22%、52.24% 和 52.85% 的波动可以由基于通货膨胀目标的中国 NMR－TFCI、N2R－TFCI 和 N1R－FCI 解释，在最大拟合优度上基于通货膨胀目标的中国 NMR－TFCI 优于 N1R－FCI、N2R－TFCI；

其次，从 0~8 期平均拟合优度（R^2）来看，基于通货膨胀目标的中国 NMR－TFCI、N2R－TFCI 和 N1R－FCI 分别为 0.2632、0.2866 和 0.2710，基于通货膨胀目标的中国 NMR－TFCI 略劣于 N2R－TFCI 和 N1R－FCI。虽然它们总体上解释力度都较低，是因为没有加入除 FCI 的其他重要影响变量，但由于本书的目的不在此，因此并不做相关研究。

最后，考虑到最大预测能力更重要，在对中国通货膨胀的预测能力检验上，本书构建的基于通货膨胀目标的中国新型多机制门限金融状况指数优于 2 机制和 1 机制的金融状况指数，并适应于对经济增长的中短期预测。

表 4－23　　　　　各机制 TFCI 对 CPI 的预测能力检验

指数	期数	0	1	2	3	4	5	6	7	8	平均值
NMR－TFCI	系数	0.9982	0.9366	0.8582	0.7641	0.6578	0.5403	0.4284	0.3024	0.1633	0.6277
	P 值	0.0000	0.0000	0.0000	0.0000	0.0000	0.0000	0.0000	0.0001	0.0337	0.0038
	R^2	0.5322	0.4768	0.4096	0.3333	0.2534	0.1754	0.1132	0.0579	0.0173	0.2632
	AIC	2.0579	2.1539	2.2552	2.3541	2.4447	2.5217	2.5719	2.6087	2.6261	2.3994
	SC	2.0846	2.1807	2.2821	2.3811	2.4717	2.5488	2.5991	2.6359	2.6534	2.4264
	MAE	0.4454	0.4868	0.5253	0.5644	0.5950	0.6223	0.6407	0.6407	0.6371	0.5731
	RMSE	0.0407	0.0426	0.0444	0.0461	0.0474	0.0486	0.0494	0.0495	0.0494	0.0464

续表

指数	期数	0	1	2	3	4	5	6	7	8	平均值
N2R-TFCI	系数	0.9814	0.9395	0.8758	0.7961	0.7067	0.5963	0.4796	0.3509	0.2068	0.6592
	P值	0.0000	0.0000	0.0000	0.0000	0.0000	0.0000	0.0000	0.0000	0.0065	0.0007
	R^2	0.5224	0.4879	0.4338	0.3679	0.2976	0.2174	0.1444	0.0794	0.0283	0.2866
	AIC	2.0786	2.1324	2.2134	2.3009	2.3836	2.4695	2.5360	2.5856	2.6148	2.3683
	SC	2.1053	2.1592	2.2403	2.3278	2.4107	2.4966	2.5632	2.6128	2.6421	2.3953
	MAE	0.4362	0.4587	0.4930	0.5356	0.5694	0.6026	0.6242	0.6320	0.6340	0.5540
	RMSE	0.0403	0.0414	0.0430	0.0449	0.0464	0.0478	0.0487	0.0491	0.0493	0.0456
N1R-FCI	系数	0.9333	0.8829	0.8142	0.7304	0.6365	0.5289	0.4195	0.3008	0.1677	0.6016
	P值	0.0000	0.0000	0.0000	0.0000	0.0000	0.0000	0.0000	0.0000	0.0202	0.0022
	R^2	0.5285	0.4801	0.4175	0.3448	0.2688	0.1905	0.1230	0.0649	0.0206	0.2710
	AIC	2.0658	2.1475	2.2418	2.3367	2.4239	2.5033	2.5607	2.6012	2.6227	2.3893
	SC	2.0925	2.1743	2.2687	2.3636	2.4509	2.5304	2.5879	2.6284	2.6500	2.4163
	MAE	0.4454	0.4751	0.5099	0.5547	0.5845	0.6134	0.6300	0.6357	0.6353	0.5649
	RMSE	0.0407	0.0421	0.0437	0.0457	0.0470	0.0482	0.0489	0.0493	0.0493	0.0461

4.2.3 简要结论及政策建议

4.2.3.1 简要结论

本书选取货币供应量、利率、汇率、房价、股价、新增贷款6个金融结构公因子1998年1月~2020年9月的月度数据，通过拓展构建了多机制结构因子增广门限向量自回归模型（NMR-SFATVAR）和基于通货膨胀目标的中国NMR-TFCI的多机制门限编制公式，基于构建的模型和公式，首次尝试实际编制基于通货膨胀目标的中国新型多机制门限金融状况指数，并实证检验了其对中国通货膨胀（CPI）的领先性、相关性、因果性和预测能力，并同时与2机制门限FCI（N2R-TFCI）和1机制线性FCI（N1R-FCI）进行了比较，得出以下结论。

第一，相对于 N2R – TFCI 和 N1R – FCI 而言，本书编制的基于通货膨胀目标的中国新型多机制门限金融状况指数是通货膨胀的一个更优的领先性、相关性、因果性指标和预测指标。通过实证检验发现，本书构建的基于通货膨胀目标的中国 NMR – TFCI 在与（或对）CPI 的领先性、相关性、因果性和预测能力上，总体上优于 N2R – TFCI 和 N1R – FCI。

第二，中国货币政策调控通货膨胀的有效传导渠道具有门限特征。在经济萧条期，中国货币政策调控通货膨胀的主要有效传导渠道是新增贷款、房价和货币供应量；在经济衰退期，主要有效传导渠道是率、货币供应量和房价；在经济复苏期，主要有效传导渠道是货币供应量、房价和股价；在经济繁荣期，主要有效传导渠道是房价、股价和货币供应量。

第三，中国货币政策调控经济增长的方式类型是数量和价格相结合的。这表现为在第 1~4 机制下，数量型货币政策分别占比 41.76%、37.60%、37.00% 和 30.12%，这充分说明了中国货币政策是数量和价格结合型的，其中第 1 机制下，数量型货币政策占比最大，在第 4 机制下占比最小。

第四，资产价格传导渠道在中国货币政策调控经济增长中发挥着重要作用。在基于通货膨胀目标的中国 NMR – TFCI 中，资产价格（包括股价和房价）在第 1~4 机制下所占权重分别为 38.44%、22.44%、45.25% 和 52.94%，权重占比较高，也表明了在金融状况指数中加入股价和房价等资产价格的必要性。

4.2.3.2　政策建议

为了更好地发挥本书编制的基于通货膨胀目标的中国新型多机制门限金融状况指数对通货膨胀的监测和预测作用，本书提出以下三点建议：

第一，定期编制并公布基于通货膨胀目标的中国新型多机制门限金融状况指数。相对于线性 FCI 而言，非线性 FCI 可根据金融变量所处的机制不同，赋予其不同的权重，从而对通货膨胀具有更高的解释力度，且多机制门限 FCI 又比 2 机制门限 FCI 可以进一步优化提高。中国政府相关部门和一些金融机构应对基于通货膨胀目标的中国新型多机制门限金融状况指数进行跟踪测算，并且对外进行定期公布，真实透明地反映中国货币政策的松紧程度，成为中国宏观经济监测重要参考指标，同时还对中国未来的通货膨胀趋势进行非线性预测。

第二，建议中国金融监管部门分机制将资产价格纳入货币政策目标中。研究结果表明，资产价格（包括股价和房价）在基于通货膨胀目标的中国 NMR – TFCI 的构建中占有较大权重，同时随着房地产和股票市场的发展，以房价和股价为代表的中国货币政策的资产价格传导机制通过托宾 Q 效应、财富效应和资产负债表效应等传导渠道对实体经济产生的影响逐渐增强，因此有必要将多种金融状况机制下的资产价格纳入货币政策调控目标。为了保证充分发挥资产价格传导机制作用，促进金融市场全面改革开放的同时，还应对不合理的资产价格进行有效调控，建立预警指标。对于房地产价格，制定合理的调控政策、增加经济适用房和廉价房的供给；对于不成熟的股价，建立健全相关规章制度，增强对投资者的知识与风险教育。

第三，根据金融经济所处机制的不同，选择不同的货币政策工具组合调控通货膨胀。根据前文的实证分析可知，在不同的机制下，中国货币政策调控通货膨胀的各类传导渠道的效应存在显著差异，因此，在宏观调控时中国央行应选择并实施对该机制更有效的货币政策。

4.3 基于混频损失函数的中国新型多机制门限金融状况指数实证编制及应用

本节从混频损失函数出发，构建及应用了基于混频损失函数的中国新型多机制门限金融状况指数（在本节简称为基于 MLF 的中国 NMR – TFCI）。这里使用的混频损失函数与第 3.3 节完全相同，这里不赘述。

4.3.1 基于混频损失函数的中国新型多机制门限金融状况指数编制

4.3.1.1 样本数据的选取、处理和检验

（1）样本数据的选取。

本书选用 1998 年 1 月 ~ 2020 年 9 月的月度数据，一共 273 个样本点，选择货币供应量（MSF）、利率（IRF）、汇率（ERF）、房价（HPF）、股价（SPF）、新增贷款（CDF）等六个金融结构公因子，详细信息如表 4 - 13 所示。这些金融变量的选取和处理与 4.1 节基本相同，但不完全相同，主要是因为这些金融指标与经济增长（GDP）和混频损失函数（MLF）的相关性存在一定的差异。

本书选取变量时，主要以两个原则作为选取标准：第一，该变量是否能反映中国金融和经济状况的未来信息；第二，该变量在货币传导机制中是否起到主要作用。同时，借鉴国内外已选取的金融和经济变量，并考虑以本书的研究意义以及本国的国情，将从 61 个金融变量中选择货币供应量类、利率类、汇率类、房价类、股价类、信贷类指标，来编制本书的基于混频损失函数的中国新型金融状况指数（简称基于 MLF 的中国 NMR - TFCI），如表 4 - 24 所示。

①货币供应量类指标。货币供应量是央行宏观调控机制，其通过作用于货币政策中介指标来达到政策目标。本书将选择货币供应量 M0、M1、M2、准货币（M2 - M1）来代理货币供应量，实际货币供应量为：名义值/定基比 CPI。

②利率类指标。本书编制新型多机制门限金融状况指数选取利率类指标，主要由于利率是货币政策传导机制中的主要指标，在 IS—LM 模型中利率渠道是主要的货币传导机制，同时，利率也是一个易于中央银行调节的变量，央行可以通过改变利率来实施货币政策，央行调高利率，意味着实施紧缩型货币政策；中央银行调低利率，意味着实施扩张型货币政策。中国利率从 1996 年开始整体呈下降趋势，2007 年略有回

升，2008 年应对金融危机时，又连续降息 4 次，目前，利息维持在一个相对较低且稳定的区间。同业拆借利率是以央行再贷款利率和再贴现率为基准，其波动频繁，能准确而快速地反映中国利率波动状况。为了更全面地掌握中国利率信息，本书将选择全国银行间隔夜同业拆借市场利率 1 天、3 个月、9 个月等 3 个变量来表征中国利率，实际利率为：名义利率—通货膨胀率，并且本书对利率加了 100，取本利和的形式。

表 4 – 24 　　　　　　　　　　具体指标说明

类别	金融指标	类别	金融指标
货币供应量类	流通中货币（M0）	利率类	银行间同业拆借利率：1 天
	狭义货币（M1）		银行间同业拆借利率：3 月
	广义货币（M2）		银行间同业拆借利率：9 月
	准货币（M2－M1）		
汇率类	英镑对人民币汇率	房价类	国房景气指数
	加元对人民币汇率		商业营业用房销售均价
	澳元对人民币汇率		办公楼销售均价
股价类	上证 B 股指数	信贷类	金融机构人民币短期贷款同比新增
	上证 180 指数		社会融资规模增量
	中证 100 指数		金融机构本外币贷款同比新增

资料来源：Wind 数据库。

③汇率类指标。汇率是由外汇市场决定，本书编制新型多机制门限金融状况指数选取汇率类指标，主要由于汇率会随利率、经济等原因波动，汇率会对进出口贸易与经济结构产生重大影响。本书将选择英镑、加元、澳元与人民币的汇率来表征汇率指标，实际汇率为：$\frac{汇率 \times 中国定基比 CPI}{各国定基比 CPI}$。

④房价类指标。房价在整个价格体系中，处于基础价格的重要地位，决定了它在市场经济中具有非常重要的功能和作用。房价水平一定程度上决定着市场总体价格水平，对调节居民的生活水平有重要的功能

和作用，同时，发挥着调节房地产市场供求总量和结构的重要作用。中国房地产经济总量在 GDP 中占有重大比重，根据国际货币基金组织的计算，中国的房地产市场的投资比例一般占到 GDP 的 24%。房价会通过财富效应影响消费，通过资产负债表效应影响投资，其对宏观经济的整体影响依赖于此两者。本书将选择国房景气指数、商业营业用房销售均价、办公楼销售均价来表征房价指标，其实际值为：名义值/定基比 CPI。

⑤股价类指标。股票价格是一国金融经济的晴雨表，能有效反映中国金融经济的波动。本书将选取上证 B 股指数、上证 180 指数、中证 100 指数表征中国股价。由于股价指数本身就是定基比指数，所以没有进行实际化调整。

⑥信贷类指标。选取金融机构人民币短期贷款同比新增、社会融资规模增量、金融机构本外币贷款同比新增来表征，用名义值除以定基比 CPI 得到实际值。

⑦混频损失函数（MLF）。混频损失函数（MLF）与 3.3 节完全相同，这里不赘述。

（2）样本数据的处理。

以上货币供应量类、利率类、汇率类、房价类、股价类、信贷类共 20 个金融指标均需经过季节调整，按照以上步骤得到实际值之后，进行对数化处理，然后使用 HPF 滤波方法计算各个金融状况变量的长期趋势值，本书采用各个金融变量的原始数据减去其 HPF 滤波估计出来的趋势值得到缺口值，并将缺口值进一步标准化，最终得标准值。

（3）提取金融结构公因子。

提取货币供应量、利率、汇率、房价、股价、信贷等六个结构公因子。第一，抽取货币供应量结构公因子。在 EViews 中，本书使用因子分析法中的 Partitioned（PACE）估计方法抽取了货币供应量结构公因子（MSF），其金融含义是货币政策的货币传导渠道。第二，本书使用主成分法估计方法抽取了利率结构公因子（IRF），其金融含义是货币政策的利率传导渠道。第三，本书使用主成分法估计方法抽取了汇率结构公因子（ERF），其金融含义是货币政策的汇率传导渠道。第四，本书使用因子分析法中多种方法抽取了房价结构公因子（HPF），但其与MLF的相关性仍然比国房景气指数低，因此本书选择国房景气指数作为房价类因子的代理变量，其金融含义是货币政策的房价传导渠道。第五，本书使用因子分析法中的主因子估计方法抽取了股价结构公因子（SPF），其金融含义是货币政策的股价传导渠道。第六，本书使用主成分法抽取了信贷结构公因子（CDF），其金融含义是货币政策的信贷传导渠道。由于结构公因子抽取的方法有很多种，本书从中选取了与混频损失函数（MLF）相关性最高的，从而导致各个结构公因子抽取方法不完全相同。

（4）样本数据的单位根检验。

在对模型估计之前，首先检验各个序列的平稳性。本书采用ADF检验和PP检验两种方法进行检验，检验结果如表4–25所示。由表4–25可知，依据ADF检验结果可知，（ML）和货币供应量（MSF）、利率（IRF）、汇率（ERF）、股价（SPF）、房价（HPF）、贷款项（CDF）等结构公因子都在1%的水平上拒绝原假设；依据PP检验可知，这些7个变量也均在1%的水平上拒绝原假设。因此，它们都是平稳时间序列，可以用来建立MR–SFATVAR模型。

表4–25　　　　　　　　　　单位根检验

变量	ADF 检验				PP 检验			
	(c, t, n)	T 统计量	P 值	结论	(c, t)	T 统计量	P 值	结论
MLF	(0, 0, 1)	−4.2582	0.0000	平稳	(0, 0)	−4.3190	0.0000	平稳
MSF	(0, 0, 1)	−5.1804	0.0000	平稳	(0, 0)	−4.2154	0.0000	平稳
IRF	(0, 0, 1)	−5.7697	0.0000	平稳	(0, 0)	−4.1629	0.0000	平稳
ERF	(0, 0, 1)	−4.5893	0.0000	平稳	(0, 0)	−4.3634	0.0000	平稳
HPF	(0, 0, 1)	−5.4906	0.0000	平稳	(0, 0)	−4.1560	0.0000	平稳
SPF	(0, 0, 1)	−6.1056	0.0000	平稳	(0, 0)	−4.5537	0.0000	平稳
CDF	(0, 0, 1)	−3.6587	0.0003	平稳	(0, 0)	−3.9889	0.0001	平稳

4.3.1.2 NMR – SFATVAR 模型的检验、估计和分析

（1）NMR – SFATVAR 模型最优滞后阶数的确定。

标准 FCI 一般基于 VAR 模型中的 Lag Order Selection Critic 来检验滞后阶数，但本书编制的基于 MLF 的中国 NMR – TFCI 可能存在多机制，需要使用 MR – SFATVAR 模型检验最优滞后阶数。检验结果如表 4 – 26 所示，按照 AIC 标准 MR – SFATVAR 模型最优滞后阶数是 5 阶，按照 SC 标准 MR – SFATVAR 模型最优滞后阶数是 1 阶。本书以 AIC 信息准则为准，将 MR – SFATVAR 模型滞后阶数确定为 5。

表 4 – 26   基于 NMR – SFATVAR 模型的滞后阶数检验

Lag	1	2	3	4	5	6	7	8
AIC	6.2838	6.1220	5.7759	5.3749	5.3644	5.6052	5.5128	5.7581
SC	7.0262	7.5176	7.8283	8.0877	8.7410	9.6493	10.2279	11.1479

（2）门限存在性和机制数检验。

①门限存在性检验。为了确认本书研究的样本数据是否存在门限效应，需要进行门限效应检测，前人研究大多基于 2 机制门限模型进行门限效应检验，但实际上机制数是不确定的。在机制数未确定的情形下，本书则依据前文式（2.17）、式（2.19）、式（2.20）对模型的 2 机制、3 机制、4 机制分别进行检验。如表 4 – 27 所示是检测结果，从表 4 – 27 中可以看出，当模型是 2 机制时，Bootstrap 法的 P 值为 0.000，说明在 2 机制下，在 1% 的显著性水平下，门限效应非常显著；但在 3、4 机制下，Bootstrap 法的 P 值都为 0，说明 3、4 机制在 1% 的显著性水平下，门限效应也同样显著。由于 2 机制、3 机制、4 机制的门限效应都很显著，这就意味着存在门限效应，需要使用非线性的结构公因子门限向量自回归模型（SFATVAR）进行估计。

表 4 - 27 基于自举（Bootstrap）法的门限效应检验

原假设	LR 统计量	P 值
2 机制（1 门限）	160.8580	0.0000
3 机制（2 门限）	199.4425	0.0000
4 机制（3 门限）	227.5570	0.0000

②机制数检验。以上检验虽然确定了用门限向量自回归模型（SFATVAR）进行估计，但机制个数还没有确定，从表 4 - 24 的结果来看 2R - SFATVAR、3R - SFATVAR、4R - SFATVAR 模型都有可能，因此需要基于 Bootstrap 法构造一系列的似然比统计量来检验这些不同机制的模型，以检验哪个机制数最优。依据前文式（2.18）、式（2.20）、式（2.21）对模型的不同机制数进行检验，结果如表 4 - 28 所示，其中似然比统计量 LR 和 P 值，是将数据通过 Bootstrap 法 1000 次抽样，模拟出来的结果。2 机制与 3 机制，P 值为 0.0080，在 1% 的水平下是显著的，表明 3 机制模型优于 2 机制模型；2 机制与 4 机制，P 值为 0.0000，在 1% 的水平下是显著的，说明 4 机制模型优于 2 机制模型；因此，模型机制数是 3 机制和 4 机制中的一个，再对 3 机制和 4 机制进行似然比检验，3 机制与 4 机制，P 值为 0.0000，在 1% 的水平下是显著的，表明 4 机制模型优于 3 机制模型，故本书最终选定 4 机制的结构公因子门限模型，即 4R - SFATVAR 模型。

表 4 - 28 基于 Bootstrap 法的机制数检验

2 机制与 3 机制		3 机制与 4 机制		2 机制与 4 机制	
LR_{23}	P 值	LR34	P 值	LR24	P 值
67.0190	0.0080	70.9395	0.0000	123.5680	0.0000

（3）4R - SFATVAR 模型的门限变量的检验。

现有文献在选择门限变量时，多以 VAR 模型实证分析中主要研究变量的单方程检验结果，作为对整个方程检验的结果，然而单方程检验可能与全部方程检验结果有出入，因此把单方程检验结果作为 SFATVAR 模型全部方程检验结果有时候会产生错误。本书根据前文式（2.18）进行门限变量检验，结果如表 4-29 所示（表中只列出全部方程的检验结果，单个方程略）。从表 4-29 可知，当以滞后 3 阶的货币供应量结构公因子（MSF）作为门限变量时，整个 VAR 系统的方差协方差的矩阵值最小，并在 1% 的显著性水平下拒绝线性原假设，同时，在各单方程中 1% 显著性水平下，其效果也都较好。因此，本书选滞后 3 阶的货币供应量结构公因子（MSF（-3））作为 4R-SFATVAR 模型的门限变量。

表 4-29　　　　　基于 4R-TVAR 模型的门限变量检验结果

门限变量	滞后阶数	行列式值	滞后阶数	行列式值	滞后阶数	行列式值	滞后阶数	行列式值	滞后阶数	行列式值
MLF	(-1)	1.71E-07	(-2)	1.72E-07	(-3)	1.54E-07	(-4)	1.51E-07	(-5)	1.33E-07
MSF	(-1)	1.39E-07	(-2)	7.98E-08	(-3)	7.69E-08	(-4)	1.97E-07	(-5)	2.13E-07
IRF	(-1)	8.94E-08	(-2)	1.01E-07	(-3)	2.05E-07	(-4)	2.36E-07	(-5)	2.88E-07
ERF	(-1)	2.53E-07	(-2)	3.15E-07	(-3)	2.23E-07	(-4)	2.26E-07	(-5)	2.43E-07
HPF	(-1)	2.04E-07	(-2)	2.24E-07	(-3)	2.87E-07	(-4)	2.91E-07	(-5)	2.9E-07
SPF	(-1)	2.99E-07	(-2)	2.14E-07	(-3)	2.88E-07	(-4)	2.81E-07	(-5)	1.76E-07
CDF	(-1)	3.19E-07	(-2)	2.32E-07	(-3)	1.98E-07	(-4)	2.40E-07	(-5)	2.51E-07

（4）4R-SFATVAR 模型门限值估计和机制划分。

①基于 4R-SFATVAR 模型的门限值及其置信区间估计。本书参照前文式（2.20）、式（2.21）、式（2.22）、式（2.25）对基于 4R-SFATVAR 模型的门限值及其 95% 置信区间进行估计，结果如表 4-30 和图 4-11 所示。3 个门限估计值分别为 -0.8914、0.0628 和 0.4494。图 4-11 是门限值的置信区间估计的详细构造图，图中虚线是 95% 的置信区间线，其判断标准值为 7.3522。如图 4-11 所示，似然比统计量 LR 与 95% 的置信区间线相交于一个或几个点，对位于线以下的点对应

的门限变量样本值进行排序，找到其中最大值和最小值，并以此构造门限估计值的置信区间。

表 4 – 30　　　　　　基于 MR – TVAR 模型的门限值估计

门限	估计值	95% 置信区间
$\gamma1$	– 0.8914	[– 0.8914, – 0.8914]
$\gamma2$	0.0628	[0.0609, 0.1693]
$\gamma3$	0.4494	[0.4120, 0.4630]

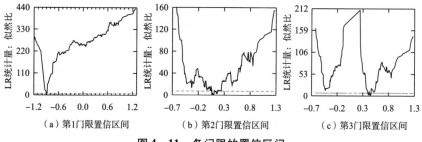

（a）第1门限置信区间　　（b）第2门限置信区间　　（c）第3门限置信区间

图 4 – 11　各门限的置信区间

②基于 4R – SFATVAR 模型的机制划分。以前文估计所得的 3 个门限估计值为界限，可将样本数据分为 4 种机制，其对应的范围和意义如表 4 – 31 所示。从表 4 – 31 可知，第 1、2、3 和 4 机制的样本范围分别为 [– 3.3157, – 0.8914]、(– 0.8914, 0.0628]、(0.0628, 0.4494] 和 (0.4494, 2.5807]；样本范围和相对缺口值范围表明第 1、2、3 和 4 机制分别表征了中国货币政策的紧缩机制期、适度紧缩机制期、稳健机制期和扩张机制期；第 1、2、3 和 4 机制的样本数分别为 35、104、48 和 81，相应占比分别为 13.06%、38.81%、17.91% 和 30.22%，其中第 2、3 机制占比超过 56.72%，说明中国货币政策以稳健为主，这与实际情况比较符合。

表4-31　基于4R-SFATVAR模型的各机制划分和意义表征

	样本数	样本占比（%）	样本范围	货币政策表征
第1机制	35	13.06	[-3.3157，-0.8914]	紧缩机制期
第2机制	104	38.81	(-0.8914，0.0628]	适度紧缩机制期
第3机制	48	17.91	(0.0628，0.4494]	适度扩展机制期
第4机制	81	30.22	(0.4494，2.5807]	扩张机制期

（5）4R-SFATVAR模型系数估计。

选择经过前文处理的1998年1月～2020年9月的样本数据，基于式（2.28）的4R-SFATVAR模型的参数进行了估计（受篇幅限制，估计结果未列出）。从估计结果可知，在第1、2、3和4种机制下，4R-SFATVAR模型系数估计值大多数在1%、5%和10%的显著水平上显著，说明模型拟合较合理；同时，在MLF方程中，在每种机制下，各个金融变量都对MLF具有显著影响，这说明基于4R-SFATVAR模型编制基于MLF的中国NMR-TFCI的合理性。

4.3.1.3　基于混频损失函数的中国新型多机制门限金融状况指数的编制研究

（1）混频损失函数在第1～4机制下对各金融变量的广义脉冲响应函数分析。

本书选择第1～4机制的样本数据，计算40期MLF对各金融变量的单位信息冲击的广义脉冲响应函数值，结果如图4-12所示。从中本书得出以下结论：第一，中国货币政策对宏观经济活动（包含经济增长和通货膨胀）的传导机制具有门限特征。在同一机制下，各个金融变量的广义脉冲响应函数值各不相同，且在不同机制下，同一个金融变量的广义脉冲响应函数值依然各不相同。第二，中国货币政策对宏观经济活动影响期限主要发生在中短期。由图4-12可知，在1～4种机制中，MLF在第1～4机制下对金融变量的广义脉冲响应函数值都在第25期左右开始趋近 0，因此，中国货币政策对宏观经济活动的影响时限主要在中短期。

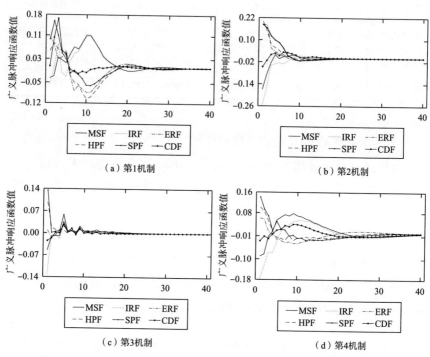

图 4–12　第 1～4 机制下 MLF 对各金融变量的广义脉冲响应函数值

（2）第 1～4 机制的基于 MLF 的中国 NMR – TFCI 的权重测算。

本书分机制对 NMR – TFCI 权重系数的绝对值依照降序排列，结果如下：①第 1 机制 NMR – TFCI 的权重系数排序结果为 SPF（0.3287）> CDF（0.2621）> HPF（0.2079）> ERF（0.1965）> MSF（0.0031）> IRF（0.0017），这说明在紧缩机制期中国货币政策对宏观经济更有效的传导渠道是股价、信贷和房价，汇率、货币供应量、利率则作用相对有限；②类似地，第 2 机制为 SPF（0.2496）> IRF（0.2152）> HPF（0.2113）> ERF（0.2013）> MSF（0.1165）> CDF（0.0061），这说明在适度紧缩机制期中国货币政策对宏观经济更有效的传导渠道是股价、利率和房价，汇率、货币供应量和信贷则作用相对有限；③第 3 机制为 SPF（0.3761）＞ HPF（0.2566）＞ IRF（0.2276）＞ MSF（0.0818）＞ ERF（0.0400）＞ CDF（0.0180），这说明在适度扩张机制期中国货币政策对宏观经济更有效的传导渠道是股价、房价和利率，货币供应量、汇率和信贷则作用相对有限；④第 4 机制为 IRF（0.3870）＞ SPF（0.3515）＞ HPF（0.1567）＞ MSF（0.0779）＞ CDF（0.0209）＞ ERF（0.0060），这说明在扩张机制期中国货币政策对宏观经济更有效的传导渠道是利率、股价和房价，货币供应量、信贷和汇率则作用相对有限。

同时，本书分金融变量对基于 MLF 的中国 NMR – TFCI 权重系数绝对值在各机制下进行排位比较，结果如下：①基于 MLF 的中国 NMR – TFCI 构成变量货币供应量（MSF）在各机制下的权重系数排序结果为：第 3、4 机制下排名均排位第四，第 1、2 机制下排位第五；②利率（IRF）在第 4 机制下排名第一，在第 2 机制下排名第二，在第 3 机制下排名第三，在第 1 机制下排名第六；③汇率（ERF）在第 1、2 机制下分别排名第四，在第 3 机制下排名第五，在第 4 机制下排名第六；④房价（HPF）在第 3 机制下排位第二，在第 1、2、4 机制下排名第三；⑤股价（SPF）在第 1～3 机制下排第一，在第 4 机制下排位第二。⑥贷款（CDF）在第 1 机制下排名第二，在 2、3 机制下排名第六，在 4 机制下排名第五。

基于图 4 – 13 的第 1～4 机制下的基于 MLF 的中国 NMR – TFCI 的权重系数分析，本书得出以下结论：第一，基于 MLF 的中国 NMR – TFCI 的各金融变量权重系数具有门限特征。这表现在同一机制下，各金融变量在指数中的权重各不相同；在不同机制下，同一金融变量在指数中权重存在很大的差异。第二，中国货币政策调控宏观经济的有效传导渠道具有门限特征。在经济繁荣期（对应货币政策紧缩机制期），更有效的传导渠道是股价、房价和利率；在经济复苏期（对应货币政策适度紧缩机制期），更有效的传导渠道是股价、房价和汇率；在经济衰退运行期（对应货币政策适度扩张机制期），更有效的传导渠道是股价、房价和利率；在经济萧条期（对应货币政策扩张机制期），更有效的传导渠道是房价、利率和房价。第三，中国货币政策调控宏观经济的方式类型是以价格型为主，辅之数量型的。这表现为在第 1～4 机制下，价格型货币政策效果都很好，同时数量型货币政策效果也不可忽略。第四，资产价格传导渠道在中国货币政策调控宏观经济中发挥着重要作用。在基于 MLF 的中国 NMR – TFCI 中，资产价格（含股价和房价）在第 1 ~ 4 机制下所占权重分别为 53.66%、46.10%、63.27%、50.82%，权重占比很高，也表明了在金融状况指数中加入股价和房价等资产价格的必要性。

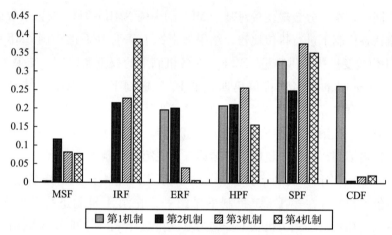

图 4 – 13　第 1 ~ 4 机制下基于混频损失函数的中国 NMR – TFCI 的权重系数

（3）基于 MLF 的中国 NMR – TFCI 实证测度。

首先，将上面得到的第 1 ~ 4 机制下的基于 MLF 的中国 NMR – TFCI 权重系数，代入式（2.30）可以分别得到第 1 ~ 4 机制的中国新型门限金融状况指数 NMR – TFCI1、NMR – TFCI2、NMR – TFCI3 和 NMR – TF-CI4，详见图 4 – 14（其中横轴是 1998 年 6 月 ~ 2020 年 9 月）；其次，把上述第 1 ~ 4 机制中国新型门限金融状况指数加总，可得到基于混频损失函数的中国新型多机制门限金融状况总指数（NMR – TFCI），本书用图形来表示基于 MLF 的中国 NMR – TFCI，为了避免重复，将其放到了 4.3.2 节的图 4 – 15 中。

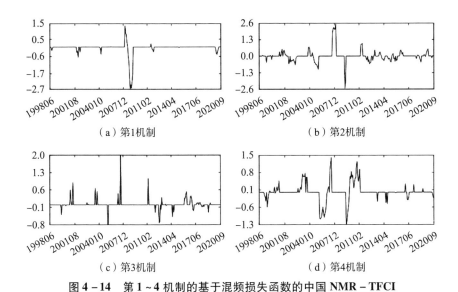

（a）第1机制　　　　　　　　　　（b）第2机制

（c）第3机制　　　　　　　　　　（d）第4机制

图 4 - 14　第 1 ~ 4 机制的基于混频损失函数的中国 NMR - TFCI

4.3.2　基于混频损失函数的中国新型多机制门限金融状况指数应用研究

4.3.2.1　NMR - TFCI 与 MLF 相关性研究

（1）基于 MLF 的中国 NMR - TFCI、N2R - TFCI、N1R - FCI 与 MLF 图形相关性分析。

如图 4 - 15 所示，NMR - TFCI、N2R - TFCI、N1R - FCI 与 MLF 的整体运行轨迹大致相同，MRTFCI、N2R - TFCI 和 N1R - FCI 领先 MLF，对 MLF 的走势具有先导作用。从图 4 - 15 中几个峰顶和峰谷来看 NMR - TFCI、N2R - TFCI、N1R - FCI 都领先 MLF 约 0 ~ 4 个月，在一些波峰波谷比 N2R - TFCI 和 N1R - FCI 多领先 0 ~ 3 个月。在 2007 年中国经济过热期间，基于 MLF 的中国 NMR - TFCI、N2R - TFCI、N1R - FCI 分别在 2007 年 8 月、11 月和 11 月到达本次波峰第一个转折点，而宏观经济（用混频损失函数（MLF）表征）则在 2007 年 8 月，分别比 MLF 领先 0 个月、- 3 个月、- 3 个月，NMR - TFCI 明显优于 N2R - TFCI、N1R -

FCI；在 2008 ~ 2009 年世界金融危机爆发期间，基于 MLF 的中国 NMR – TFCI、N2R – TFCI、N1R – FCI 都在 2008 年 11 月到达本次波谷的第一个拐点，而 MLF 则在 2009 年 2 月才到达局部最低点，都比 MLF 领先 3 个月；在 2009 ~ 2010 年欧债危机期间，基于 MLF 的中国 NMR – TFCI、N2R – TFCI、N1R – FCI 都在 2010 年 11 月达到局部顶点，而 MLF 在 2011 年 3 月才达到局部的第一个拐点，都比 MLF 领先 4 个月；在新冠疫情爆发期间，基于 MLF 的中国 NMR – TFCI、N2R – TFCI、N1R – FCI 和 MLF 都在 2020 年 3 月达到局部最低点，说明各机制基于混频损失函数的中国新型 FCI 对 MLF 在外部冲击事件上没有明显的领先性。总之，NMR – TFCI 对 MLF 具有较长的领先关系，领先 MLF 约 0 ~ 4 个月，并在领先性上优于 N2R – TFCI 和 N1R – FCI。

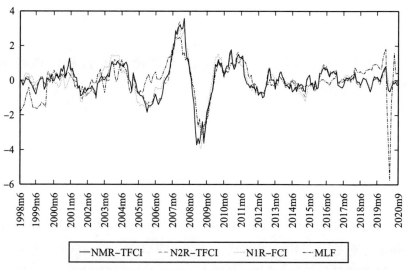

图 4 – 15　基于混频损失函数的中国新型各机制 FCI 和 MLF 实证测度结果

（2）基于 MLF 的中国 NMR – TFCI、N2R – TFCI、N1R – FCI 与 MLF 的跨期相关性检验。

对基于 MLF 的中国 NMR – TFCI、N2R – TFCI 和 N1R – FCI 与 MLF 进行跨期相关性检验，以判断 NMR – TFCI 对 MLF 是否有领先作用，并比

较 NMR‒TFCI、N2R‒TFCI 和 N1R‒FCI 的优劣，具体结果如表 4‒32 所示，从中可以得出以下结论：

首先，从最大跨期相关系数来看，基于 MLF 的中国 NMR‒TFCI、N2R‒TFCI 和 N1R‒FCI 都在第 0 期分别达到最大值 0.7015、0.689 和 0.6559，NMR‒TFCI 分别比 N2R‒TFCI 和 N1R‒FCI 高出 0.0125 和 0.0456。在跨期相关系数最大值上，NMR‒TFCI 优于 N2R‒TFCI 和 N1R‒FCI，并较好地适用于对中短期实际宏观经济进行相关预测。

表 4‒32　基于 MLF 的中国 NMR‒TFCI 等与 MLF 跨期相关系数

提前期数	0	1	2	3	4	平均
NMR‒TFCI	0.7015	0.6658	0.5956	0.5124	0.4443	0.5839
N2R‒TFCI	0.6890	0.6473	0.5761	0.4918	0.4249	0.5658
N1R‒FCI	0.6559	0.6317	0.5800	0.5237	0.4651	0.5713

其次，从 0~4 个月度跨期相关系数的绝对值平均数来看，基于 MLF 的中国 NMR‒TFCI、N2R‒TFCI 和 N1R‒FCI 分别为 0.5839、0.5658、0.5713，NMR‒TFCI 分别比 N2R‒TFCI 和 N1R‒FCI 高出 0.0181 和 0.0126，说明在跨期相关系数平均数上，NMR‒TFCI 优于 N2R‒TFCI 和 N1R‒FCI。

最后，在与中国宏观经济的跨期相关性上，本书构建的基于混频损失函数的中国新型多机制门限金融状况指数优于 2 机制和 1 机制的金融状况指数，并适应于对宏观经济的中短期预测。

4.3.2.2　基于 MLF 的中国 NMR‒TFCI 与 MLF 非线性因果关系实证检验

从上述相关性研究可知，基于 MLF 的中国 NMR‒TFCI 与 MLF 相比，大致领先其 0~4 个月，但基于 MLF 的中国 NMR‒TFCI 与 MLF 之间是否具有因果关系，尚不知晓，因此需要进行格兰杰因果关系检验，同时检验 N2R‒TFCI、N1R‒FCI 与 MLF 之间的格兰杰因果关系，以判断基于 MLF 的中国 NMR – TFCI 是否比它们在与 MLF 的因果性上更优。

本书使用格兰杰因果关系检验法对基于 MLF 的中国 NMR – TFCI 与 MLF 的格兰杰因果关系进行检验，并同时分别检验 N2R – TFCI、N1R – FCI 与 MLF 的格兰杰因果关系。在实际检验的过程中，笔者发现线性格兰杰因果关系检验不是很理想，考虑到本书构建的 FCI 包含门限这种非线性特征，因此本书将采用最新由迪克斯和潘切恩科（Diks and Panchenko，2006）[87] 提出的非线性格兰杰因果检验方法——非参数 T_n 检验法，它的出发点与传统格兰杰因果关系检验相似，先假设"不存在格兰杰因果关系"，然后将其重新表述为：

$$H_0: \ Y_{t+1} \mid (X_t^{l_X}; \ Y_t^{l_Y}) \backsim Y_{t+1} \mid Y_t^{l_Y} \tag{4.3}$$

其中，$X_t^{l_X} = (X_{t-l_X+1}, \cdots, X_t)$、$Y_t^{l_Y} = (Y_{t-l_Y+1}, \cdots, Y_t)$ 为滞后向量矩阵，且滞后阶数 l_X，$l_Y \geqslant 1$，同时令 $W_t = (X_t^{l_X}, Y_t^{l_Y}, Z_t)$，其中 $Z_t = Y_{t+1}$，为了研究方便，设定 $l_X = l_Y = 1$，同时去除时间下标，式（31）可用联合分布密度函数进行重新表述，即：

$$\frac{f_{X,Y,Z}(x, \ y, \ z)}{f_Y(y)} = \frac{f_{X,Y}(x, \ y)}{f_Y(y)} \frac{f_{Y,Z}(y, \ z)}{f_Y(y)} \tag{4.4}$$

迪克斯和潘切恩科（2006）[87] 最终用密度函数的相关知识，构造出如下检验统计量来进行非线性格兰杰因果关系检验：

$$T_n(\varepsilon) = \frac{n-1}{n(n-2)} \sum_i (\hat{f}_{X,Y,Z}(X_i, Y_i, Z_i)\hat{f}_Y(Y_i) - \hat{f}_{X,Y}(X_i, Y_i)\hat{f}_{Y,Z}(Y_i, Z_i))$$

$$\tag{4.5}$$

迪克斯和潘切恩科（2006）[87] 论证了式（4.3）的检验统计量收敛于正态分布。用非参数 T_n 检验法对基于 MLF 的中国 NMR – TFCI 与 MLF 的非线性格兰杰因果关系进行检验，并同时分别检验基于 MLF 的中国 N2R – TFCI、N1R – FCI 与 MLF 的非线性格兰杰因果关系，非检验结果见表 4 – 33。考虑到滞后 1~8 阶的基于 MLF 的中国 NMR – TFCI 都是 MLF 的格兰杰原因，本书把滞后阶数从相关性分析中得到的 4 阶扩大到了 8 阶。

表 4 − 33　　基于 MLF 的中国 NMR − TFCI 等与 MLF 的因果关系检验

原假设	提前期	1		2		3		4	
	指数	T_T2	P	T_T2	P	T_T2	P	T_T2	P
FCI 不是 MLF 原因	NMR − TCI	1.9969	0.0229	1.6597	0.0485	1.5241	0.0637	1.4988	0.0670
	N2R − TFCI	1.8858	0.0297	1.5363	0.0622	1.3652	0.0861	1.4580	0.0724
	N1R − FCI	2.0658	0.0194	1.6545	0.0490	1.5139	0.0650	1.4263	0.0769
MLF 不是 FCI 原因	NMR − TCI	1.7845	0.0372	1.3537	0.0879	1.2876	0.0989	1.3181	0.0937
	N2R − TFCI	1.6327	0.0513	1.2690	0.1022	1.0746	0.1413	1.0735	0.1415
	N1R − FCI	1.2022	0.1146	0.7686	0.2211	0.6513	0.2574	0.8593	0.1951

原假设	提前期	5		6		7		8	
	指数	T_T2	P	T_T2	P	T_T2	P	T_T2	P
FCI 不是 MLF 原因	NMR − TCI	1.5310	0.0629	1.5777	0.0573	1.5592	0.0595	1.5635	0.0590
	N2R − TFCI	1.4319	0.0761	1.4617	0.0719	1.5357	0.0623	1.6601	0.0485
	N1R − FCI	1.4762	0.0699	1.5252	0.0636	1.4567	0.0726	1.3560	0.0876
MLF 不是 FCI 原因	NMR − TCI	1.4731	0.0704	1.5053	0.0661	1.2603	0.1038	1.2410	0.1073
	N2R − TFCI	1.2109	0.1130	1.2719	0.1017	1.1038	0.1348	1.1114	0.1332
	N1R − FCI	1.0585	0.1449	1.0765	0.1408	1.0102	0.1562	0.9738	0.1651

注：T_T2 是非线性因果关系检验的统计量 T_n；P 是 P 值。

如表 4 − 33 所示可知，对原假设为基于 MLF 的中国 NMR − TFCI 不是 MLF 格兰杰原因的假设检验中，中国 NMR − TFCI 滞后 1 ~ 3 阶都在 5% 的显著水平上拒绝原假设，滞后 4 ~ 8 阶在 10% 的显著水平上拒绝原假设，说明基于 MLF 的中国 NMR − TFCI 所有滞后阶都是 MLF 的格兰杰原因；对原假设为混频损失函数的中国 N2R − TFCI 不是 MLF 格兰杰原因的假设检验中，中国 N2R − TFCI 滞后 1 和 8 阶都在 5% 的显著水平上拒绝原假设，滞后 2 ~ 7 阶在 10% 的显著水平上拒绝原假设，说明基于 MLF 的中国 NMR − TFCI 所有滞后阶都是 MLF 的格兰杰原因；对原假设为基于 MLF 的 N1R − FCI 不是 MLF 格兰杰原因的假设检验中，中国 N1R − FCI 滞后 1 ~ 2 阶都在 5% 的显著水平上拒绝原假设，滞后 3 ~ 8 阶都在 10% 的显著水平上拒绝原假设，说明中国 N1R − FCI 所有滞后阶都是 MLF 的格兰杰原因。

同时，由表 4 – 33 可知，在对原假设为 MLF 不是基于 MLF 的中国 NMR – TFCI 格兰杰原因的假设检验中，中国 MLF 滞后 1 阶在 5% 的显著水平拒绝原假设，滞后 2 ~ 6 阶在 10% 的显著水平上拒绝原假设，而滞后 7 ~ 8 阶则不能拒绝原假设，说明中国 MLF 滞后 1 ~ 6 阶数是中国 NMR – TFCI 的格兰杰原因；在对原假设为中国 MLF 不是基于 MLF 的中国 N2R – TFCI 格兰杰原因的假设检验中，中国 MLF 滞后 1 阶在 10% 的显著水平上拒绝原假设，而滞后 2 ~ 8 阶则不能拒绝原假设，说明中国 MLF 滞后 1 阶是中国 N2R – TFCI 的格兰杰原因，而其他滞后阶数则不是；在对原假设为中国 MLF 不是基于 MLF 的中国 N1R – FCI 格兰杰原因的假设检验中，中国 MLF 滞后 1 ~ 8 阶都不能拒绝原假设，说明中国 MLF 滞后 1 ~ 8 阶都不是中国 N1R – FCI 的格兰杰原因。

总之，基于混频损失函数的中国新型多机制门限金融状况指数与宏观经济之间存在显著的双向格兰杰因果关系，并在因果性上优于与 2 机制门限金融状况指数（N2R – TFCI）和 1 机制线性金融状况指数（N1R – FCI）。

4.3.2.3　NMR – TFCI 对 MLF 的预测能力检验

本书采用循环式方程对 MLF 进行预测，其公式见式（4.6）。

$$MLF_t = \alpha + \beta NMR - TFCI_{t-k} + \mu_t \qquad (4.6)$$

其中，$NMR – TFCI_{t-k}$ 表示提前 k 期的 NMR – TFCI，k 取 0，1，…，6，并同时测算了系数、P 值、R^2、AIC、SC、MAE、RMSFE 等 7 个指标。

根据上文的因果关系检验可知，提前 1 ~ 8 阶的基于 MLF 的中国 NMR – TFCI、N2R – TFCI、N1R – FCI 都是宏观经济（MLF）的原因，为此，本书基于式（4.4），选择提前 0 ~ 8 阶的中国 NMR – TFCI、N2R – TFCI、N1R – FCI 对宏观经济（MLF）进行预测，发现提前 0 ~ 6 阶的拟合优度和系数显著性较好，因此本书只列 0 ~ 6 阶的预测结果，详见如表 4 – 34 所示。

表4-34　基于 MLF 的中国 NMR-TFCI 等对 MLF 的预测能力检验

指数	期数	0	1	2	3	4	5	6	平均值
NMR-TFCI	系数	0.9788	0.9250	0.8247	0.7058	0.6093	0.5126	0.4101	0.7095
	P 值	0.0000	0.0000	0.0000	0.0000	0.0000	0.0000	0.0000	0.0000
	R^2	0.4877	0.4405	0.3531	0.2600	0.1941	0.1366	0.0860	0.2797
	AIC	2.1429	2.2221	2.3599	2.4890	2.5707	2.6399	2.6987	2.4462
	SC	2.1563	2.2355	2.3734	2.5025	2.5843	2.6535	2.7123	2.4597
	RMSFE	0.7038	0.7322	0.7845	0.8368	0.8717	0.9023	0.9292	0.8229
	MAE	0.4797	0.4990	0.5438	0.5764	0.6046	0.6249	0.6376	0.5666
N2R-TFCI	系数	0.9965	0.9362	0.8328	0.7105	0.6133	0.5141	0.4056	0.7156
	P 值	0.0000	0.0000	0.0000	0.0000	0.0000	0.0000	0.0000	0.0000
	R^2	0.4724	0.4216	0.3365	0.2462	0.1837	0.1282	0.0784	0.2667
	AIC	2.1723	2.2553	2.3853	2.5076	2.5836	2.6495	2.7070	2.4658
	SC	2.1857	2.2688	2.3988	2.5211	2.5971	2.6630	2.7206	2.4793
	RMSFE	0.7143	0.7445	0.7945	0.8446	0.8773	0.9066	0.9331	0.8307
	MAE	0.4861	0.5091	0.5538	0.5837	0.6098	0.6272	0.6384	0.5726
1R-TFCI	系数	1.0127	0.9755	0.8957	0.8088	0.7183	0.6179	0.4980	0.7896
	P 值	0.0000	0.0000	0.0000	0.0000	0.0000	0.0000	0.0000	0.0000
	R^2	0.4295	0.4030	0.3429	0.2813	0.2225	0.1641	0.1053	0.2784
	AIC	2.2504	2.2869	2.3756	2.4598	2.5348	2.6075	2.6773	2.4561
	SC	2.2638	2.3003	2.3891	2.4733	2.5484	2.6211	2.6909	2.4696
	RMSFE	0.7427	0.7563	0.7907	0.8246	0.8562	0.8878	0.9193	0.8254
	MAE	0.5068	0.7563	0.5337	0.5563	0.5876	0.6064	0.6254	0.5961

首先，从最大拟合优度（R^2）来看，基于 MLF 的中国 NMR-TFCI、N2R-TFCI 和 N1R-FCI 都在第 0 期达到最大值 0.4877、0.4724 和 0.4295，也就是说 MLF 的 48.77%、47.24% 和 42.95% 的波动可以由中国 NMR-TFCI、N2R-TFCI 和 N1R-FCI 解释，这说明在最大拟合优度上基于 MLF 的中国 NMR-TFCI、N2R-TFCI 和 N1R-FCI 对宏观经济（MLF）都有很好的预测效果，并且中国 NMR-TFCI 优于 N2R-

TFCI 和 N1R－FCI。其次，从 0～6 期平均拟合优度（R^2）来看，基于 MLF 的中国 NMR－TFCI、N2R－TFCI 和 N1R－FCI 分别为 0.2797、0.2667 和 0.2784，这说明在平均拟合优度上，中国 NMR－TFCI、N2R－TFCI 和 N1R－RFCI 对中国宏观经济（MLF）具有较好的中短期预测能力，并且中国 NMR－TFCI 优于 N2R－TFCI 和 N1R－FCI，最后，RMSE、MAE 等指标来看，与 N2R－TFCI 和 N1R－FCI 相比，中国 NMR－TFCI 都是最小的。虽然它们总体上解释力度都较低，是因为没有加入除 FCI 的其他重要影响变量，但由于本书的目的不在此，因此并不做相关研究。

总之，本书构建的基于 MLF 的中国 NMR－TFCI 对宏观经济具有较好的预测能力，且在预测能力上明显优于中国 N2R－TFCI 和 N1R－FCI。

4.3.3 简要结论及政策建议

（1）简要结论。

本书选取货币供应量、利率、汇率、股价、房价、贷款 6 类金融变量 1998 年 1 月～2020 年 9 月的月度数据，通过拓展构建了多机制门限向量自回归（MR－TVAR）模型和 NMR－TFCI 的多机制门限编制公式，基于构建的模型和公式，实证编制了基于混频损失函数（MLF）的中国多机制门限金融状况指数（NMR－TFCI），并实证检验了其对 MLF 的领先性、相关性、因果性和预测能力，并同时与 2 机制门限 FCI（N2R－TFCI）和 1 机制线性 FCI（N1R－FCI）进行了比较，得出以下结论。

第一，相对于 N2R－TFCI 和 N1R－FCI 而言，本书编制的基于混频损失函数的中国多机制门限金融状况指数是宏观经济活动的一个更优的领先指标、相关性指标、因果性指标和短期预测指标。通过实证检验发现，本书构建的基于 MLF 的中国 NMR－TFCI 无论在对（或与）MLF 的领先性、相关性、因果性还是短期预测能力上，都明显优于 N2R－TFCI 和 N1R－FCI。

第二，中国货币政策调控宏观经济活动的传导渠道及效应具有门限特征。本书选择货币供应量、利率、汇率、房价、股价和信贷等6个结构公因子作为基于 MLF 的中国 NMR - TFCI 的构成金融变量，并表征货币政策调控宏观经济活动的传导渠道，通过实证分析发现在同一机制下6个结构公因子在基于 MLF 的中国 NMR - TFCI 中的权重各不相同；在不同机制下，同一金融变量在基于 MLF 的中国 NMR - TFCI 中权重存在很大的差异，这说明中国货币政策调控宏观经济活动的传导渠道具有门限特征。具体来说，在经济繁荣期，更有效的传导渠道是股价、信贷和房价；在经济复苏期，更有效的传导渠道是股价、利率和房价；在经济衰退期，更有效的传导渠道是股价、房价和利率；在经济衰退期，更有效的传导渠道是利率、股价和房价。总之，各个期间的中国货币政策效应变化很大，存在门限特征。

第三，中国货币政策调控宏观经济活动的方式类型是价格和数量结合型的，且资产价格发挥着重要作用。首先，这表现为在第1、2机制下，数量货币政策效果占比分别占26.53%、12.26%，充分说明货币政策是价格型和数量型相结合的；其次，在基于 MLF 的中国 NMR - TFCI 中，资产价格（包括股价和房价）在第1～4机制下所占权重分别为53.66%、46.10%、63.27%和50.82%，所占权重比值很高，也表明了在金融状况指数中加入股价和房价等资产价格的必要性。

（2）政策建议。

为了更好地发挥本书编制的基于混频损失函数的中国新型多机制门限金融状况指数对宏观经济的监测和预测作用，本书提出以下三点建议：

第一，定期编制并公布基于混频损失函数的中国新型多机制门限金融状况指数。相对于线性 FCI 而言，非线性 FCI 可根据金融变量所处的机制不同，赋予其不同的权重，从而对宏观经济具有更高的解释力度，且多机制门限 FCI 又比2机制门限 FCI 可以进一步优化提高。中国政府相关部门和一些金融机构应对基于混频损失函数的中国新型多机制门限金融状况指数进行跟踪测算，并且对外进行定期公布，真实透明地反映中国货币政策的松紧程度，成为中国宏观经济监测重要参考指标，同时还对中国未来的宏观经济趋势进行非线性预测。

第二，建议中国金融监管部门分机制将资产价格纳入货币政策目标中。研究结果表明，资产价格（包括股价和房价）在基于 MLF 的中国 NMR－TFCI 的构建中占有较大权重，同时随着房地产和股票市场的发展，以房价和股价为代表的中国货币政策的资产价格传导机制通过托宾 Q 效应、财富效应和资产负债表效应等传导渠道对实体经济产生的影响逐渐增强，因此有必要将多种金融状况机制下的资产价格纳入货币政策调控目标。为了保证充分发挥资产价格传导机制作用，促进金融市场全面改革开放的同时，还应对不合理的资产价格进行有效调控，建立预警指标。对于目前出现债务问题的房地产市场，适度放松与房地产相关的利率、信贷、货币供应量政策，防止单个房企债务问题演变为债务危机；对于股票市场，继续建立健全相关规章制度，增强对投资者的知识与风险教育。

第三，根据金融经济所处机制的不同，选择不同的货币政策工具组合调控宏观经济活动。根据前文的实证分析可知，在不同的机制下，中国货币政策调控宏观经济的各类传导渠道的效应存在显著差异，因此，在宏观调控时中国央行应选择并实施对该机制更有效的货币政策。就目前来看，中国经济正处于新冠疫情后的经济复苏期，应主要选择股价、利率和房价来调控宏观经济活动。

4.4　本章小结

从经济增长、通货膨胀、混频损失函数三大货币政策最终目标出发，本章分别编制及应用了三个中国新型多机制门限金融状况指数（NMR－TFCI），即基于经济增长目标的中国新型多机制门限金融状况指数、基于通货膨胀目标的中国新型多机制门限金融状况指数以及基于混频损失函数的中国新型多机制门限金融状况指数。在对每个中国 NMR－TFCI 进行实证编制的过程中，本章主要进行了样本数据的选取、处理和检验，MR－SFATVAR 模型的检验、估计和分析，基于 4R－SFATVAR 模型的新型多机制门限金融状况指数的编制等实证研究；在对每个中国 NMR – TFCI 的应用过程中，本章主要进行了中国 NMR – TFCI 与货币政策目标的相关性、中国 NMR – TFCI 与货币政策目标的因果关系，以及中国 NMR – TFCI 对货币政策目标的预测等应用。本章通过使用 MR – SFATVAR 模型实证编制及应用中国新型多机制门限金融状况指数，得出以下结论：

第一，相对于 N2R – TFCI 和 N1R – FCI 而言，本章实证编制的中国新型多机制门限金融状况指数是宏观经济的一个更优的领先指标、相关性指标、因果性指标和预测指标。通过实证检验发现，本书构建的 NMR – TFCI 无论在对宏观经济的领先性、相关性、因果性还是短期预测能力上，都明显优于 N2R – TFCI 和 N1R – FCI。

第二，中国货币政策调控宏观经济的传导渠道及效应具有门限特征。本书选择货币供应量、利率、汇率、股价和房价作为中国 NMR – TFCI 的构成变量，并表征货币政策调控宏观经济的传导渠道，通过实证分析发现在同一机制下 6 个金融变量在 NMR – TFCI 中的权重各不相同；在不同机制下，同一金融变量在 NMR – TFCI 中权重存在很大的差异，这说明中国货币政策调控宏观经济的传导渠道具有门限特征。

第三，中国货币政策调控宏观经济的方式类型是价格和数量结合型的，且资产价格发挥着重要作用。首先，在一些机制下，数量和价格结合型货币政策效果更好，在另一些机制下，价格型货币政策效果更好，因而中国货币政策是价格和数量结合型的；其次，在中国 NMR – TFCI 中，资产价格（包括股价和房价）在第 1 ~ 4 机制下所占权重都很高，也表明了在中国新型多机制门限金融状况指数中加入股价和房价等资产价格的必要性。

第 5 章

新旧中国多机制门限金融状况
指数的比较分析

在前面的第 3 章本书首先分别编制及应用了基于经济增长目标的中国多机制门限金融状况指数（简称基于经济增长目标的中国 MR – TF-CI）、基于通货膨胀目标的中国多机制门限金融状况指数（简称基于通货膨胀目标的中国 MR – TFCI）和基于混频损失函数的中国多机制门限金融状况指数（简称基于混频损失函数的中国 MR – TFCI）三个老指数，接着在第 4 章本书分别编制及应用了基于经济增长目标的中国新型多机制门限金融状况指数（简称基于经济增长目标的中国 NMR – TFCI）、基于通货膨胀目标的中国新型多机制门限金融状况指数（简称基于通货膨胀目标的中国 NMR – TFCI）和基于混频损失函数的中国新型多机制门限金融状况指数（简称基于混频损失函数的中国 NMR – TFCI）三个新指数。为了比较分析新旧中国多机制门限金融状况指数的优劣，本章专门对此进行实证分析和比较分析。

5.1　基于经济增长目标的新旧中国多机制门限金融状况指数的比较分析

5.1.1　基于经济增长目标的新旧中国多机制门限金融状况指数与经济增长的图形相关性比较分析

本书将第 3 章编制的基于经济增长目标的中国 MR－TFCI、第 4 章编制的基于经济增长目标的中国 NMR－TFCI 和经济增长目标变量——产出（GDP）全部画成折线图（如图 5－1 所示），进行相关性比较分析。通过比较分析，本书得出以下结论：

第一，从领先来看，基于经济增长目标的中国 NMR－TFCI 优于中国 MR－TFCI。从图 5－1 可知，基于经济增长目标的中国 NMR－TFCI 和 MR－TFCI 对产出缺口（GDP）具有领先关系，对其具有先导作用。但在一些波峰波谷，基于经济增长目标的中国 NMR－TFCI 比 MR－TFCI 对产出缺口（GDP）领先期多领先 1～2 个季度。因此，从领先来看，基于经济增长目标的中国 NMR－TFCI 优于中国 NMR－TFCI。

第二，从一致性来看，基于经济增长中国 NMR－TFCI 优于中国 MR－TFCI。从图 5－1 可知，基于经济增长目标的中国 NMR－TFCI 与 GDP 的走势高度一致，亦步亦趋，从而具有与 GDP 具有高度的一致性；但相对而言，基于经济增长目标的中国 MR－TFCI 与 GDP 的走势一致性略差。因此，从一致性来看，基于经济增长目标的中国 NMR－TFCI 优于中国 MR－TFCI。

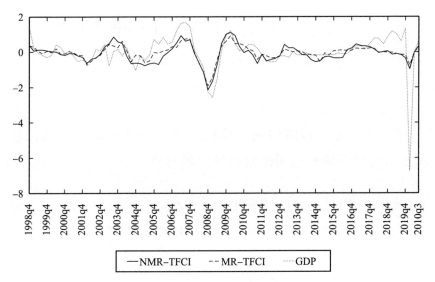

图 5 - 1　基于经济增长目标的新旧中国多机制门限金融状况指数
和产出图形比较分析

5.1.2　基于经济增长目标的新旧中国多机制门限金融状况指数与经济增长的相关系数比较分析

本书将第 3 章编制的基于经济增长目标的中国 MR - TFCI、第 4 章编制的基于经济增长目标的中国 NMR - TFCI 与经济增长目标变量（GDP）的跨期相关系数进行跨期相关性比较分析（见表 5 - 1）。

表 5 - 1　　基于经济增长目标的中国 NMR - TFCI、MR - TFCI
与 GDP 跨期相关系数

提前期数	0	1	2	3	4	5	6	7	平均
NMR - TFCI	0.5847	0.4498	0.2482	0.0410	0.1200	0.2414	0.2638	0.2334	0.2728
MR - TFCI	0.6218	0.4755	0.2787	0.0717	0.1114	0.2095	0.2298	0.1781	0.2721

通过比较分析,本书得出以下结论:

第一,在最大跨期相关系数上,基于经济增长目标的中国 NMR – TFCI 劣于中国 MR – TFCI。从表 5 – 1 可知,基于经济增长目标的中国 NMR – TFCI 与 GDP 的跨期相关系数在第 0 期达到最大值 0.5847,而中国 MR – TFCI 与 GDP 跨期相关系数在第 1 期达到最大值 0.6218,前者比后者要低一些。因此,在最大跨期相关系数上,基于经济增长目标的中国 NMR – TFCI 劣于中国 MR – TFCI。

第二,在平均跨期相关系数上,基于经济增长目标的中国 NMR – TFCI 优于 MR – TFCI。从表 5 – 1 可知,基于经济增长目标的中国 NMR – TFCI 与 GDP 的提前 0 ~ 7 期的跨期相关系数平均值为 0.2728,而中国 MR – TFCI 与 GDP 的跨期相关系数平均值 0.2721,前者比后者的略高。因此,在平均跨期相关系数上,基于经济增长目标的中国 NMR – TFCI 略优于 MR – TFCI。

5.1.3　基于经济增长目标的新旧中国多机制门限金融状况指数与经济增长的因果关系比较分析

本书将第 3 章编制的基于经济增长目标的中国 MR – TFCI、第 4 章编制的基于经济增长目标的中国 NMR – TFCI 与经济增长目标变量 (GDP) 的因果关系进行比较分析 (见表 5 – 2)。

表 5 – 2　基于经济增长目标的中国 NMR – TFCI、MR – TFCI
与 GDP 因果关系比较分析

原假设	提前期数	1		2		3		4	
	指数	F	P	F	P	F	P	F	P
FCI 不是 GDP 原因	NMR – TFCI	15.2081	0.0002	9.3995	0.0002	6.0817	0.0009	3.6665	0.0088
	MR – TFCI	18.513	0.0001	9.5268	0.0002	6.1923	0.0008	3.2563	0.0162
GDP 不是 FCI 原因	NMR – TFCI	9.2546	0.0031	6.0224	0.0036	4.0558	0.0098	2.9666	0.0247
	MR – TFCI	5.1061	0.0264	2.3992	0.0972	1.7821	0.1575	1.096	0.3648

续表

原假设	提前期数	5		6		7		8	
	指数	F	P	F	P	F	P	F	P
FCI 不是 GDP 原因	NMR – TFCI	2.9937	0.0163	2.44	0.0336	1.9611	0.0735		
	MR – TFCI	2.8353	0.0215	2.49008	0.0307	1.90758	0.0822		
GDP 不是 FCI 原因	NMR – TFCI	2.3809	0.0466	1.882	0.096	1.554	0.1646		
	MR – TFCI	0.75015	0.5887	0.68898	0.6592	0.62517	0.7333		

注：F 是 F 统计量、P 是对应的概率值。

通过比较分析，本书得出以下结论：

第一，在原假设基于经济增长目标的中国 NMR – TFCI 不是 GDP 的格兰杰原因上，基于经济增长目标的中国 NMR – TFCI 优于 MR – TFCI。如表 5 – 2 所示可知，基于经济增长目标的中国 NMR – TFCI 滞后 1~4 阶均在 1% 的显著水平上拒绝原假设，滞后 5、6 阶在 5% 的显著水平上拒绝原假设，滞后 7 阶在 10% 的显著水平上拒绝原假设，说明基于经济增长目标的中国 NMR – TFCI 滞后 1~7 阶都是 GDP 的格兰杰原因；同时，在原假设基于经济增长目标的中国 MR – TFCI 不是 GDP 的格兰杰原因上，基于经济增长目标的中国 MR – TFCI 滞后 1~3 阶在 1% 的显著水平上拒绝原假设，滞后 4~6 阶在 5% 的显著水平上拒绝原假设，滞后 7 阶在 10% 的显著水平上拒绝原假设，说明基于经济增长目标的中国 MR – TFCI 滞后 1~7 阶是 GDP 的格兰杰原因。因此，通过比较分析可知，在原假设 FCI 不是 GDP 的格兰杰原因上，基于经济增长目标的中国 NMR – TFCI 优于中国 MR – TFCI。

第二，在原假设 GDP 不是基于经济增长目标的中国 NMR – TFCI 的格兰杰原因上，中国 GDP 滞后 1~3 阶在 1% 的显著水平上拒绝原假设，滞后 4~5 阶在 5% 的显著水平上拒绝原假设，滞后 6 阶在 10% 的显著水平上拒绝原假设，其余阶数则不能拒绝原假设，说明中国 GDP 滞后 1~6 阶是基于经济增长目标的中国 NMR – TFCI 的格兰杰原因，滞后 7 阶则不是；同时，在原假设 GDP 不是基于经济增长目标的中国 MR – TFCI 的格兰杰原因上，GDP 滞后 1 阶在 5% 的显著水平上拒绝原假设，滞后 2 阶在 10% 的显著水平上拒绝原假设，滞后 3 ~ 7 阶不能拒绝原假设，说明中国 GDP 滞后 1 ~ 2 阶是基于经济增长目标的中国 MR – TFCI 的格兰杰原因，其余滞后阶数则不是。因此，通过比较分析可知，在原假设 GDP 不是 FCI 的格兰杰原因上，基于经济增长目标的中国 NMR – TFCI 优于 MR – TFCI。

第三，在原假设 FCI 不是 GDP 的格兰杰原因上，基于经济增长目标的中国 NMR – TFCI 优于中国 MR – TFCI；在原假设 GDP 不是 FCI 的格兰杰原因上，基于经济增长目标的中国 NMR – TFCI 也优于 MR – TFCI。因此，本书新构建的基于经济增长目前的中国新型多机制门限金融状况指数不仅与经济增长存在显著的双向格兰杰因果关系，而且在双向上都优于中国 MR – TFCI。

5.1.4　基于经济增长目标的新旧中国多机制门限金融状况指数对经济增长的预测能力比较分析

本书将第 3 章编制的基于经济增长目标的中国 MR – TFCI、第 4 章编制的基于经济增长目标的中国 NMR – TFCI 对经济增长目标变量（GDP）预测检验，如表 5 – 3 所示可进行预测能力比较分析。通过比较分析，本书得出以下结论：

表 5 – 3　基于经济增长目标的中国 NMR – TFCI、MR – TFCI 对 GDP 的预测能力比较分析

指数	期数	0	1	2	3	4	5	6	7	平均值
NMR – TFCI	系数	1.0780	0.8375	0.4640	0.0826	– 0.2294	– 0.4661	– 0.5105	– 0.4503	0.1007
	P 值	0.0000	0.0000	0.0196	0.6900	0.2704	0.0243	0.0139	0.0317	0.1312
	R^2	0.3304	0.2031	0.0623	0.0018	0.0145	0.0603	0.0724	0.0563	0.1001
	AIC	2.4772	2.6399	2.8139	2.8884	2.8873	2.8510	2.8502	2.8779	2.7857
	SC	2.5053	2.6682	2.8425	2.9172	2.9163	2.8801	2.8796	2.9075	2.8146
	MAE	0.8255	0.8954	0.9767	1.0136	1.0129	0.9945	0.9940	1.0077	0.9650
	RMSE	0.4882	0.5184	0.5556	0.5734	0.5740	0.5624	0.5755	0.5752	0.5528

指数	期数	0	1	2	3	4	5	6	7	平均值
MR – TFCI	系数	1.4537	1.1194	0.6571	0.1772	− 0.2697	− 0.5104	− 0.5607	− 0.4335	0.2041
	P 值	0.0000	0.0000	0.0080	0.4936	0.2999	0.0492	0.0314	0.0998	0.1227
	R^2	0.3829	0.2312	0.0796	0.0055	0.0129	0.0463	0.0559	0.0334	0.1060
	AIC	2.3956	2.6040	2.7953	2.8847	2.8890	2.8658	2.8678	2.9019	2.7755
	SC	2.4237	2.6323	2.8238	2.9135	2.9180	2.8949	2.8971	2.9314	2.8043
	MAE	0.7925	0.8795	0.9676	1.0117	1.0138	1.0019	1.0028	1.0198	0.9612
	RMSE	0.4486	0.4863	0.5554	0.5751	0.5750	0.5672	0.5836	0.5892	0.5476

第一，在最大拟合优度上，基于经济增长目标的中国 NMR – TFCI 劣于中国 MR – TFCI。从表 5 – 3 可知，基于经济增长目标的中国 NMR – TFCI 对 GDP 预测的拟合优度（R^2）在第 0 期达到最大值 0.3304，意味着 GDP 的 33.04% 可以用中国 NMR – TFCI 解释；同时中国 MR – TFCI 对 GDP 预测的拟合优度（R^2）也在第 0 期达到最大值 0.3829，意味着 GDP 的 38.29% 可以用中国 MR – TFCI 解释。比较基于经济增长目标的中国 NMR – TFCI 与中国 MR – TFCI，本书发现前者比后者要低一些。这说明在最大拟合优度上，中国 NMR – TFCI 对 GDP 的预测能力并不优于中国 MR – TFCI。

第二，在平均拟合优度上，基于经济增长目标的中国 NMR – TFCI 劣于中国 MR – TFCI。从表 5 – 3 可知，基于经济增长目标的中国 NMR – TFCI 对 GDP 预测的 0 ~ 7 期的平均拟合优度（R^2）为 0.1001，意味着平均来说 GDP 的 10.01% 可以用中国 NMR – TFCI 解释；同时中国 MR – TFCI 对 GDP 预测的 0 ~ 7 期平均拟合优度（R^2）为 0.1060，意味着平均来说 GDP 的 10.60% 可以用中国 MR – TFCI 解释。比较基于经济增长目标的中国 NMR – TFCI 与中国 MR – TFCI，本书发现前者比后者要低一些。这说明在平均拟合优度上，中国 NMR – TFCI 对 GDP 的预测能力也劣于 MR – TFCI。

第三，本书编制的基于经济增长目标的中国新型多机制门限金融状况指数能较好地预测 GDP；同时通过比较分析发现基于经济增长目标的中国 NMR - TFCI 对 GDP 的中短期预测能力劣于中国 MR - TFCI。

5.2　基于通货膨胀目标的新旧中国多机制门限金融状况指数的比较分析

5.2.1　基于通货膨胀目标的新旧中国多机制门限金融状况指数与通货膨胀的图形相关性比较分析

本书将第 3 章编制的基于通货膨胀目标的中国 MR - TFCI、第 4 章编制的基于通货膨胀目标的中国 NMR - TFCI 和通货膨胀目标变量（INF）全部画成折线图进行相关性比较分析（见图 5 - 2）。

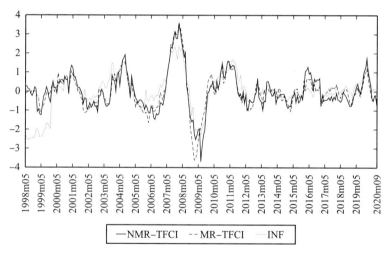

图 5 - 2　基于通货膨胀的新旧中国多机制门限金融状况指数和通货膨胀比较

通过比较分析，本书得出以下结论：

第一，从领先来看，基于通货膨胀目标的中国 NMR - TFCI 优于 MR - TFCI。从图 5 - 2 可知，基于通货膨胀目标的中国 NMR - TFCI 和

MR – TFCI 对通货膨胀（INF）具有领先关系，对其具有先导作用。但一些波峰波谷，基于通货膨胀目标的中国 NMR – TFCI 比中国 MR – TF-CI 对通货膨胀（INF）领先期多领先 1 ~ 2 个月。因此，从领先来看，基于通货膨胀目标的中国 NMR – TFCI 优于 MR – TFCI。

第二，从一致性来看，基于通货膨胀目标的中国 NMR – TFCI 优于中国 MR – TFCI。从图 5 – 2 可知，基于通货膨胀目标的中国 NMR – TFCI 与 INF 的走势高度一致，亦步亦趋，从而具有与 INF 具有高度的一致性；但相对而言，基于通货膨胀目标的中国 MR – TFCI 与 INF 的走势一致性差了一些。因此，从一致性来看，基于通货膨胀目标的中国 NMR – TFCI 优于中国 MR – TFCI。

5.2.2 基于通货膨胀目标的新旧中国多机制门限金融状况指数与通货膨胀的跨期相关系数比较分析

本书将第 3 章编制的基于通货膨胀目标的中国 MR – TFCI、第 4 章编制的基于通货膨胀目标的中国 NMR – TFCI 与通货膨胀目标变量（INF）的跨期相关系数，如表 5 – 4 所示来进行跨期相关性比较分析。

表 5 – 4　基于通货膨胀目标的中国 NMR – TFCI、MR – TFCI 与 INF 的相关系数比较

提前期数	0	1	2	3	4	5	6	7	8	平均
NMR – TFCI	0.7295	0.6829	0.6255	0.5569	0.4791	0.3935	0.3120	0.2200	0.1182	0.4575
MR – TFCI	0.7149	0.6979	0.6593	0.6116	0.5504	0.4725	0.3890	0.2959	0.1883	0.5089

通过比较分析，本书得出以下结论：

第一，在最大跨期相关系数上，基于通货膨胀目标的中国 NMR – TFCI 优于 MR – TFCI。从表 5 – 4 可知，基于通货膨胀目标的中国 NMR – TFCI 与 INF 的跨期相关系数在第 0 期达到最大值 0.7295，而中国 MR – TFCI 与 INF 跨期相关系数在第 0 期达到最大值 0.7149，前者比后者高出 0.0146。因此，在最大跨期相关系数上，基于通货膨胀目标的中国 NMR – TFCI 优于中国 MR – TFCI。

第二，在平均跨期相关系数上，基于通货膨胀目标的中国 NMR – TFCI 弱于中国 MR – TFCI。从表 5 – 4 可知，基于通货膨胀目标的中国 NMR – TFCI 与 INF 的提前 0 ~ 8 期的跨期相关系数平均值为 0.4575，而中国 MR – TFCI 与 INF 的跨期相关系数平均值 0.5089，前者比后者低了 0.0514。因此，在平均跨期相关系数上，基于通货膨胀目标的中国 NMR – TFCI 并不优于中国 MR – TFCI。

5.2.3 基于通货膨胀目标的新旧中国多机制门限金融状况指数与通货膨胀的因果关系比较分析

本书将第 3 章编制的基于通货膨胀目标的中国 MR – TFCI、第 4 章编制的基于通货膨胀目标的中国 NMR – TFCI 与通货膨胀目标变量（INF）的格兰杰因果关系进行比较分析（见表 5 – 5）。

表 5 – 5　基于通货膨胀目标的中国 NMR – TFCI、MR – TFCI
与 INF 的因果关系比较

| 原假设 | 提前期数 | 1 | | 2 | | 3 | | 4 | |
	指数	F	P	F	P	F	P	F	P
FCI 不是 INF 原因	NMR – TFCI	3.0397	0.0012	2.4898	0.0064	2.3246	0.0100	2.4186	0.0078
	MR – TFCI	2.5052	0.1147	6.1797	0.0024	4.6070	0.0037	3.9759	0.0038
INF 不是 FCI 原因	NMR – TFCI	1.6212	0.0525	1.5714	0.0581	1.4078	0.0796	1.2841	0.0996
	MR – TFCI	0.0041	0.9491	1.3057	0.2727	0.7462	0.5254	0.8374	0.5025
原假设	提前期数	5		6		7		8	
	指数	F	P	F	P	F	P	F	P
FCI 不是 INF 原因	NMR – TFCI	2.2896	0.0110	1.9434	0.0260	1.8837	0.0298	1.5614	0.0592
	MR – TFCI	3.6815	0.0031	3.0972	0.0061	3.1001	0.0038	3.6423	0.0005
INF 不是 FCI 原因	NMR – TFCI	1.1919	0.1166	0.8677	0.1928	0.8293	0.2035	0.5075	0.3059
	MR – TFCI	0.9778	0.4318	1.3868	0.2203	1.4250	0.1956	1.5283	0.1478

通过比较分析，本书得出以下结论：

第一，在对原假设为基于通货膨胀目标的中国 NMR – TFCI 不是

INF 原因的检验中，基于通货膨胀目标的中国 NMR - TFCI 滞后 1 ~ 4 阶在 1% 的显著水平上拒绝原假设，滞后 5 ~ 7 阶在 5% 显著水平上拒绝原假设，滞后 8 阶在 10% 现在水平上拒绝原假设，说明基于通货膨胀目标的中国 NMR - TFCI 全部滞后阶数都是 INF 的格兰杰原因；同时，在对原假设为基于通货膨胀目标的中国 MR - TFCI 不是 INF 原因的格兰杰因果关系检验中，中国 MR - TFCI 滞后 2 ~ 8 阶在 1% 的显著水平上拒绝原假设，滞后 1 阶则无法拒绝原假设，说明基于通货膨胀目标的中国 MR - TFCI 滞后 2 ~ 8 阶数都是 INF 的格兰杰原因。

第二，在对原假设为 INF 不是基于通货膨胀目标的中国 NMR - TF-CI 原因的检验中，中国 INF 滞后 1 ~ 4 阶在 10% 的显著水平上拒绝原假设，滞后 5 ~ 8 阶则不能拒绝原假设，说明中国 INF 滞后 1 ~ 4 阶是基于通货膨胀目标的中国 NMR - TFCI 的格兰杰原因，其他滞后阶数则不是；同时，在对原假设为 INF 不是基于通货膨胀目标的中国 MR - TFCI 原因的格兰杰因果关系检验中，中国 INF 滞后 1 ~ 8 阶都不能拒绝原假设，说明中国 INF 滞后 1 ~ 8 阶不是基于通货膨胀目标的中国 MR - TFCI 的格兰杰原因。

第三，在原假设 FCI 不是 INF 的格兰杰原因上，基于通货膨胀目标的中国 NMR - TFCI 优于中国 MR - TFCI；在原假设 INF 不是 FCI 的格兰杰原因上，基于通货膨胀目标的中国 NMR - TFCI 也优于中国 MR - TFCI。因此，本书新构建的基于通货膨胀目标的中国新型多机制门限金融状况指数不仅与通货膨胀存在显著的双向格兰杰因果关系，而且在双向上都优于中国 MR - TFCI。

5.2.4 基于通货膨胀目标的新旧中国多机制门限金融状况指数对通货膨胀的预测能力比较分析

本书将第 3 章编制的基于通货膨胀目标的中国 MR - TFCI、第 4 章编制的基于通货膨胀目标的中国 NMR - TFCI 对通货膨胀目标变量（INF）预测检验进行预测能力比较分析（见表 5 - 6）。

表 5 – 6　　基于通货膨胀目标的中国 NMR – TFCI、MR – TFCI

对 INF 的预测能力比较

指数	期数	0	1	2	3	4	5	6	7	8	平均值
NMR – TFCI	系数	0.9982	0.9366	0.8582	0.7641	0.6578	0.5403	0.4284	0.3024	0.1633	0.6277
	P 值	0.0000	0.0000	0.0000	0.0000	0.0000	0.0000	0.0000	0.0001	0.0337	0.0038
	R^2	0.5322	0.4768	0.4096	0.3333	0.2534	0.1754	0.1132	0.0579	0.0173	0.2632
	AIC	2.0579	2.1539	2.2552	2.3541	2.4447	2.5217	2.5719	2.6087	2.6261	2.3994
	SC	2.0846	2.1807	2.2821	2.3811	2.4717	2.5488	2.5991	2.6359	2.6534	2.4264
	MAE	0.4454	0.4868	0.5253	0.5644	0.5950	0.6223	0.6407	0.6407	0.6371	0.5731
	RMSE	0.0407	0.0426	0.0444	0.0461	0.0474	0.0486	0.0494	0.0495	0.0494	0.0464
MR – TFCI	系数	1.0009	0.9787	0.9246	0.8579	0.7724	0.6635	0.5461	0.4153	0.2647	0.7138
	P 值	0.0000	0.0000	0.0000	0.0000	0.0000	0.0000	0.0000	0.0000	0.0008	0.0001
	R^2	0.5111	0.4917	0.4451	0.3907	0.3240	0.2452	0.1705	0.1012	0.0422	0.3024
	AIC	2.1167	2.1513	2.2287	2.3061	2.3906	2.4782	2.5500	2.6079	2.6490	2.3865
	SC	2.1433	2.1780	2.2555	2.3329	2.4174	2.5052	2.5770	2.6349	2.6761	2.4134
	MAE	0.4604	0.4761	0.5036	0.5321	0.5574	0.5914	0.6133	0.6250	0.6355	0.5550
	RMSE	0.6921	0.7042	0.7320	0.7608	0.7936	0.8292	0.8594	0.8846	0.9030	0.7954

通过比较分析，本书得出以下结论：

第一，在最大拟合优度上，基于通货膨胀目标的中国 NMR – TFCI 优于 MR – TFCI。从表 5 – 6 可知，基于通货膨胀目标的中国 NMR – TFCI 对 INF 预测的拟合优度（R^2）在第 0 期达到最大值 0.5322，意味着 INF 的 53.22% 可以用中国 NMR – TFCI 解释；同时中国 MR – TFCI 对 INF 预测的拟合优度（R^2）也在第 0 期达到最大值 0.5111，意味着 INF 的 51.11% 可以用中国 MR – TFCI 解释。比较分析基于通货膨胀目标的中国 NMR – TFCI 与中国 MR – TFCI，本书发现前者比后者高出 0.0211。这说明在最大拟合优度上，中国 NMR – TFCI 对 INF 的预测能力优于中国 MR – TFCI。

第二，在平均拟合优度上，基于通货膨胀目标的中国 NMR – TFCI 弱于中国 MR – TFCI。从表 5 – 6 可知，基于通货膨胀目标的中国 NMR – TFCI 对 INF 预测的 0 ~ 8 期的平均拟合优度（R^2）为 0.2632，意味着平均来说 INF 的 26. 32% 可以用中国 NMR – TFCI 解释; 同时中国 MR – TFCI 对 INF 预测的 0 ~ 8 期平均拟合优度 (R^2) 为 0. 3024, 意味着平均来说 INF 的 30. 24% 可以用中国 MR – TFCI 解释。比较基于通货膨胀目标的中国 NMR – TFCI 与中国 MR – TFCI, 本书发现前者比后者低一些。这说明在平均拟合优度上, 中国 NMR – TFCI 对 INF 的预测能力弱于中国 MR – TFCI。

总之, 本书编制的基于通货膨胀目标的中国新型多机制门限金融状况指数能较好地预测 INF, 并在最大预测能力上优于中国 MR – TFCI。

5. 3 基于混频损失函数的新旧中国多机制门限金融状况指数的比较分析

5. 3. 1 基于混频损失函数的新旧中国多机制门限金融状况指数与混频损失函数的图形相关性比较分析

本书将第 3 章编制的基于混频损失函数的中国 MR – TFCI、第 4 章编制的基于混频损失函数的中国 NMR – TFCI 和混频损失函数 (MLF) 全部画成折线图进行相关性比较分析 (见图 5 – 3)。

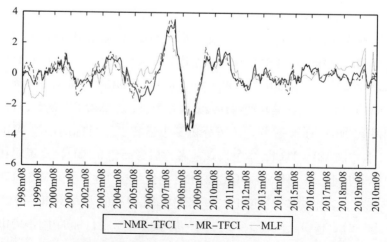

图 5 – 3 基于混频损失函数的新旧中国多机制门限 FCI 和混频损失函数比较

通过比较分析，本书得出以下结论：

第一，从领先来看，基于混频损失函数的中国 NMR – TFCI 优于中国 MR – TFCI。从图 5 – 3 可知，基于混频损失函数的中国 NMR – TFCI 和中国 MR – TFCI 对混频损失函数（MLF）都具有领先关系，对其具有先导作用。但一些波峰波谷，基于混频损失函数的中国 NMR – TFCI 对混频损失函数（MLF）的领先性上比中国 MR – TFCI 多领先 1 ~ 2 个月。因此，从领先来看，基于混频损失函数的中国 NMR – TFCI 优于中国 MR – TFCI。

第二，从一致性来看，基于混频损失函数的中国 NMR – TFCI 优于中国 MR – TFCI。从图 5 – 3 可知，基于混频损失函数的中国 NMR – TFCI 与 MLF 的走势高度一致，亦步亦趋，从而具有与 MLF 具有高度的一致性；但相对而言，基于混频损失函数的中国 MR – TFCI 与 MLF 的走势一致性差了一些。因此，从一致性来看，基于混频损失函数的中国 NMR – TFCI 优于中国 MR – TFCI。

5.3.2 基于混频损失函数的新旧中国多机制门限金融状况指数与混频损失函数的跨期相关系数比较分析

本书将第 3 章编制的基于混频损失函数的中国 MR – TFCI、第 4 章编制的基于混频损失函数的中国 NMR – TFCI 与混频损失函数变量（MLF）的跨期相关系数进行跨期相关性比较分析（见表 5 – 7）。

表 5 – 7　　　　基于混频损失函数的中国 NMR – TFCI、
MR – TFCI 与 MLF 的相关系数比较

提前期数	0	1	2	3	4	5	6	7	8	平均
NMR – TFCI	0.7015	0.6658	0.5956	0.5124	0.4443	0.3757	0.3021	0.2057	0.0936	0.4330
MR – TFCI	0.6950	0.6640	0.5967	0.5386	0.4727	0.4114	0.3261	0.2320	0.1181	0.4505

通过比较分析，本书得出以下结论：

第一，在最大跨期相关系数上，基于混频损失函数的中国 NMR – TFCI 优于中国 MR – TFCI。从表 5 – 7 可知，基于混频损失函数的中国 NMR – TFCI 与 MLF 的跨期相关系数在第 0 期达到最大值 0. 7015，而中国 MR – TFCI 与 MLF 跨期相关系数在第 0 期达到最大值 0. 6950，前者比后者高出 0. 0065。因此，在最大跨期相关系数上，基于混频损失函数的中国 NMR – TFCI 优于中国 MR – TFCI。

第二，在平均跨期相关系数上，基于混频损失函数的中国 NMR – TFCI 弱于 MR – TFCI。从表 5 – 7 可知，基于混频损失函数的中国 NMR – TFCI 与 MLF 的提前 0 ~ 8 期的跨期相关系数平均值为 0. 4330，而中国 MR – TFCI 与 MLF 的跨期相关系数平均值 0. 4505，前者比后者略低。因此，在平均跨期相关系数上，基于混频损失函数的中国 NMR – TFCI 并不优于中国 MR – TFCI。

5.3.3 基于混频损失函数的新旧中国多机制门限金融状况指数与混频损失函数的因果关系比较分析

本书将第 3 章编制的基于混频损失函数的中国 MR – TFCI、第 4 章编制的基于混频损失函数的中国 NMR – TFCI 与混频损失函数变量（MLF）的格兰杰因果关系进行比较分析（见表 5 – 8）。

表 5 – 8   基于混频损失函数的中国 NMR – TFCI、MR – TFCI
与 MLF 的因果关系比较

原假设	提前期数	1		2		3		4	
	指数	F	P	F	P	F	P	F	P
FCI 不是 MLF 原因	NMR – TFCI	1. 9969	0. 0229	1. 6597	0. 0485	1. 5241	0. 0637	1. 4988	0. 0670
	MR – TFCI	8. 1855	0. 0046	8. 5742	0. 0002	7. 5952	0. 0001	6. 2199	0. 0001
MLF 不是 FCI 原因	NMR – TFCI	1. 7845	0. 0372	1. 3537	0. 0879	1. 2876	0. 0989	1. 3181	0. 0937
	MR – TFCI	3. 4590	0. 0640	5. 0351	0. 0072	3. 1707	0. 0249	2. 8726	0. 0236

原假设	提前期数	5		6		7		8	
	指数	F	P	F	P	F	P	F	P
FCI 不是 MLF 原因	NMR – TFCI	1.5310	0.0629	1.5777	0.0573	1.5592	0.0595	1.5635	0.0590
	MR – TFCI	4.3797	0.0008	3.6237	0.0018	3.7709	0.0007	3.5169	0.0007
GDP 不是 MLF 原因	NMR – TFCI	1.4731	0.0704	1.5053	0.0661	1.2603	0.1038	1.2410	0.1073
	MR – TFCI	4.0131	0.0016	3.2178	0.0046	2.8390	0.0073	2.2982	0.0217

通过比较分析，本书得出以下结论：

第一，对原假设为基于 MLF 的中国 NMR – TFCI 不是 MLF 格兰杰原因的假设检验中，中国 NMR – TFCI 滞后 1～3 阶都在 5% 的显著水平上拒绝原假设，滞后 4～8 阶在 10% 的显著水平上拒绝原假设，说明基于 MLF 的中国 NMR – TFCI 所有滞后阶都是 MLF 的格兰杰原因；同时，对原假设为基于混频损失函数的中国 MR – TFCI 不是中国 MLF 原因的假设检验中，中国 MR – TFCI 所有滞后阶数都在 1% 的显著水平上拒绝原假设，说明中国 MR – TFCI 所有滞后阶都是中国 MLF 的格兰杰原因。

第二，在对原假设为 MLF 不是基于混频损失函数的中国 NMR – TFCI 格兰杰原因的假设检验中，中国 MLF 滞后 1 阶在 5% 的显著水平拒绝原假设，滞后 2～6 阶在 10% 的显著水平上拒绝原假设，而滞后 7～8 阶则不能拒绝原假设，说明中国 MLF 滞后 1～6 阶数是中国 NMR – TFCI 的格兰杰原因；同时，在对原假设为中国 MLF 不是基于混频损失函数的中国 MR – TFCI 原因的假设检验中，中国 MLF 滞后 2、5、6、7 阶在 1% 的显著水平上拒绝原假设，滞后 3、4、8 阶在 5% 的显著水平上拒绝原假设，滞后 1 阶在 10% 的显著水平上拒绝原假设，说明中国 MLF 全部滞后阶数都是中国 MR – TFCI 的格兰杰原因。

总之，在原假设 FCI 不是 MLF 的格兰杰原因上，基于混频损失函数的中国 NMR – TFCI 并不优于中国 MR – TFCI；在原假设 MLF 不 FCI 是的格兰杰原因上，基于混频损失函数的中国 NMR – TFCI 也并不优于 MR – TFCI。因此，本书新构建的基于混频损失函数的中国新型多机制门限金融状况指数与混频损失函数存在显著的双向格兰杰因果关系，但在双向上都不优于中国 MR – TFCI。

5.3.4 基于混频损失函数的新旧中国多机制门限金融状况指数对混频损失函数的预测能力比较分析

本书将第 3 章编制的基于混频损失函数的中国 MR – TFCI 和第 4 章编制的基于混频损失函数的中国 NMR – TFCI 对混频损失函数变量（MLF）预测检验进行预测能力比较分析（见表 5 – 9）。

表 5 – 9　基于混频损失函数的中国 NMR – TFCI、MR – TFCI
对 MLF 的预测能力比较

指数	期数	0	1	2	3	4	5	6	平均值
NMR – TFCI	系数	0.9788	0.9250	0.8247	0.7058	0.6093	0.5126	0.4101	0.7095
	P 值	0.0000	0.0000	0.0000	0.0000	0.0000	0.0000	0.0000	0.0000
	R^2	0.4877	0.4405	0.3531	0.2600	0.1941	0.1366	0.0860	0.2797
	AIC	2.1429	2.2221	2.3599	2.4890	2.5707	2.6399	2.6987	2.4462
	SC	2.1563	2.2355	2.3734	2.5025	2.5843	2.6535	2.7123	2.4597
	RMSE	0.7038	0.7322	0.7845	0.8368	0.8717	0.9023	0.9292	0.8229
	MAE	0.4797	0.4990	0.5438	0.5764	0.6046	0.6249	0.6376	0.5666
MR – TFCI	系数	1.1834	1.1312	1.0174	0.9187	0.8070	0.7033	0.5589	0.7696
	P 值	0.0000	0.0000	0.0000	0.0000	0.0000	0.0000	0.0000	0.0053
	R^2	0.4826	0.4443	0.3610	0.2945	0.2266	0.1711	0.1065	0.2387
	AIC	2.2786	2.3446	2.4807	2.5799	2.6738	2.7462	2.8215	2.6355
	SC	2.2921	2.3581	2.4943	2.5935	2.6874	2.7599	2.8352	2.6492
	RMSE	0.7532	0.7785	0.8333	0.8757	0.9177	0.9515	0.9880	0.9056
	MAE	0.5115	0.5215	0.5580	0.5918	0.6234	0.6497	0.6691	0.6120

通过比较分析，本书得出以下结论：

第一，在最大拟合优度上，基于混频损失函数的中国 NMR – TFCI 优于中国 MR – TFCI。从表 5 – 9 可知，基于混频损失函数的中国 NMR –

TFCI 对 MLF 预测的拟合优度（R^2）在第 0 期达到最大值 0.4877，意味着 MLF 的 48.77% 可以用中国 NMR – TFCI 解释；同时中国 MR – TFCI 对 MLF 预测的拟合优度（R^2）也在第 0 期达到最大值 0.4826，意味着 MLF 的 48.26% 可以用中国 MR – TFCI 解释。比较分析基于混频损失函数的中国 NMR – TFCI 与中国 MR – TFCI，本书发现前者比后者高出 0.0051。这说明在最大拟合优度上，中国 NMR – TFCI 对 MLF 的预测能力优于中国 MR – TFCI。

第二，在平均拟合优度上，基于混频损失函数的中国 NMR – TFCI 弱于中国 MR – TFCI。从表 5 – 9 可知，基于混频损失函数的中国 NMR – TFCI 对 MLF 预测的 0～6 期的平均拟合优度（R^2）为 0.2797，意味着平均来说 MLF 的 27.97% 可以用中国 NMR – TFCI 解释；同时中国 MR – TFCI 对 MLF 预测的 0～6 期平均拟合优度（R^2）为 0.2387，意味着平均来说 MLF 的 23.87% 可以用中国 MR – TFCI 解释。比较基于混频损失函数的中国 NMR – TFCI 与 MR – TFCI，本书发现前者比后者高出 0.0410。这说明在平均拟合优度上，中国 NMR – TFCI 对 MLF 的预测能力也优于中国 MR – TFCI。

总之，本书编制的基于混频损失函数的中国新型多机制门限金融状况指数能较好地预测 MLF，并在最大和平均预测能力上都优于中国 MR – TFCI。

5.4　本 章 小 结

本章分三节进行阐述，使用图形相关性、跨期相关性、格兰杰因果关系检验、预测能力检验等四种方法，对新旧中国多机制门限金融状况指数进行比较分析，得出以下结论。

5.4.1　基于经济增长目标的新旧中国门限金融状况指数比较分析结论

第 5.1 节使用图形相关性、跨期相关性、格兰杰因果关系检验、预测能力检验等四种方法，对基于经济增长目标的新旧中国多机制门限金融状况指数进行比较分析，得出以下结论：

第一，从图形相关性来看，基于经济增长目标的中国 NMR – TFCI 不但在一致性上优于 MR – TFCI，而且在领先性上优于中国 MR – TFCI。

第二，从跨期相关性来看，基于经济增长目标的中国 NMR – TFCI 在最大值上弱于中国 MR – TFCI，但在平均值上优于中国 MR – TFCI。

第三，从格兰杰因果关系来看，基于经济增长目标的中国 NMR – TFCI 与经济增长不但存在双向格兰杰因果关系，而且在双向上都优于中国 MR – TFCI。

第四，从对经济增长的预测能力来看，基于经济增长目标的中国 NMR – TFCI 无论在最大值上还是在平均值上都弱于中国 MR – TFCI。

5.4.2 基于通货膨胀目标的新旧中国门限金融状况指数比较分析结论

第 5.2 节也使用图形相关性、跨期相关性、格兰杰因果关系检验、预测能力检验等四种方法，对基于通货膨胀目标的新旧中国多机制门限金融状况指数进行比较分析，得出以下结论：

第一，从图形相关性来看，基于通货膨胀目标的中国 NMR – TFCI 无论在领先性上还是在一致性上都优于中国 MR – TFCI。

第二，从跨期相关性来看，基于通货膨胀目标的中国 NMR – TFCI 在最大值上优于中国 MR – TFCI，但在平均值上弱于中国 MR – TFCI。

第三，从格兰杰因果关系来看，基于通货膨胀目标的中国 NMR – TFCI 与通货膨胀不但存在双向格兰杰因果关系，而且在双向上都优于中国 MR – TFCI。

第四，从对通货膨胀的预测能力来看，基于通货膨胀目标的中国 NMR – TFCI 在最大值上优于中国 MR – TFCI，但在平均值上弱于 MR – TFCI。

5.4.3　基于混频损失函数的新旧中国门限金融状况指数比较分析结论

第 5.3 节也使用图形相关性、跨期相关性、格兰杰因果关系检验、预测能力检验等四种方法，对基于混频损失函数的新旧中国多机制门限金融状况指数进行比较分析，得出以下结论：

第一，从图形相关性来看，基于混频损失函数的中国 NMR – TFCI 无论在领先性上还是在一致性上都优于中国 MR – TFCI。

第二，从跨期相关性来看，基于混频损失函数的中国 NMR – TFCI 在最大值上优于中国 MR – TFCI，但在平均值上弱于中国 MR – TFCI。

第三，从格兰杰因果关系来看，基于混频损失函数的中国 NMR – TFCI 与混频损失函数存在双向格兰杰因果关系，但在双向上都不优于中国 MR – TFCI。

第四，从对混频损失函数的预测能力来看，基于混频损失函数的中国 NMR – TFCI 在最大值和平均值上都优于中国 MR – TFCI。

第 6 章

结论、建议与展望

6.1 主 要 结 论

本书首先构建了多机制门限 VAR（MR – TVAR）和多机制结构因子增广门限 VAR（MR – SFAVAR），以此为基础构建了 MR – TFCI 和 NMR – TFCI 的测度模型，接着基于货币供应量、利率、汇率、房价、股价和信贷等 6 个金融指标，分别编制及应用了基于经济增长目标的中国 MR – TFCI、基于通货膨胀目标的中国 MR – TFCI 和基于混频损失函数的中国 MR – TFCI，进而基于货币供应量类、利率类、汇率类、房价类、股票类和信贷类等 6 类共 20 个左右的金融指标抽取的金融结构公因子，分别编制及应用基于经济增长目标的中国 NMR – TFCI、基于通货膨胀目标的中国 NMR – TFCI 和基于混频损失函数的中国 NMR – TFCI，最后对新旧中国多机制门限金融状况指数进行比较分析，得出以下结论：

第一，本书构建的中国新型多机制门限金融状况指数是合理有效的。相对于中国 N2R – TFCI 和 N1R – FCI 而言，本书编制的中国新型多机制门限金融状况指数是经济增长、通货膨胀和宏观经济的一个更优的领先指标、相关性指标、因果性指标和预测指标。通过实证检验发现，本书构建的 NMR – TFCI 无论在对（或与）GDP、INF 和 MLF 的领先性、相关性、因果性还是预测能力上，基本上都优于 N2R – TFCI 和 N1R – FCI。

第二，本书构建的中国新型多机制门限金融状况指数是经济增长、通货膨胀和宏观经济的良好先行和预测指标。它分别领先经济增长、通货膨胀和宏观经济 0 ~ 1 个季度、0 ~ 4 个月和 0 ~ 4 个月，能够较好地预测中短期的经济增长、通货膨胀和宏观经济。

第三，中国货币政策调控经济增长和通货膨胀的传导渠道及效应具有门限特征。本书通过实证分析发现无论中国 NMR – TFCI 还是 MR – TFCI 的 6 个构成金融变量在同一机制下的权重各不相同；在不同机制下，同一金融变量在中国 NMR – TFCI 和 MR – TFCI 中权重都存在很大的差异，这说明中国货币政策调控宏观经济的传导渠道具有门限特征。

第四，中国货币政策调控经济增长的方式类型是价格和数量结合型的，且资产价格发挥着重要作用。首先，在第 1 ~ 4 机制下，有的时候价格型货币政策效果更好，有的时候数量型货币政策效果更好，因而是价格和数量结合型的；其次，在中国 NMR – TFCI 中，资产价格（包括股价和房价）在第 1 ~ 4 机制下所占权重比值很高，大概 50% 左右，也表明了在中国金融状况指数中加入股价和房价等资产价格的必要性。

第五，新旧中国多机制门限金融状况指数通过比较分析发现各有优劣。首先，基于经济增长目标的中国 NMR – TFCI 与中国 MR – TFCI 难分伯仲；其次，基于通货膨胀目标的中国 NMR – TFCI 基本上优于中国 MR – TFCI，主要体现在领先性、一致性、最大相关性、因果关系和最大预测能力等方面；最后，基于混频损失函数的中国 NMR – TFCI 基本上优于中国 MR – TFCI，主要体现在领先性、一致性、最大相关性和预测能力等方面。

6.2　政 策 建 议

为了更好地发挥本书编制的中国新型多机制门限金融状况指数对经

济增长、通货膨胀和宏观经济的监测和预测作用，本书提出以下三点建议：

第一，定期编制并公布中国新型多机制门限金融状况指数。相对于线性 FCI 而言，非线性 FCI 可根据金融变量所处的机制不同，赋予其不同的权重，从而对经济增长、通货膨胀和宏观经济具有更高的解释力度，且本书编制的中国 NMR – TFCI 包含的金融信息更多，且领先性、一致性、最大相关性、因果关系和最大预测性能力等方面更优。中国政府相关部门和一些金融机构应对中国新型多机制门限金融状况指数进行跟踪测算，并且对外进行定期公布，真实透明地反映中国货币政策的松紧程度，成为中国宏观经济监测重要参考指标，同时还对中国未来的宏观经济趋势进行非线性预测。

第二，建议中国金融监管部门分机制将资产价格纳入货币政策目标中。研究结果表明，资产价格（包括股价和房价）在中国 NMR – TFCI 的构建中占有较大权重，同时随着房地产和股票市场的发展，以房价和股价为代表的中国货币政策的资产价格传导机制通过托宾 Q 效应、财富效应和资产负债表效应等传导渠道对实体经济产生的影响逐渐增强，因此有必要将多种金融机制下的资产价格纳入货币政策调控目标。为了保证充分发挥资产价格传导机制作用，促进金融市场全面改革开放的同时，还应对不合理的资产价格进行有效调控，建立预警指标。对于目前存在较大债务风险的房地产市场，制定合理的健康的调控政策、增加社会信心；对于发展中的股票市场，建立健全相关规章制度，增强对投资者的知识与风险教育。

第三，根据调控目标的不同和所处的金融机制不同，金融监管部门可以选择更有针对性的调控政策，现实更高效的调控效果。根据前文的实证分析可知，在不同的机制下，中国货币政策调控经济增长、通货膨胀和宏观经济的各类传导渠道的效应存在明显差异，因此，在宏观调控时中国央行应选择并实施对该机制更有效的货币政策。就目前来看，中国经济正处于新冠疫情冲击之后的经济复苏期间，单独调控经济增长更有效的货币政策传导渠道是货币供应量、股价和房价，单独调控通货膨胀更好的货币政策传导渠道是货币供应量、房价和股价，综合调控宏观经济更有影响力的货币政策传导渠道是股价、房价和汇率。总之，根据调控目标和所处的金融机制不同，金融监管部门可以根据本书新构建的中国新型多机制门限金融状况指数，选择更有针对性的调控政策，实现更高效的精准调控效果。

6.3　不足和展望

本书仅仅对中国新型多机制门限金融状况指数的构建与应用做了初步探讨，书中仍有许多需改进和完善的地方，本书提出以下两点，方便后续完善和深入研究。

第一，本书从货币供应量类、利率类、汇率类、房价类、股票类和信贷类金融变量中各选取 3～5 个金融指标 1998 年 1 月～2020 年 9 月的月度数据（共 20 个左右的金融指标），并分别从中提取货币供应量因子、利率因子、汇率因子、房价因子、股票因子和信贷因子。从金融状况指数的构建来说，选取的指标数相对较少，目前，国内外已有部分学者用 100 多个指标来构建金融状况指数，所以，本书选取 20 个左右的金融指标仍不足以全面系统地反映中国的金融经济状况，因此，需扩充指标的涵盖范围，如：加入能源类指标。同时，本书选取的 1998 年 1 月～2020 年 9 月的月度数据，其样本点相对较少，仅有 273 个，而使用多机制结构因子增广门限 VAR（MR – SFATVAR）模型包含的样本点最好在 300 以上（参考 Hansen，1999），因此，还需收集 1998 年 1 月以前的数据。

第二，增加使用混频数据模型，并收集不同频率的数据。本书使用的数据全是月度数据，限制了本书收集金融经济数据的能力，当前，中国金融经济形势错综复杂，官方统计的金融经济变量包含日度、月度、季度和年度数据，将其综合使用，将能全面系统地反映中国金融经济状况，因此，急需将混频数据模型纳入本书的研究，混频动态因子模型（MF – DFM）或混频向量自回归模型（MF – VAR）均可推进本书的研究。

参考文献

［1］Goodhart C and Hofman B. Asset Prices and the Conduct of Monetary Policy ［J］. Boris Hofmann，2002.

［2］周德才. 中国灵活动态金融状况指数构建与应用研究 ［M］. 北京：社会科学文献出版社，2017.

［3］许涤龙，欧阳胜银. 基于可变参数的 FCI 构建与实证研究 ［J］. 统计与信息论坛，2014，29（3）：29 - 35.

［4］王玉宝. 金融形势指数（FCI）的中国实证 ［J］. 上海金融，2005（8）：29 - 32.

［5］封北麟，王贵民. 金融状况指数 FCI 与货币政策反应函数经验研究 ［J］. 财经研究，2006，32（12）：53 - 64.

［6］刁节文，章虎. 基于金融形势指数对我国货币政策效果非线性的实证研究 ［J］. 金融研究，2012（4）：32 - 44.

［7］何平，吴义东. 中国房地产价格对货币政策操作的意义——基于金融形势指数（FCI）的研究 ［J］. 经济理论与经济管理，2007（10）：45 - 49.

［8］卞志村，孙慧智，曹媛媛. 金融形势指数与货币政策反应函数在中国的实证检验 ［J］. 金融研究，2012（8）：44 - 55.

［9］王丽娜. 房地产价格与金融形势指数的实证分析 ［J］. 价格理论与实践，2009（1）：56 - 57.

［10］王彬. 金融形势指数与货币政策——基于中国数据的实证研

究 [J]. 当代经济科学, 2009, 31 (4): 20 – 27.

[11] 贾德奎. 基于金融形势指数的货币政策操作风险研究 [J]. 上海金融, 2010 (4): 39 – 43.

[12] 巴曙松, 韩明睿. 基于 SVAR 模型的金融形势指数 [J]. 宏观经济研究, 2011 (4): 26 – 31.

[13] 杨俊仙, 朱婷婷. 金融形势指数与通货膨胀预期 [J]. 山西大学学报 (哲学社会科学版), 2016, 39 (3): 104 – 109.

[14] 王慧敏. 构建中国金融条件指数 [D]. 大连: 东北财经大学, 2005.

[15] 鲁旭. 金融条件指数测算及货币政策操作框架分析 [D]. 湘潭: 湘潭大学, 2009.

[16] 关大宇. 基于货币政策传导的金融条件指数构建及应用研究 [D]. 大连: 东北财经大学, 2010.

[17] 王维国, 王霄凌, 关大宇. 中国金融条件指数的设计与应用研究 [J]. 数量经济技术经济研究, 2011 (12): 115 – 131.

[18] 王雪峰. 中国金融稳定状态指数的构建——基于状态空间模型分析 [J]. 当代财经, 2010 (5): 51 – 60.

[19] 郭红兵, 杜金岷. 中国金融稳定状况指数的构建 [J]. 数量经济技术经济研究, 2014 (5): 100 – 116.

[20] 王晓博, 徐晨豪, 辛飞飞. 基于 TVP—FAVAR 模型的中国金融稳定状态指数构建 [J]. 系统工程, 2016 (10): 19 – 26.

[21] Hatzius J, Hooper P and Mishkin F S et al. Financial Conditions Indexes: A Fresh Look after the Financial Crisis [R]. Nber Working Papers, 2010.

[22] Brave S A and Butters R A. Monitoring Financial Stability: A Financial Conditions Index Approach [J]. Economic Perspectives, 2011, 35 (1): 22 – 43.

[23] 许涤龙, 刘妍琼, 郭尧琦, 等. 金融状况指数的 FAVAR 模型构建及效用检验 [J]. 中南大学学报 (社会科学版), 2014, 20 (4): 17 – 22.

[24] 周德才，朱志亮，贾青．中国多机制门限金融状况指数编制及应用［J］．数量经济技术经济研究，2018（1）：111－130．

［25］Mayes D G，Viren M. Financial Conditions Indexes［Z］．Social Science Electronic Publishing，2001.

［26］Guichard S，Turner D. Quantifying the Effect of Financial Conditions on US Activity［R］．Economics Department Working Papers，2008（9）．

［27］Premsingh M. Financial Conditions Index for India［J］．Social Science Electronic Publishing，2010（1）：8－23．

［28］文青．我国金融状况指数的测算与检验［J］．经济理论与经济管理，2013，33（4）：51－58．

［29］肖强，司颖华．我国FCI的构建及对宏观经济变量影响的非对称性［J］．金融研究，2015（8）：95－108．

［30］陆军，梁静瑜．中国金融状况指数的构建［J］．世界经济，2007，30（4）：13－24．［J］．经济与管理，2014（1）：84－88．

［31］王雪峰．金融状况指数和货币政策中介目标［J］．山西财经大学学报，2009（11）：95－101．

［32］Swiston A J. A U. S. Financial Conditions Index：Putting Credit Where Credit is Due［J］．Social Science Electronic Publishing，2008，8（8/161）：1－35．

［33］Chow HweeKwan. Can a Financial Conditions Index Guide Monetary Policy? The Case of Singapore［R］．Research Collection School of Economics，2013.

［34］刘任重，刘冬冬．基于VAR构建的金融状况指数及经验研究［J］．经济体制改革，2016（3）：159－164．

［35］郭晔，杨娇．货币政策的指示器——FCI的实证检验和比较［J］．金融研究，2012（8）：16－28．

［36］封思贤，谢启超，张文正．FCI对我国通胀的预测效果分析［J］．中国软科学，2012（7）：61－70．

［37］陆军，刘威，李伊珍．新凯恩斯菲利普斯曲线框架下的中国动态金融状况指数［J］．财经研究，2011（11）：61－70．

［38］戴国强，张建华．中国金融状况指数对货币政策传导作用研究［J］．财经研究，2009，35（7）：52－62．

［39］Lack C P. A financial conditions index for Switzerland［C］．Bis Papers Chapters，2003．

［40］Gauthier C，Graham C and Ying L. Financial Conditions Indexes for Canada［R］．Working Papers，2003．

［41］Beaton K，Lalonde R and Luu C. A Financial Conditions Index for the United States［Z］．Discussion Papers，2009．

［42］Lee Seung-yong，Nam Sun-woo and Jeon Hyun-jung. Construction of a Korean Financial Conditions Index and Evaluation of Its Usefulness［J］．Quarterly Bulletin，March 2014. 18－43．

［43］Angelopoulou E，Balfoussia H and Gibson H D. Building a financial conditions index for the euro area and selected euro area countries：What does it tell us about the crisis?［J］．Economic Modelling，2014，38（38）：392－403．

［44］Sithole T，Simo-Kengne B D and Some M. The role of financial conditions in transmitting external shocks onto South Africa［J］．International Economics，2017，150（8）：36－56．

［45］刁节文，魏星辉．基于 FCI 将我国货币政策纳入麦卡勒姆规则的实证研究［J］．上海金融，2013（7）：47－53．

［46］邓创，徐曼．中国的金融周期波动及其宏观经济效应的时变特征研究［J］．数量经济技术经济研究，2014（9）：75－91．

［47］易晓溦，刘洋．中国金融状况指数构建及货币市场稳定性研究［J］．上海经济研究，2014（8）：3－15．

［48］Matheson T D. Financial conditions indexes for the United States and euro area［J］．Economics Letters，2012，115（3）：441－446．

［49］尚玉皇，郑挺国．中国金融形势指数混频测度及其预警行为研究［J］．金融研究，2018（3）：21－35．

［50］屈军，朱国华．动态金融状况指数构建与应用研究［J］．商业研究，2016，62（1）：101－107．

［51］周德才，朱志亮，刘琪，等. 中国 FCI 构建及其对通胀的非对称性效应——基于 BDFA - VAR 模型和 MS - VAR 模型的实证分析 ［J］. 统计与信息论坛，2017，32（8）：47 - 55.

［52］Galvão A B and Owyang M T. Measuring Macro-Financial Conditions Using a Factor-Augmented Smooth-Transition Vector Autoregression ［R］. Federal Reserve Bank of St. Louis，2013.

［53］周德才，刘琪，朱志亮，等. 我国多机制非线性金融状况指数分析 ［J］. 统计与决策，2018，34（13）：151 - 155.

［54］Hamilton J D. A New Approach to the Economic Analysis of Non-stationary Time Series and the Business Cycle ［J］. Econometrica，1989，57（2）：357 - 384.

［55］廖信林，封思贤，谢启超. 金融状况指数对通货膨胀的动态时变预测——基于马尔科夫机制转换视角 ［J］. 现代财经 - 天津财经大学学报，2012，271（8）：15 - 24.

［56］Decai Z，Xiongyong L，Weijia C and Yuanzhen Z. Study on The Construction of China Nonlinear Financial Condition Index Based on MS - VAR Model ［J］. BioTechnology：An Indian Journal，2014，10（8）：4089 - 4099.

［57］周德才，谢海东，何宜庆. 我国股市财富效应非对称性的实证分析 ［J］. 统计与决策，2014，397（1）：161 - 164.

［58］李正辉，郑玉航. 金融状况指数的动态特征及其有效性研究 ［J］. 财经理论与实践，2015，36（4）：39 - 44.

［59］Altug S，Cakmakli C and Demircan H. Modeling of economic and financial conditions for nowcasting and forecasting recessions：A unified approach ［R］. Working Paper，2019.

［60］Koop G，Korobilis D. A new index of financial conditions ［J］. European Economic Review，2014，71：101 - 116.

［61］栾惠德，侯晓霞. 中国实时金融状况指数的构建 ［J］. 数量经济技术经济研究，2015，32（1）：137 - 148.

［62］金春雨，吴安兵. 金融状况视角下货币政策的区域非对称效

应研究——基于 G20 国家的 PSTR 模型分析 [J]. 国际金融研究, 2017, 365 (9): 14-24.

[63] 陈磊, 咸金坤, 隋占林. 我国新型金融状况指数的构建与物价预测 [J]. 财经问题研究, 2017 (6): 35-42.

[64] 余辉, 余剑. 我国金融状况指数构建及其对货币政策传导效应的启示——基于时变参数状态空间模型的研究 [J]. 金融研究, 2013 (4): 85-98.

[65] 周德才, 冯婷, 邓姝姝. 我国灵活动态金融状况指数构建与应用研究——基于 MI-TVP-SV-VAR 模型的经验分析 [J]. 数量经济技术经济研究, 2015 (5): 114-130.

[66] 邓创, 滕立威, 徐曼. 中国金融状况的波动特征及其宏观经济效应分析 [J]. 国际金融研究, 2016, 347 (3): 17-27.

[67] Tong H. The asymptotic joint distribution of the estimated autoregressive coefficients [J]. International Journal of Control, 1978, 27 (5): 801-807.

[68] Tsay R. Testing and Modeling Multivariate Threshold Models [J]. Publications of the American Statistical Association, 1998, 93 (443): 1188-1202.

[69] Hansen B E. Threshold effects in non-dynamic panels: Estimation, testing, and inference [J]. Journal of Econometrics, 1999, 93 (2): 345-368.

[70] Balke N S. Credit and Economic Activity: Credit Regimes and Nonlinear Propagation of Shocks [J]. Review of Economics & Statistics, 2000, 82 (2): 344-349.

[71] Hansen B E, Seo B. Testing for two-regime threshold cointegration in vector error-correction models [J]. Journal of Econometrics, 2002, 110 (2): 293-318.

[72] Choi W G and Devereux M B. Asymmetric Effects of Government Spending: Does the Level of Real Interest Rates Matter? [J]. Imf Staff Papers, 2006, 53 (1): 147-182.

［73］ Serra T and Goodwin B K. Specification selection issues in multi-variate threshold and switching Models ［R］. AAEA – WAEA ANual Meeting, 2002.

［74］ Hansen B E. Inference When a nuisance parameter is not identified under the null hypothesis ［J］. Econometrica, 1996, 64（2）: 413 – 430.

［75］ Galvão A B C. Multivariate threshold models: TVARs and TVEC-Ms ［J］. Brazilian Review of Econometrics, 2003, 23（1）: 143 –171.

［76］ Chan K S. Consistency and Limiting Distribution of the Least Squares Estimator of a Threshold Autoregressive Model ［J］. ANals of Statistics, 1993, 21（1）: 520 –533.

［77］ Hansen B E. Sample Splitting and Threshold Estimation ［J］. Econometrica, 2000, 68（3）: 575 –603.

［78］ Belviso F and Milani F. Structural Factor-Augmented VAR（SFA-VAR）and the Effects of Monetary Policy ［J］. Ssrn Electronic Journal, 2005, 6（3）: 1 –46.

［79］ Bernanke B S and Eliasz P. Measuring the Effects of Monetary Policy: A Factor-augmented Vector Autoregressive（FAVAR）Approach ［J］. Quaterly Journal of Economics, 2005, 120（1）: 387 –422.

［80］ Boivin J , Giannoni M P and Mihov I. Sticky Prices and Monetary Policy: Evidence from Disaggregated US Data ［J］. American Economic Review, 2009, 99（1）: 350 –384.

［81］ 陆军, 陈郑. 存款利率市场化与中国宏观经济波动——基于 TVAR 模型的实证研究 ［J］. 金融论坛, 2014（5）: 13 –21.

［82］ Dijk D V and Franses P H. Modeling Multiple Regimes in the Business Cycle ［J］. Econometric Institute Research Papers, 2007, 3（3）: 311 –340.

［83］ 周德才, 童飞杰, 胡琛宇. 基于混频损失函数的中国实时金融状况指数另种构建 ［J］. 数量经济技术经济研究, 2018, 35（12）: 21.

［84］潘敏，缪海斌．产业结构调整与中国通货膨胀缺口持久性［J］．金融研究，2012（3）：14 - 28.

［85］王晋斌，李南．中国的货币政策是否存在非对称损失偏好［J］．世界经济，2013，36（6）：3 - 17.

［86］周德才，李晓璇，李佩琳．基于灵活损失函数的中国最优灵活时变货币政策规则混频研究［J］．系统工程理论与实践，2020，40（11）：3 - 24.

［87］Diks C and Panchenko V. A new statistic and practical guidelines for nonparametric Granger causality testing［J］. Journal of Economic Dynamics & Control，2006，30（9 - 10）：1647 - 1669.

后　记

　　本书是笔者主持的 2019 年度教育部哲学社会科学研究后期资助项目："中国新型多机制门限金融状况指数编制及应用研究"（项目编号：19JHQ089）的最终研究成果。本书课题组主要成员有谢海东、程皓、杨伊、漆文萍等老师。此外，朱志亮、贾青、方济民、涂敏、陈家辉、周浩贤等硕士研究生都积极参与了本书课题的研究工作。笔者感谢上述老师和同学在课题研究资料的收集整理以及对本书成稿所付出的辛勤劳动。本书由周德才总撰、设计和统稿，硕士研究生朱志亮、陈家辉、周浩贤参与了部分内容编写和校对工作，并做了大量数据处理和前期研究工作。

　　特别感谢南昌大学副校长、长江学者刘耀彬教授，南昌大学党委委员、江西应用科技学院党委书记彭迪云教授，南昌大学经济管理学院院长、中国中部经济社会发展研究中心主任况学文教授，南昌大学经济管理学院副院长、中国中部经济社会发展研究中心常务副主任彭继增教授，江西财经大学统计学院首席教授陶长琪教授等的支持、帮助和关照。

　　十分感谢我的博士阶段导师卢晓勇、硕士阶段导师何笑星、本科阶段导师何筠教授对我的栽培和指导。正是得益于导师们对我传授的知识和研究方向的指点，使得本人能够顺利开展研究，并有幸获得教育部哲学社会科学研究后期资助项目的资助。

后 记

感谢教育部对本书的支持和资助。由于本人能力和水平有限，加上时间比较仓促，书中难免有不足和不妥的地方，诚恳地希望得到专家和读者的批评指正。我的联系邮箱是：decaizhou@163.com，欢迎来信探讨。

周德才

2022 年 1 月 11 日